马洪文集

第十一卷

中国社会科学出版社

作者像

作者简历

马洪，1920年5月18日出生于山西省定襄县待阳村。原名牛仁权，1938年春在延安时改名马洪。曾用名牛黄、牛中黄。

他出身贫寒，13岁时被当地小学聘为教员，开始自食其力。他自学中学课程，并协助当地著名爱国人士、族人牛诚修先生修订《定襄县志》。从那时起，他阅读了大量书籍，开始接触进步思想。九一八事变和一二•八事变爆发后，他参加了学生的抗日示威游行和集会，爱国思想日益浓厚。1936年年初，马洪经人介绍到太原同蒲铁路管理处（局）工作，先当录事（即文书），后考入同蒲铁路车务人员训练班（半工半读）。在此期间，他当过售票员、行李员、运转员等。他努力自修学业，阅读进步书刊，不断开阔眼界。

1936年冬，马洪参加了"牺盟会"，积极参与同蒲铁路职工的抗日救亡工作。1937年冬，太原失守，他跟随同蒲铁路局迁到侯马。11月，在侯马加入中国共产党，时年17岁。由于他工作努力，具有出众的组织才能，被推选为同蒲铁路总工会的负责人之一。他在同蒲铁路沿线的各段站建立和发展工会组织，展开对敌斗争，并参与统一战线的工作。

1938年，马洪到延安，先后在中央党校和马列学院学习和工作。抗日战争胜利后，马洪从延安被派往东北，在中共中央东北局工作。新中国成立以后，曾任东北局委员、副秘书长。后调任国家计划委员会委员兼秘书长。因受"高饶事件"的牵连，被下放到北京市第一和第三建筑公司工作。后又担任国家经济委员会政策研究室负责人。

1978年后，历任中国社会科学院工业经济研究所所长、中国社会科学院副院长。

1982年后，任中国社会科学院院长、国务院副秘书长、国务院技术经济研究中心总干事。同时兼任国家机械工业委员会副主任、国家计划委员会和国家经济体制改革委员会顾问、国家建委基本建设经济研究所所长。

1985年，任国务院经济技术社会发展研究中心（后更名为国务院发展研究中心）主任。1993年改任名誉主任。并任中国社会科学院研究生院教授、博士生导师，被北京大学、清华大学、中国人民大学、复旦大学、南开大学等学校聘为教授及上海交通大学聘为名誉教授。

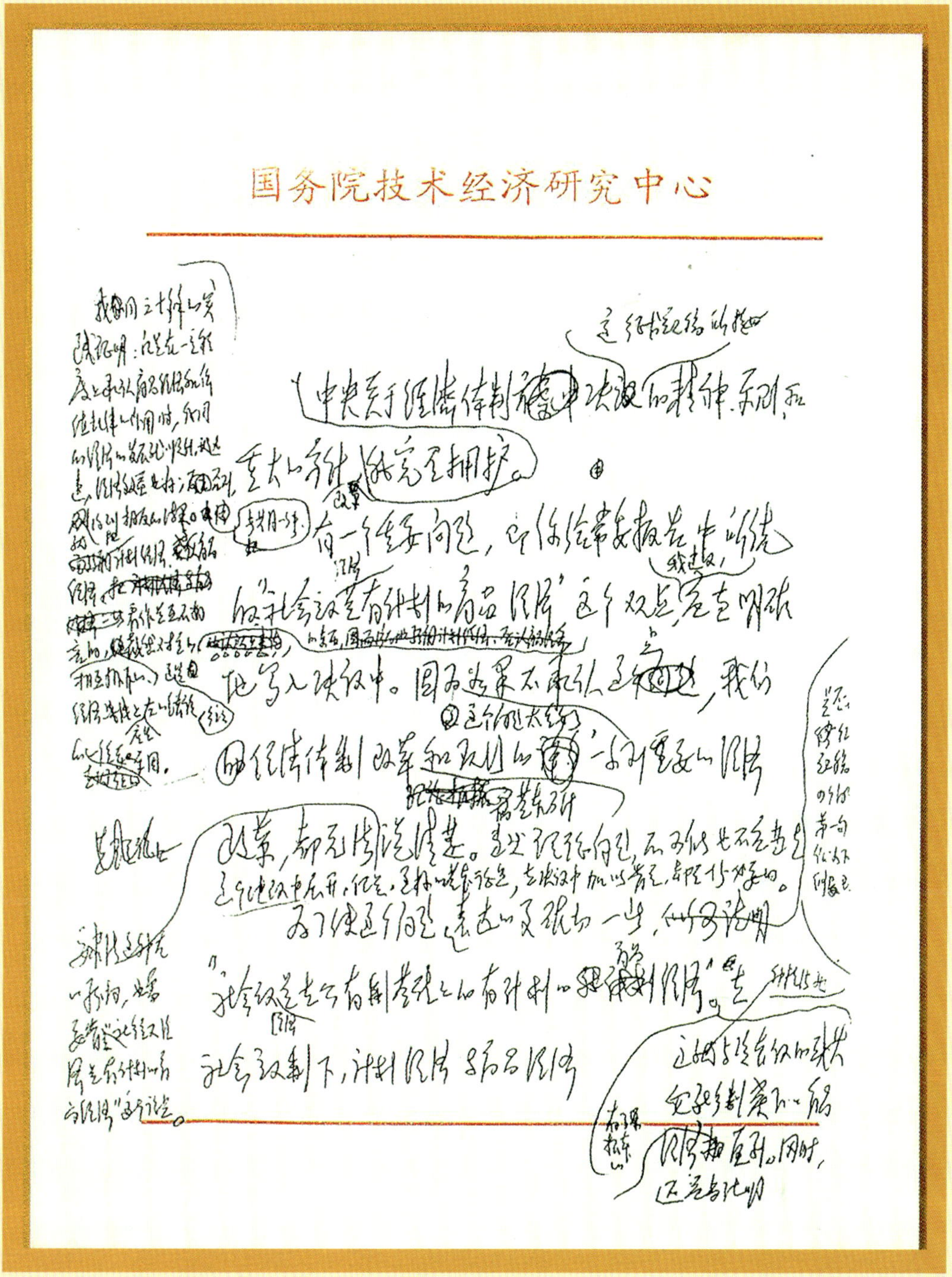

国务院技术经济研究中心

马洪手迹

目　　录

中国社会主义国营工业企业管理（上）

几点说明 ………………………………………………………（3）

前言 ……………………………………………………………（5）

第一章　社会主义国营工业企业 ……………………………（15）

　第一节　现代工业企业生产的基本特点 …………………（15）

　第二节　中国国营工业企业的社会性质 …………………（21）

　第三节　社会主义国营工业企业的根本任务 ……………（29）

　第四节　中国共产党在国营工业企业中的领导地位 ……（34）

第二章　社会主义国营工业企业管理概论 …………………（39）

　第一节　社会主义国营工业企业管理的性质 ……………（39）

　第二节　社会主义国营工业企业管理的机能 ……………（42）

　第三节　社会主义国营工业企业管理的基本原则 ………（51）

　第四节　社会主义国营工业企业管理的基本制度 ………（60）

　第五节　社会主义国营工业企业管理的组织形式 ………（70）

第三章　社会主义工业企业的厂级管理 ……………………（74）

　第一节　厂级管理的权力 …………………………………（74）

　第二节　工业企业党委对生产行政工作的领导 …………（78）

　第三节　厂长的职责 ………………………………………（82）

　　第四节　厂级的职能机构 ……………………………………（90）

第四章　社会主义工业企业的车间管理 ……………………（97）

　　第一节　车间的地位和作用 ………………………………（97）

　　第二节　车间的管理权力和管理工作 ……………………（99）

　　第三节　车间主任的职责和车间的管理机构 ……………（103）

　　第四节　车间党组织对生产行政工作的保证

　　　　　　监督作用 …………………………………………（108）

第五章　社会主义工业企业的小组管理 ……………………（111）

　　第一节　生产小组的地位和作用 …………………………（111）

　　第二节　小组的管理权力和管理工作 ……………………（114）

　　第三节　小组长的职责 ……………………………………（118）

　　第四节　小组的管理形式 …………………………………（121）

第六章　社会主义工业企业生产过程的组织 ………………（124）

　　第一节　工业企业生产的专业化和企业的规模 …………（124）

　　第二节　工业企业的生产过程 ……………………………（133）

　　第三节　工业企业生产过程的空间组织

　　　　　　——企业内部生产单位的组织 …………………（139）

　　第四节　工业企业生产过程的时间组织

　　　　　　——工序在时间上的结合方式 …………………（145）

　　第五节　工业企业生产过程的组织形式 …………………（151）

　　第六节　工业产品的生产周期 ……………………………（162）

第七章　社会主义工业企业计划管理的任务和内容 ………（166）

　　第一节　社会主义工业企业计划的特点 …………………（167）

　　第二节　计划管理的任务 …………………………………（171）

　　第三节　计划的内容 ………………………………………（175）

　　第四节　定额、原始记录和统计 …………………………（184）

　　第五节　计划的编制 ………………………………………（193）

　　第六节　计划的组织实现和检查 …………………………（200）

第八章　社会主义工业企业的生产计划工作 …………………（203）

第一节　工业企业生产能力的核定 …………………（203）

第二节　工业企业生产指标的确定 …………………（211）

第三节　产品出产进度的安排 …………………（219）

第四节　安排车间生产任务的方法 …………………（223）

第九章　社会主义工业企业的日常生产组织工作

　　　　——生产作业计划和调度工作 …………………（230）

第一节　生产作业计划的作用 …………………（230）

第二节　生产作业计划的编制 …………………（234）

第三节　日常的生产准备 …………………（249）

第四节　在制品和半成品管理 …………………（254）

第五节　生产调度 …………………（257）

第十章　社会主义工业企业技术管理的任务和内容 …………（264）

第一节　技术管理的主要任务 …………………（264）

第二节　技术标准、技术规程的制定和执行 …………………（268）

第三节　技术革新、技术革命和科学实验研究工作 …………………（273）

第四节　技术后方的组织 …………………（280）

第五节　生产技术责任制 …………………（283）

第十一章　社会主义工业企业的技术准备工作 …………………（289）

第一节　技术准备工作的内容 …………………（289）

第二节　设计准备工作 …………………（292）

第三节　工艺准备工作 …………………（297）

第四节　新产品的试制工作 …………………（302）

第五节　日常工艺管理工作 …………………（305）

第六节　技术准备的计划工作 …………………（307）

第十二章　社会主义工业企业的机器设备管理和工具管理 ………（315）

第一节　机器设备管理的内容 …………………（315）

第二节　机器设备的合理使用 …………………（318）

第三节　机器设备的维护和修理 …………………………（321）

第四节　机器设备的修理计划 ………………………………（325）

第五节　机器设备的改进和更新 ……………………………（330）

第六节　机器设备管理的组织机构和责任制度 ……………（334）

第七节　工具的管理 …………………………………………（338）

第十三章　社会主义工业企业产品质量的管理 ……………（342）

第一节　工业企业产品质量管理的内容 ……………………（342）

第二节　提高产品质量的途径和有关的组织工作 …………（346）

第三节　工业企业产品质量的检验工作 ……………………（354）

第四节　工业企业产品质量检验机构和质量责任制度 ………（360）

中国社会主义国营工业企业管理（上）[*]

　　*本文是马洪在参加制定"工业七十条"的同时主持编写的一部企业管理著作。全书从写作指导思想和基本观点的提出，到篇、章、节的设定；从论证方法、行文格调的要求，到逐字逐句的修改定稿，都出自马洪之手。它既是集体成果，又可以说是马洪的个人专著。全书分上下两册，由人民出版社于1964年2月出版，1980年又作为"经济管理和企业管理丛书"中的一种再版。在收入本文集时，分别编入第十一卷和第十二卷。

几 点 说 明

一、《中国社会主义国营工业企业管理》，是一本供大学、专科学校学生和工业企业干部，学习社会主义工业企业管理知识的读物。

二、这本书，是由中国科学院经济研究所和一些兄弟单位的同志，组成编写小组，进行编写的。

从 1961 年 1 月开始做准备，先后组织了中国人民大学、湖北大学、湖南大学、华东纺织工学院等兄弟院校的同志，到工厂调查，收集资料。

1961 年 7 月，正式开始编写，有 19 位同志，先后参加了编写工作。这些同志是：中国人民大学的石础玉、李占祥、周彦彬、程兆汾、吴家骏、邹建轩；湖北大学的段志平；湖南大学的郭军元；华东纺织工学院的汤颖；浙江大学的许庆瑞；中国科学院经济研究所的王庆令、刘其昌、刘复荣、武仁健、桂世镛、陆斐文、崔喜禄、韩岫岚以及国家经济委员会的马洪。由马洪同志担任主编，陆斐文、石础玉两同志担任副主编，在中国科学院经济研究所主持下进行工作，1962 年 10 月完成全书的初稿。

以后，又由马洪、陆斐文、桂世镛、王庆令、吴家骏、刘复荣、刘其昌等同志，逐章进行了整理修改，有的章节作了较大的修改，1963 年 12 月，完成了全书的编写工作。

在编写过程中，上海财经学院的顾理同志、辽宁大学的陈放同志和许多高等院校的同志，以及一些工业企业的同志，给予了我们不少指导和帮助，这里一并致谢。

　　三、由于编写人员的水平所限和时间比较仓促，书中的遗漏、缺点甚至错误，在所难免。现在先由内部发行，征求意见，希望读者批评、指正。意见请寄中国科学院经济研究所工业组。

《中国社会主义国营工业企业管理》编写小组

1963 年 12 月

前　　言

我国人民、我们党掌握了全国的现代工业企业，把管理好社会主义的国营工业企业，提到全党、全民的重要议事日程上来，那是在1949年中华人民共和国成立以后才发生的事情。但是，在这以前，在党领导的革命根据地，人民政府早就经营过一些工业企业，并且取得了很好的成绩。毛泽东同志在1942年所写的《经济问题与财政问题》一书中，曾经说过：这个成绩，对于我们，对于我们的民族，都是值得宝贵的，这就是说，我们建立了一个新式的国家经济的模型①。我们党领导的人民政府，在经营这些公营工业企业的过程中，积累了不少的管理经验。这些经验，对于党和人民在全国革命胜利以后，迅速地、有效地掌握全国的现代工业，对于我国社会主义工业的大发展，都起了重要的作用。

为了探讨清楚这方面的问题，我们应当回溯一下历史。

早在20世纪20年代末期，我们党领导中国人民进行第二次国内革命战争的时候，就在我国广大地区，建立了革命根据地，建立了人民民主政权。在当时的革命根据地里，我们就已经开始经营某些公营的工业企业。当1937年抗日战争爆发以后，我们党领导人民，在敌人后方，建立了许多抗日根据地。在这些抗日根据地里，又建设起一些不同规模的公营工业企业。1945年抗日战争胜利，我们党领导的中国人民解放军同广大人民

---

① 毛泽东：《经济问题与财政问题》，解放社1944年版，第104页。

一起，解放了许多的城市，接管了不少的由日本帝国主义经营的现代工业企业。不久，蒋介石反动派发动内战，我们党、我们的人民解放军和全国人民同蒋介石进行了第三次国内革命战争。在这次革命战争中，我们解放了更多的城市，接管了更多的现代工业企业。这些现代工业企业，是由蒋介石反动派的国民党中央政府、省政府、县（市）政府经营的，是官僚买办资本主义的企业。我们在接管了这些现代工业企业以后，立即就把它变为公营企业。大家知道，在共产党领导的人民民主政权下，这些公营的工业企业，都是社会主义性质的。

我们在各个时期，经营这些公营的、属于社会主义性质的工业企业的过程，也就是我们积累工业企业的管理经验的过程。这种管理工业企业的经验，在中华人民共和国成立以后，在我国人民、我们党掌握了全国的现代工业企业以后，在十多年来社会主义建设的伟大实践中，特别是在贯彻执行党的鼓足干劲、力争上游、多快好省地建设社会主义的总路线的伟大实践中，更加丰富和发展起来。

中国人民的伟大领袖、我们党的伟大领袖毛泽东同志，创造性地把马克思列宁主义的普遍真理和中国的具体实践结合起来，领导中国革命和中国建设取得了一个接着一个的伟大胜利。

毛泽东同志是当代伟大的马克思列宁主义者。毛泽东思想，是在帝国主义走向崩溃、社会主义走向胜利的时代，在中国革命的具体实践中，在党和人民的集体奋斗中，应用马克思列宁主义的普遍真理，创造性地发展了的马克思列宁主义。毛泽东思想，是中国人民革命和社会主义建设的指针，是反对帝国主义的强大的思想武器，是反对现代修正主义和现代教条主义的强大的思想武器。毛泽东思想，是我国革命和建设取得一切胜利的根本保证。

毛泽东同志在领导中国革命和中国建设的过程中，不但科学地、系统地总结了武装斗争的经验、统一战线的经验、党的建设的经验，而且科学地、系统地总结了建设人民民主政权、发展国民经济的经验。在后一种经验中，就包括了管理社会主义工业企业的经验。

毛泽东同志将我国工人群众和广大干部在工业生产和建设中创造的丰

富经验，做了马克思列宁主义的概括，形成了关于我国社会主义国营工业企业管理的一系列重要问题的正确的指导思想。我们党、我们的人民政府指导社会主义国营工业企业管理工作的方针、政策、制度，就是根据毛泽东同志的有关的指导思想制定出来的。

对于我国社会主义国营工业企业管理的一系列重要问题，毛泽东同志在他发表过的著作中，有如下的论述。

在依靠谁来发展社会主义工业这个根本性的问题上，毛泽东同志于1949年3月，当解放战争在全国胜利、中华人民共和国诞生的前夕，《在中国共产党第七届中央委员会第二次全体会议上的报告》中，就非常明确地提出了我们必须全心全意地依靠工人阶级①这样一个极为重要的方针。

在社会主义工业企业的主要任务是什么的问题上，毛泽东同志在抗日战争时期，1942年所写的《经济问题与财政问题》一书中，有这样的论述：一个工厂内，行政工作、党支部工作与职工会工作，必须统一于共同目标之下，这个共同目标，就是以尽可能节省的成本（原料、工具及其他开支），制造尽可能多与尽可能好的产品，并在尽可能快与尽可能有利的条件下推销出去。这个成本少、产品好、推销快的任务是行政、支部、工会三方面三位一体的共同任务②。这时，毛泽东同志就明确地提出了多快好省地发展我国工业的问题。到社会主义建设时期，毛泽东同志在1955年对《真如区李子园农业生产合作社节约生产费用的经验》一文的编者按语中，进一步地告诉我们："任何社会主义的经济事业，必须注意尽可能充分地利用人力和设备，尽可能改善劳动组织、改善经营管理和提高劳动生产率，节约一切可能节约的人力和物力，实行劳动竞赛和经济核算，藉以逐年降低成本，增加个人收入和增加积累。"③

---

① 毛泽东：《在中国共产党第七届中央委员会第二次全体会议上的报告》，《毛泽东选集》第四卷，人民出版社1960年版，第1429页。

② 毛泽东：《经济问题与财政问题》，解放社1944年版，第115页。

③ 《真如区李子园农业生产合作社节约生产费用的经验》一文编者按语，《中国农村的社会主义高潮》中册，人民出版社1956年版，第768页。

　　在怎样正确地领导社会主义工业企业的问题上，毛泽东同志在抗日战争时期，1942 年写的《经济问题与财政问题》一书中，提出了"集中领导，分散经营"的方针。他说：对于所有的公营农工商业，都要区别两种形式：一种是大的，一种是小的，大的应该集中，小的应该分散[①]。大作坊、大工厂必须有统一的计划，集中的管理，严格的节制，不能听凭他们各自为政[②]。又说，在同一地域内的同一性质的企业，应该尽可能地集中起来，无限制的分散是不利的。尤其重要的，是分散经营不应该忘记集中领导，这就是使计划统一，供销衔接，经营合理与分配恰当之必不可少的步骤[③]。毛泽东同志这里所说的"分散经营"，是针对着这样一种情况提出来的：当时的抗日根据地，基本是处在农村环境，经济比较分散；同时，又是处在敌人封锁和分割的状况下的。中国人民革命在全国胜利以后，我们的国家统一了，并且开始了由城市领导乡村的时期，在这时候，党中央和毛泽东同志就及时地提出了"集中领导，分级管理"的方针。

　　在社会主义工业企业必须实行计划管理的问题上，毛泽东同志早在第二次国内革命战争时期，1934 年写的《我们的经济政策》一文中，就说过：工业的进行需要有适当的计划。在散漫的手工业基础上，全部的精密计划当然不可能。但是关于某些主要的事业，首先是国家经营和合作社经营的事业，相当精密的生产计划，却是完全必需的。确切地计算原料的生产，计算到敌区和我区的销场，是我们每一种国营工业和合作社工业从开始进行的时候就必须注意的[④]。毛泽东同志在抗日战争时期，1942 年写的《经济问题与财政问题》一书中，又进一步地强调说：首先要使所有公营工业，不论是属于哪一部门管理的，均须有一个统一的计划。在这个统一计划上，统一地筹划原料与粮草的供给，产量的定数，销路的衔接。在这个统一的计划性上，要实行各业间的互相协助，消灭互相孤立甚或互相妨碍的本位主义。在这个统一的计划上，要实行统一的检查，对各业各厂有

---

① 毛泽东：《经济问题与财政问题》，解放社 1944 年版，第 103 页。

② 同上。

③ 同上书，第 102—103 页。

④ 毛泽东：《我们的经济政策》，《毛泽东选集》第一卷，人民出版社 1952 年第 2 版，第 127—128 页。

奖励，有批评，使工作差的赶上好的①。

在工业生产的数量和质量关系的问题上，毛泽东同志在抗日战争胜利的前夕，1945 年写的《必须学会做经济工作》一文中，指出：一切产品，不但求数量多，而且求质量好②。在社会主义建设时期，当我国的工业有了相当大的发展以后，毛泽东同志在 1960 年 6 月又及时地提出了要着重搞规格、品种、质量，把品种、质量放在第一位。

在社会主义工业企业必须实行经济核算的问题上，毛泽东同志在 1942 年写的《经济问题与财政问题》一书中指出：各个工业企业应当"建立经济核算制，克服各企业内部的混乱状态。为此必须：第一，每一工厂单位应有相当独立的资金（流动的和固定的），使它可以自己周转，而不致经常因资金困难，妨碍生产。第二，每一工厂单位的收入和支出，应有一定的制度和手续，结束收支不清、手续不备的糊涂现象。第三，依照各厂具体情况，使有些采取成本会计制，有些则暂不采取，但一切工厂必须有成本的计算。第四，每一工厂的生产，应有按年按月生产计划完成程度的检查制度，不得听其自流，很久不去检查。第五，每一工厂应有节省原料与保护工具的制度，养成节省原料与爱护工具的习惯。所有这些就是经济核算制的主要内容。有了严格的核算制度之后，才能彻底考查一个企业的经营是否是有利的。""改善工厂的组织与管理，克服工厂机关化与纪律松懈状态。首先应该改革的是工厂机关化的不合理现象。""使一切工厂实行企业化。"③ 到社会主义建设时期，毛泽东同志在 1955 年写的《勤俭办社》一文的编者按语中，又进一步地指出："勤俭经营应当是全国一切农业生产合作社的方针，不，应当是一切经济事业的方针。勤俭办工厂，勤俭办商店，勤俭办一切国营事业和合作事业，勤俭办一切其他事业，什么事情都应当执行勤俭的原则。这就是节约的原则，节约是社会主义经济的基本原则之一。"④

---

① 毛泽东：《经济问题与财政问题》，解放社 1944 年版，第 113—114 页。
② 毛泽东：《必须学会做经济工作》，《毛泽东选集》第三卷，人民出版社 1953 年第 2 版，第 1019 页。
③ 毛泽东：《经济问题与财政问题》，解放社 1944 年版，第 114 页。
④ 《勤俭办社》一文的编者按语，《中国农村的社会主义高潮》上册，人民出版社 1956 年版，第 18 页。

在社会主义分配问题上，毛泽东同志在第二次国内革命战争时期，1929 年写的《关于纠正党内的错误思想》一文中，早就指出：在社会主义时期，物质的分配也要按照‘各尽所能按劳取酬’的原则和工作的需要①。毛泽东同志一再指出平均主义的危害性，他在抗日战争时期，1942年写的《经济问题与财政问题》一书中，曾经指出：平均主义的薪给制抹杀熟练劳动与非熟练劳动之间的差别，也抹杀了勤惰之间的差别，因而降低劳动积极性②。毛泽东同志也一再地教导我们，物质鼓励要和思想政治教育相结合，并且要政治挂帅。在工资问题上，也必须防止高低悬殊，以免使干部脱离群众，在政治上产生不良的后果。

在开展劳动竞赛的问题上，毛泽东同志早在 1934 年《中华苏维埃共和国中央执行委员会与人民委员会对第二次全国苏维埃代表大会的报告》中，就强调指出：提高劳动热忱，发展生产竞赛，奖励生产战线上的成绩昭著者，是提高生产的重要方法③。

在社会主义工业企业工作中的集体领导和个人负责的问题上，毛泽东同志在第三次国内革命战争时期，1948 年写的《关于健全党委制》一文中，指出：党委制是保证集体领导，防止个人包办的党的重要制度。还须注意，集体领导和个人负责，二者不可偏废④。根据毛泽东同志这一思想，1956 年中国共产党第八次全国代表大会通过的党章规定：任何党的组织都必须严格遵守集体领导和个人负责相结合的原则⑤。党章还规定：在企业、农村、学校和部队中的党的基层组织，应当领导和监督本单位的行政机构和群众组织积极地实现上级党组织和上级国家机关的决议，不断地改进本单位的工作⑥。这里，明确地规定了工业企业的党组织有领导和

---

① 毛泽东：《关于纠正党内的错误思想》《毛泽东选集》第一卷，人民出版社 1952 年第 2 版，第 93 页。

② 毛泽东：《经济问题与财政问题》，解放社 1944 年版，第 115 页。

③ 毛泽东：《中华苏维埃共和国中央执行委员会与人民委员会对第二次全国苏维埃代表大会的报告》，《苏维埃中国》，中国现代史资料编辑委员会 1957 年翻印本，第 296 页。

④ 毛泽东：《关于健全党委制》，《毛泽东选集》第四卷，人民出版社 1960 年版，第 1343—1344 页。

⑤ 《中国共产党章程》（中国共产党第八次全国代表大会通过，1956 年 9 月），人民出版社 1956 年版，第 9 页。

⑥ 同上书，第 26 页。

监督本单位的行政机构的责任。对于这个问题，刘少奇同志做了进一步的论述，他说：在企业中，应当建立以党为核心的集体领导和个人负责相结合的领导制度。凡是重大的问题都应当经过集体讨论和共同决定，凡是日常的工作都应当由专人分工负责①。这就是我国在社会主义国营工业企业中普遍实行的党委集体领导下的厂长负责制。

在社会主义工业企业管理工作中必须实行群众路线的问题上，毛泽东同志在抗日战争时期，1943 年写的《论合作社》一文中说过：从群众中来，到群众中去，想问题从群众出发而又以群众为归宿，那就什么都能好办。这种群众观点的生产学说，打破了过去各种不正确的"学说"，也只有这种为群众的学院，才能把生产搞得好②。在社会主义建设时期，毛泽东同志于 1955 年写的《关于农业合作化问题》一文中，告诉我们说：我们应当相信群众，我们应当相信党，这是两条根本的原理。如果怀疑这两条原理，那就什么事情也做不成了③。在 1957 年写的《关于正确处理人民内部矛盾的问题》的报告中，他又指出：马克思主义者从来就认为无产阶级的事业只能依靠人民群众，共产党人在劳动人民中间进行工作的时候必须采取民主的说服教育的方法，决不允许采取命令主义态度和强制手段④。毛泽东同志特别强调了工业企业必须做好发动群众的工作。他在 1958 年 9 月间巡视了长江流域几个省的工作以后，向新华社记者发表的重要谈话中说：此次旅行，看到了人民群众很大的干劲，在这个基础上各项任务都是可以完成的。……有一些地方，有一些企业，对于发动群众的工作还没有做好，没有开群众大会，没有将任务、理由和方法，向群众讲得清清楚楚，并在群众中展开辩论。到现在，我们还有一些同志不愿意在工业方面搞大规模的群众运动，他们把在工业战线上搞群众运动，说成是"不正规"，贬之为"农村作风""游击习气"。这显然是不对的⑤。

① 刘少奇：《中国共产党中央委员会向第八次全国代表大会的政治报告》，人民出版社 1956 年版，第 32 页。

② 毛泽东：《论合作社》，《经济问题与财政问题》，解放社 1944 年版，第 222 页。

③ 毛泽东：《关于农业合作化问题》，人民出版社 1955 年版，第 9 页。

④ 毛泽东：《关于正确处理人民内部矛盾的问题》，人民出版社 1957 年版，第 10 页。

⑤ 《毛泽东同志在九月间的重要谈话》，《红旗》1958 年第 10 期。

在社会主义工业企业必须做好政治工作的问题上，毛泽东同志1955年在《严重的教训》一文的编者按语中说：政治工作是一切经济工作的生命线①。1957年他在《关于正确处理人民内部矛盾的问题》的报告中，又说过：没有正确的政治观点，就等于没有灵魂②。按照毛泽东同志的教导，在工业方面，做好政治思想工作，就是要做好职工群众的革命化工作、工业企业的革命化工作、工业管理机关的革命化工作，以便激发千百万职工群众的革命精神和生产积极性，避免修正主义，挖掉产生资本主义的根基，多快好省地建设社会主义。

在干部必须学会管理工业的问题上，毛泽东同志在1945年抗日战争胜利，当我们解放了一些比较大的城市的时候，就及时地提出，为了掌握这些城市的经济，发展工业和其他事业，利用一切可用的社会现成人才，说服党员同他们合作，向他们学习技术和管理的方法，非常必要③。当1948年8月全国革命胜利的前夕，毛泽东同志起草的《中共中央关于九月会议的通知》中，要求：全党动员学习管理工业生产……④毛泽东同志在1949年3月《在中国共产党第七届中央委员会第二次全体会议上的报告》中，指出：为了开始着手我们的建设事业，一步一步地学会管理城市，恢复和发展城市中的生产事业。……我们的同志必须用极大的努力去学习生产的技术和管理生产的方法……⑤。过了三个月，毛泽东同志在纪念党的二十八周年所写的《论人民民主专政》的文章中，更加强调地指出：严重的经济建设任务摆在我们面前。我们熟习的东西有些快要闲起来了，我们不熟习的东西正在强迫我们去做。这就是困难。帝国主义者算定我们办不好经济，他们站在一旁看，等待我们的失败。我们必须克服困

---

① 《严重的教训》一文编者按语，《中国农村社会主义高潮》上册，人民出版社1956年版，第123页。

② 毛泽东：《关于正确处理人民内部矛盾的问题》，人民出版社1957年版，第23页。

③ 毛泽东：《减租和生产是保卫解放区的两件大事》，《毛泽东选集》第四卷，人民出版社1960年版，第1170页。

④ 毛泽东：《中共中央关于九月会议的通知》，《毛泽东选集》第四卷，人民出版社1960年版，第1351页。

⑤ 毛泽东：《在中国共产党第七届中央委员会第二次全体会议上的报告》，《毛泽东选集》第四卷，人民出版社1960年版，第1429页。

难，我们必须学会自己不懂的东西。我们必须向一切内行的人们（不管什么人）学经济工作。拜他们做老师，恭恭敬敬地学，老老实实地学。不懂就是不懂，不要装懂。不要摆官僚架子。钻进去，几个月，一年两年，三年五年，总可以学会的①。在社会主义建设时期，毛泽东同志又号召大家到斗争中去学习社会主义工业化的工作。他在 1955 年 7 月写的《关于农业合作化问题》一文中说：社会主义革命是一场新的革命。过去我们只有资产阶级民主革命的经验，没有社会主义革命的经验。但是怎样去取得这种经验呢？是用坐着不动的方法去取得呢，还是用走进社会主义革命的斗争中去、在斗争中学习的方法去取得呢？不实行五年计划，不着手进行社会主义工业化的工作，我们怎么能够取得工业化的经验呢？②

毛泽东同志的这些论述，有些虽然是在国内革命战争时期、抗日战争时期说的，但是，它对于指导我们现在的工业企业管理工作，仍然有极其重要的意义。

在毛泽东思想的指导下，我国的社会主义工业化事业，我们的工业企业管理工作，也同我国社会主义建设的其他各个方面一样，都取得了很大的成功。毛泽东思想，是我国社会主义革命和社会主义建设事业的指针，当然也是管理好我国社会主义国营工业企业的指针。只要我们经常地、认真地学习毛泽东同志的著作，按照毛泽东同志的思想去办事情，高举党的鼓足干劲、力争上游、多快好省地建设社会主义的总路线的伟大旗帜，我们就一定能够不断地提高我国社会主义国营工业企业的管理水平，一定能够把我国的社会主义建设事业从一个胜利引导到另一个胜利，就一定能够实现我国社会主义建设的大跃进。

毛泽东思想，毛泽东同志关于管理社会主义工业企业的指导思想，也就是这本书的编写小组在进行编写工作的时候所遵循的指导思想。编写小组的工作人员，力图以毛泽东思想——马克思列宁主义的普遍真理和中国的具体实践相结合的思想为指南，比较系统地介绍一些我国社会主义国营

① 毛泽东：《论人民民主专政》，《毛泽东选集》第四卷，人民出版社 1960 年版，第 1485 页。
② 毛泽东：《关于农业合作化问题》，人民出版社 1955 年版，第 20 页。

工业企业管理的情况和经验。但是，由于编写人员的水平和能力的限制，编写时间又比较仓促，在这本书中，缺点和错误一定是会不少的。我们期待着读者的批评和指正。

第 一 章
社会主义国营工业企业

这门课程所要讲的是：我国社会主义国营工业企业的管理。工业企业管理工作的对象是企业。所以，在探讨我国社会主义国营工业企业管理的各种问题以前，有必要先对社会主义国营工业企业本身做一些说明。

在这一章里，准备和大家讨论关于社会主义的国营工业企业问题，分成下面四节来说：

一、现代工业企业生产的基本特点；

二、中国国营工业企业的社会性质；

三、社会主义国营工业企业的根本任务；

四、中国共产党在国营工业企业中的领导地位。

第一节　现代工业企业生产的基本特点

我国国营工业企业，绝大部分是现代工业企业。现代工业是和手工业不同的。毛泽东同志说：……现代性的工业经济，这是进步的，这是和古代不同的[①]。手工业企业的生产是比较古老的、比较落后的；现代工业企

[①]　毛泽东：《在中国共产党第七届中央委员会第二次全体会议上的报告》，《毛泽东选集》第四卷，人民出版社 1960 年版，第 1431 页。

业在生产上是比手工业企业更先进的企业。为了管理好现代工业企业，我们首先要认识清楚这种企业的生产特点。

现代工业企业，在生产上，具有哪些基本特点呢？

一　现代工业企业拥有比较复杂的技术装备

在手工业企业里，劳动者是用手工工具进行生产的。手工工具比较简单，技术条件比较低，主要是以人力做动力的。现代工业企业和手工业企业不同，它是用复杂的技术装备武装起来的。现代工业企业主要是运用机器体系进行生产的，用电力做动力，广泛地采用现代技术。例如，现代的煤矿或者铁矿，一般都拥有各种钻探、采掘、提升、运输、选矿、通风、排水设备，以及与之相适应的各种电气设备。现代的冶金联合企业，一般都拥有矿山设备、炼焦设备、炼铁设备、炼钢设备、轧钢设备，以及服务于上述各部门生产的各种机修、动力、起重、运输等设备。像我国鞍山钢铁公司这样的钢铁联合企业，单是一个轧钢厂的全部机器设备，就有一万几千吨重。其他现代化的化工厂、石油厂、机械厂、发电站，以及纺织厂、造纸厂、食品厂等，也都拥有一套与自己的生产要求相适应的技术装备。

现代工业企业所拥有的各种技术装备，就它在生产中的作用来说，一般可以分为这样几个主要的部分：

（1）直接作用于劳动对象的生产设备，如机床、轧钢机、采掘机和纺纱机、织布机等；

（2）生产动力的动力设备，如蒸汽机、内燃机、发电机等；

（3）传递动力的传动设备，如输送动力的变电设备、输电设备、开关和管道等。

除此以外，每个工业企业都还拥有运输、起重、储存、检验、控制等其他许多必需的机器设备。随着现代技术的发展，各种仪器、仪表在现代工业企业的生产过程中显得越来越重要。

工业企业的各种技术装备，都是相互联系、相互作用和相互制约的。它们在数量上和性能上，都有一定的配合，相互联结成一个有机的整体。只有这些技术装备经常处于良好的状态，并且在运转中相互协调配合，现代工业企业的生产才能够顺利地进行。

二 现代工业企业的生产具有高度的科学性、技术性

在手工业企业里，劳动者用手工工具加工劳动对象，生产基本上是依靠劳动者个人的经验来进行的。劳动者个人的体力、经验和技艺，直接决定着生产效率。

在现代工业企业里，劳动者的生产技术经验，对生产也起着很重要的作用。但是，在这里，劳动者是运用机器体系来加工劳动对象的，生产具有高度的科学性和技术性。机器和手工工具不同，它有着自身的运转规律。例如，动力机产生动能，并且通过各种变换能量的设备，把动能转变成各种机械能，进而推动工具，作用于劳动对象，这全部过程都是在力学、化学和其他种种自然科学规律的支配下进行的。随着科学技术的不断进步，为了制造一种产品，工业企业往往要采用物理的、化学的、生物的等多种综合技术。有的产品的生产，要在高温（2000℃）、高压（1500 大气压）、深冷（零下 250℃以上）、负压（接近绝对真空）等条件下进行；许多精密的机器设备和仪器，从装置的环境到操作使用，都有一系列严格的科学要求。同时，随着机器的采用和发展，无论是产品的设计、工艺过程的确定、操作方法的选择，以及生产过程各个阶段的划分和结合等，也都直接取决于科学技术原理的应用。由于这种种原因，生产工艺和生产组织就发展成了专门的科学。正如马克思所指出的：劳动手段在机器形态上取得的物质的存在方式，规定要用自然力代替人力，用自然科学之意识的应用代替经验的例规[①]。

现代工业企业的生产，具有极为严格的科学要求，人们对自然科学规律认识得越深入、越全面，应用得越好，他们就越能够充分发挥自己的主观能动作用，运用自如地驾驭现代技术，促进生产的发展。反之，他们就不能顺利地进行生产，甚至会损坏设备，造成损失。

三 现代工业企业的劳动分工非常精细、协作关系非常复杂

随着复杂的技术装备的采用和发展，工业企业内部劳动分工和协作关

---

① 马克思：《资本论》第一卷，人民出版社 1953 年版，第 465 页。

系也大大发展起来。每个现代工业企业，都是一个既有严密分工又有高度协作的复杂的生产体系。一般来说，现代工业企业是由许多车间组成的，这些车间又划分为若干个小组；此外，它还有各种必要的辅助部门、服务部门和管理部门（关于企业构成的各个部分，我们在第六章《社会主义工业企业生产过程的组织》中，还要详细分析）。在这里，往往有数十种以至上百种不同工种的工人和许多工程技术人员、职能人员在一起劳动，他们之间存在着非常精细复杂的分工和协作关系。例如，在一个现代纺纱厂里，棉纱的生产，要使用清棉机、梳棉机、并条机、粗纺机、精纺机等十多种机器设备，为了使这许多机器设备能够正常运转，就需要有各种操作工人、设备维修工人、运输工人以及生产动力的工人，等等，并且，还要有各种工程技术人员和业务管理人员，对生产进行技术指导和业务管理。很明显，这样一个用机器纺纱的企业，比之一个用手工纺纱的企业，它的劳动分工和协作关系当然要精细和复杂得多了。

现代工业企业的劳动分工和协作关系，同手工业企业内部的分工和协作关系不同，它是建立在使用现代机器设备的基础上的，必须适应机器体系的客观要求。马克思说：在手工制造业内，每一特殊部分过程，都由使用工具的一个一个或一组一组的劳动者担任。劳动者固须适合于过程，但过程也须预先安排好，使其适合于劳动者。这个主观的分工原则，在用机器的生产上，是消灭了[1]。因为大工业在其机器体系中，却有了一个纯然客观的生产组织体[2]。这就是说，在现代工业企业里，要根据机器设备的要求来合理地进行分工和组织协作，使生产过程的各个部分、各道工序以至各个人的活动，都能同机器体系的运动，相互协调一致。只有这样，企业的生产才能顺利地进行。

四 现代工业企业生产过程的各个部分，联系非常密切

在手工业企业里，生产过程的各个部分也是有密切联系的。但是，手工业企业的生产，是建立在劳动者个人的体力、经验和技艺的基础上的，

---

[1] 《资本论》第一卷，人民出版社1953年版，第457—458页。
[2] 同上书，第465页。

它的生产过程的各个部分之间的联系，正如马克思所说：纯然是主观的，是部分劳动者的结合[①]，因而这种联系不能不受到人身自然条件的限制，它的精确性和严密性是比较差的。

在现代工业企业里，生产过程各部分之间的联系，却同时表现为各种机器和设备之间的联系。在这里，有着一系列不同的、相互联系的机器设备。这些机器设备根据工业产品生产工艺的要求，按照一定的比例配置着，按照一定的速率运转着，它们之间联系的精确和严密，就像一架机器的结构一样。一个零件或者部件的误差和失灵，常常会使整架机器停止运转；同样，一个生产部分或者一个生产环节的误失，也常常会影响整个生产过程的顺利进行。

现代工业企业不但具有生产过程的各个部分联系非常密切的特点，而且，在有些行业的企业里，生产具有高度的连续性。例如，在冶金企业和化工企业里，金属冶炼的各个阶段，化学反应的整个工艺过程，都用各种机器、设备和管道紧紧地联结在一起，以致根本无法把它们分开。在其他行业的工业企业里，随着机械化和自动化程度的日益提高，以及流水生产线等先进生产组织形式的广泛采用，生产的连续程度，也在不断地提高。

五　现代工业企业之间、工业企业同农业和其他经济部门之间，有着广泛而密切的联系

随着机器的采用和发展，科学技术的不断进步，工业企业专业化的程度不断提高了。许多老的工业部门渐渐分离成若干新的独立的工业部门；这些部门又进一步分成许多更细、更专的企业。在现今条件下，不仅同一类产品，甚至某一种零件、部件，或者某一个加工阶段，都可以独立地成为一个企业的生产对象。例如，在机械工业中，就有专门制造某种机床的企业，专门制造轴承的企业，以及专门的铸锻企业，等等。

工业企业之间的分工越来越细，它们之间的联系，它们同农业、交通运输业以及其他国民经济部门之间的联系，也就越来越广泛和复杂，生产社会化的程度很高。现代工业企业既是大量工业产品的生产者，又是大量

[①] 《资本论》第一卷，人民出版社1953年版，第457—458页。

物质资料的消费者。每个企业都同其他许多企业和经济单位发生着千丝万缕的联系。离开了这种联系，企业的生产就寸步难行。例如，我国的长春汽车制造厂，它需要钢铁厂供应成百种钢铁材料，橡胶厂供应各种轮胎，电器厂供应各种电器材料，轴承厂供应各种轴承；还需要商业部门、供销合作社供应生产所需的某些物资，包括农村人民公社生产的各种物资，同它经常有协作关系的企业和单位，就有几百个之多。如果一种钢材，一个零件，一种辅助材料不能及时供应，作为成品的汽车，就无法生产出来。因此，任何一个工业企业，如果不组织好与其他企业的协作关系，它就不能正常地进行生产。

六 现代工业企业集中着最进步、最革命的现代工业无产阶级

现代工业企业，是现代工业无产阶级的集中地。现代工业无产阶级，与手工业工人不同，它是与最先进的经济形式，即与大生产相联结的最进步、最革命的阶级。在资本主义制度下，只有工业无产阶级，在自己的马克思列宁主义政党——共产党的领导下，才能团结和领导农民以及一切被压迫人民，进行坚决的革命斗争，推翻剥削阶级的反动统治，取得了革命的胜利。在无产阶级取得政权以后，只有工人阶级及其马克思列宁主义政党——共产党，才能团结和领导全国人民把社会主义革命进行到底，并且胜利地进行社会主义建设，最终实现共产主义的伟大理想。

现代工业无产阶级，具有比较高的文化技术水平，掌握和使用着现代技术装备，创造出大量的物质财富和高度的劳动生产率。它是工业生产力中最积极、最活跃的因素。现代工业企业中的一切物质技术条件，都要由它来掌握和运用，才能发挥作用。只有依靠工人阶级，充分发挥工人阶级的政治热情和生产积极性，现代工业企业的生产，才能迅速地向前发展。

综上所述，现代工业企业是比手工业企业更进步的工业企业，它可以创造出比手工业企业高得多的劳动生产率。同时，现代工业企业在生产上所具有的这些基本特点，不但比手工业企业更要求企业内部有高度集中统一的管理，以便在充分发扬民主的基础上，充分发挥企业内部各个方面、各个环节、各个人的积极性的基础上，严密地组织和协调整个企业的生产活动；而且，它要求整个社会有建立在高度民主基础上的高度集中统一的

管理，要求国民经济有高度的计划性和组织性，以便正确地处理企业的外部关系，为企业生产的正常进行和充分发挥企业的主动性提供必要的条件。只有这样，才能把广大工人群众的积极性充分发动起来、组织起来，现代工业企业先进的生产技术才能充分地发挥作用。在资本主义生产资料私有制的条件下，工业企业内部的生产，虽然也是有组织地、有计划地进行的，但是，由于企业的生产资料私有制同生产社会性之间存在着对抗性的矛盾，整个社会生产必然是无政府状态的；而且，由于资本的统治，工人的利益和资本家的利益是对立的，因而不可能充分动员工人的生产积极性。只有在社会主义生产资料公有制的条件下，国营工业企业的生产，才能够在广泛发扬民主的基础上，不但在企业内部有组织地进行，而且能够在国家的集中领导和统一计划下，按照社会化生产的客观要求，最合理地进行。

第二节　中国国营工业企业的社会性质

现代工业企业的社会性质，是由它的生产资料所有制决定的。一定的生产资料所有制，决定了一定的人们在生产和劳动中的相互关系与分配关系。因此，有什么样的生产资料所有制，也就有什么样社会性质的工业企业。

我国国营工业企业，是一种什么样的社会性质的工业企业呢？

早在 1949 年 3 月，中国人民革命全国胜利的前夜，毛泽东同志在向党的七届二中全会所作的报告中，就已经清楚地说明了我国国营工业的社会性质。他说：这一部分经济，是社会主义性质的经济，不是资本主义性质的经济[①]。决定我国国营工业企业的社会主义性质的，最根本的是生产资料的全民所有制，所以，这里要着重地对于国营工业企业的全民所有制做一些分析。

[①]　毛泽东：《在中国共产党第七届中央委员会第二次全体会议上的报告》，《毛泽东选集》第四卷，人民出版社 1960 年版，第 1432 页。

我国国营工业企业，是全民所有制的经济组织，是国民经济的一个有机组成部分。无论是中央管理的企业，还是地方管理的企业，都属于社会主义国家所有，都是社会主义国家的财产。同时，社会主义国营工业企业又是全民所有制经济中独立的生产经营单位，它按照国家的规定，进行独立的经济核算。

那么，国营工业企业的全民所有制表现在哪些方面呢？

第一，企业的生产资料，包括机器、设备、建筑物、原料、材料等，都属于国家所有。没有国家的指令和上级行政主管机关的批准，企业不能把生产资料转移、出让或者赠送给别的企业或单位。

第二，企业的生产活动，服从国家的统一领导和统一计划。国家在党的领导下，制定指导企业生产经营的各项方针政策，规定企业的计划，拟定重要的规章制度，并且，直接委派企业的行政领导人员。

第三，企业的产品属于国家所有，由国家统一分配和统一调拨。企业必须严格按照国家规定的调拨计划和调拨价格销售产品，不能擅自处理自己生产的产品。

第四，企业要按照规定向国家缴纳利润和税金；企业的利润，除了按照国家规定留做企业奖金的部分以外，其余部分上缴国家，由国家统一支配、集中使用。

第五，企业的职工，由国家按计划统一分配；企业的职工工资标准和工资制度，由国家根据各尽所能、按劳分配的原则，统一规定。

上述这五个方面，是相互联系、相互制约的。破坏其中任何一个方面，都会削弱以致破坏企业的全民所有制。

国营工业企业的全民所有制，同现代工业生产力的高度社会性是相适应的。生产资料的全民所有制，决定了社会主义国营工业企业的生产，是在国家的集中领导和统一计划下进行的。这就使国民经济有可能有计划、按比例地发展，使工业企业的生产经营活动，有可能根据社会的利益和需要，最合理和最有效地进行。这是社会主义国营工业企业大大优越于资本主义企业的根本点。

与此相反，在资本主义条件下，工业企业是资本家的私有财产，企业的全部活动，都服从于资本家攫取最大限度利润的目的，受资本家的个人意志所支配。因此，资本主义工业企业的生产经营活动，一方面具有剥削性，它是建立在资本家同工人群众之间的阶级对抗的基础上的；另一方面具有盲目性，它必然受竞争和生产无政府状态的规律所支配。因而，严重地束缚着企业以及整个社会生产的发展。

在资本主义制度下，也有一部分所谓"国营工业企业"，这种"国营企业"，是国家垄断资本主义的企业。它利用资产阶级国家的权力更残酷地剥削这些企业中的工人和广大的劳动人民。资产阶级国家用各种隐蔽的巧妙手段，把大量利润转移到垄断资本集团的手里。资产阶级国家为了垄断集团的利益，可以在个别企业、托拉斯和经济部门中起一定的调整生产的作用，但是，这不但不能排除垄断组织之间的竞争，反而使这种竞争更加尖锐，使整个资本主义经济的无政府状态更为加剧。因此，资本主义的国营工业企业，丝毫没有改变企业的资本主义性质，它同社会主义国营工业企业毫无共同之处。国家垄断资本主义的发展，也丝毫没有改变资本主义制度所固有的矛盾，反而加剧了这些矛盾。

社会主义国营工业企业的全民所有制是绝对不能动摇的，必须坚决维护，不能侵犯。任何部门、任何地方、任何企业，都应当严格遵照国家的统一政策、统一计划和统一的规章制度来组织生产，不能违反国家的统一规定，任意地调用和处置企业的生产资料和产品，否则，全民所有制便会遭到削弱和破坏，国营工业企业的全民所有制，在实质上就有变成部门所有制、地方所有制、单位所有制的危险，社会主义经济就有向资本主义蜕化变质的危险。列宁说得完全正确：任何直接或间接地把个别工厂或个别行业的工人对他们各自的生产的所有权合法化、或者把他们削弱或阻挠执行全国政权的命令的权利合法化的做法，都是对苏维埃政权基本原则的极大歪曲和完全放弃社会主义[①]。因此，在任何时候，在任何条件下，我们都必须坚决地维护社会主义国营工业企业的全民所有制，同一切无组织、无纪律的现象进行不调和的斗争。

---

① 列宁：《论苏维埃政权的民主制和社会主义性质》（1918 年），载 1957 年 4 月 22 日《真理报》。

　　社会主义国营工业企业是全民所有制的企业，它的活动要服从国家的集中领导和统一计划，这是不是说，它没有一定的独立性呢？

　　当然不是。

　　如前所述，我国国营工业企业是全民所有制经济中独立经营、独立核算的单位，因此，它在国家的集中领导、统一计划下，具有一定的独立性。这种独立性，具体表现在以下几个方面：

　　第一，企业有权使用国家交给的固定资金和流动资金，按照国家计划进行生产，实行独立的经济核算。

　　第二，企业有权和别的企业签订经济合同，它有责任严格履行合同，也有权要求别的企业严格履行合同；它在处理同其他企业和单位的经济事务中，具有法人的资格。

　　第三，企业有权同国家银行建立信贷关系，在银行中开设自己的结算账户。

　　第四，在企业计划确定以后，如果生产能力有余，而当地或者其他单位又能够供应生产所需的各种物资，企业可以在保证完成国家计划任务、不占用国家计划分配的材料和遵守等价交换的条件下，经过上级行政主管机关的批准，承担当地分配的或者其他单位所要求的、力所能及的生产任务。

　　第五，企业在根据先进合理的消耗定额和生产任务，确定了原料、材料和燃料的需要量以后，在保证产品质量和性能的前提下，如果能够降低消耗，节约物资，可以按照国家的规定，同别的单位和企业调剂使用原料、材料和燃料的结余部分，增产国家计划规定的产品。但是，企业不能用这些物资交换生活资料和进行基本建设。

　　第六，企业有权使用国家发给的企业奖金，来改善劳动条件和职工生活。

　　应该指出，工业企业独立性的具体内容，并不是一成不变的。在不同的时期，由于国家面临的政治经济任务和各种具体条件不同，企业独立性的具体内容可以而且必然会有所区别。但是，在任何时候，在任何条件下，国营工业企业的独立性都是以全民所有制为基础的，都是有条件的、相对的。就是说，企业的独立经营，在任何时候都必须以服从国家的集中领导、统一计划为前提。

社会主义的全民所有制对于工业企业独立性的这种制约，不是束缚了工业企业的积极性和主动性，恰恰相反，它为工业企业充分发挥积极性和主动性创造了条件。

前面说过，资本主义工业企业是资本家的私有财产，它完全由资本家个人支配。从这个意义上来说，资本主义工业企业似乎是完全独立的。但是，这种以生产资料私有制为基础的独立性，使资本主义工业企业根本不可能自觉地按照社会生产发展的规律来组织生产。资本家不可能确切地知道社会需要什么和需要多少，他们只能根据市场行情的自发波动来安排生产。资本主义工业企业的生产活动是盲目的，注定要被周期性的经济危机所打乱，有的企业，还经常受到破产和倒闭的威胁。因此，资本主义工业企业，在形式上似乎是完全独立的，在本质上却处于社会自发势力的统治下，是真正被动的。

同资本主义企业根本相反，社会主义国营工业企业的独立经营，是以国家的集中领导和统一计划为前提的。因而，企业有可能自觉地按照社会需要来安排生产，它的产品有广阔的、可靠的销路；它有可能有计划地、稳定地获得各种材料物资的供应。这就为企业充分发挥主动性和积极性开辟了广阔的道路。反之，如果企业不是按照国家计划，而是"自由地"去处理产、供、销问题，那么，国家的统一计划必然遭到破坏，国民经济就不可能有计划、按比例地发展，这反过来必然会给企业的生产造成严重的困难，使它失去有计划地销售产品和取得原料的可能。在这种情况下，企业的正常生产都难于维持，当然更谈不到发挥真正的积极性和主动性了。由此可见，国家的集中领导和统一计划，是企业进行真正有效的独立经营，充分发挥主动性的根本条件。

社会主义国营工业企业的独立性，是相对的、有条件的，这是不是说，企业的独立性是不重要的，是可有可无的呢？

当然不是。

国营工业企业的独立性，虽然是相对的，有条件的，但是，是不可缺少的。这种独立性，对于充分发挥企业的积极性和主动性，有着重大的作用。因为，现代工业生产，是一个由千万个企业组成的复杂的社会分工体系。一方面，各个企业之间存在着密切的联系，它要求社会统一计划和安排企业的生产；另一方面，每个企业又都是社会分工的基本环节，它们都各有自己独立的生产过程，并且在生产、技术、经济、自然条件等方面，都各具特点。这样，为了发挥每一个企业在社会生产组织中的作用，使社会分工体系这个链条上的每一个环节，都能够起到自己的作用，就要承认它们在客观上所具有的独立性，给它们创造一定的条件，赋予它们一定的权力，使它们在国家的集中领导下，能够发挥自己的主动性和积极性，正确而及时地解决生产中经常出现的企业应当而且可以解决的问题。反之，如果企业没有必要的独立性，企业生产经营中的一切微枝末节，都由国家直接来处理和解决，那就必然会束缚企业的手脚，不能在国家经济生活中正确实行统一领导、分级管理的原则，因而不利于社会主义经济的迅速发展。同时，由国家直接去解决每个企业中的许多具体问题，在事实上也是不可能的。

可见，国家的集中领导和企业的独立经营，既是矛盾的，又是统一的。它们是相辅相成、相互促进的，它们之间并不存在对抗性的矛盾。如果把这两个方面机械地割裂开来，看做是截然对立和相互排斥的东西，是一种形而上学的观点，是错误的。

当然，这绝不是说它们之间没有矛盾，不会发生矛盾。恰恰相反，矛盾是客观存在的，并且是会不断产生的。但是，这种矛盾是非对抗性的，在社会主义制度下是完全可以解决的。我们的任务，就是要自觉地处理这种矛盾，正确地处理国家与企业之间的关系，要善于把国家的集中领导同企业的独立经营，根据不同时期、不同条件和不同的要求，正确地结合起来，这样，就能够比较顺利地解决工业发展中的各种问题，促进工业生产比较迅速的发展。在这个问题上，如果国家在工业管理方面的权力下放得过多、过散，就会在一定程度上削弱国家对企业的集中领导，助长本位主义和分散主义的倾向，不利于社会主义计划经济的巩固和发展；反之，如果国家对企业的领导过分地集中，管得过多、过死，就会使企业不能充分发挥积极性和主动性，也会给社会主义建设带来不良影响。

那么，怎样正确地处理国家与企业的关系呢？

为了正确地处理国家与企业的关系，国家要明确规定对企业的生产要求，并且为企业正常生产提供必要的条件。具体地说，国家要给企业规定产品方案和生产规模，规定人员、机构和工资总额，规定主要原料、材料、燃料、动力、工具等的消耗定额和供应来源，规定固定资产和流动资金，规定产品的出厂价格，以及规定协作关系。通过这些，不仅使企业可以明确自己的生产要求，而且也可以为它们正常生产提供必要的条件。这就使企业能够集中精力，搞好生产。

同时，要明确工业企业对国家的责任。根据国家的计划，企业要保证产品的品种、质量、数量；保证不超过工资总额；保证完成成本计划，并力求降低成本；保证完成上缴利润，以及保证主要设备的使用期限。企业履行了对国家的责任，可以根据它们完成任务的情况，按照一定的比例，在利润中提取企业奖励基金；反之，如果企业完不成任务，不能履行对国家的责任，就不能提奖。

这样正确地处理国家和企业的关系，就可以加强国家对企业的集中领导和统一计划，就可以为工业企业的独立经营创造必要的条件，从而促使企业更好地依靠群众，全面完成和超额完成国家计划。

上面，分析了国营工业企业的全民所有制。企业的全民所有制，也决定了企业内部人们在生产和劳动中的相互关系以及分配关系的性质。

在我国国营工业企业里，根本不再存在阶级剥削和阶级压迫，人们之间建立了同志式的互助合作关系。

我们知道，在一定的社会生产方式中，劳动过程中人和人之间的关系，是由这一生产方式的生产资料所有制决定的。资本主义企业的生产资料为资本家占有，工人除自己的劳动力外一无所有，不得不出卖自己的劳动力给资本家。因此，在资本主义企业里，劳动过程中人和人之间的关系，就是资产阶级剥削和压迫无产阶级的关系。社会主义社会，消灭了资本主义私有制，建立了社会主义的全民所有制。在社会主义企业中，劳动者成为生产资料的主人。在这里，既不是一部分人剥削另一部分人，也不是互相独立地为个人去生产，而是为了共同的利益，协同一致地去劳动。正像马克思所说的那样：在改变了的环境下，除了自己的劳动，谁都不能提供其他任何东西①。列宁也说过：他们千百年来都是为别人劳动，为剥削者做苦工，现在第一次有可能为自己工作了，他们的劳动是为自己的劳动②。这就是说，在劳动过程中人和人之间出现了一种新型的关系。这种新型关系的基本特征就是：劳动过程的领导者、管理人员、技术人员和直接生产者，都是为社会主义事业服务的，他们的根本利益是一致的，是在根本利益一致基础上的合作互助的关系。这种关系，是由社会主义公有制决定的，是社会主义的新的生产关系的一个重要的组成部分。

这种社会主义新型关系的出现，是经过了激烈斗争的。毛泽东同志在《中国共产党全国宣传工作会议上的讲话》中指出：推翻旧的社会制度，建立新的社会制度，即社会主义制度，这是一场伟大的斗争，是社会制度和人的相互关系的一场大变动③。这一场大斗争、大变动，包括夺取政权，建立无产阶级专政，包括所有制方面的革命，也包括劳动过程中人和人之间的关系的改变。没收官僚资本的企业，派人接管，是一场激烈的斗争，私营企业的社会主义改造，每前进一步也都经历了激烈的斗争。正是经过这些激烈的斗争，无产阶级战胜了资产阶级的顽抗和破坏，社会主义的公有制才建立起来，劳动过程中人和人之间的社会主义的新型关系才能出现。

同样，这种社会主义新型关系的巩固和发展，也要经过激烈的斗争。这是因为，在社会主义发展的一定阶段上并没有消灭阶级，阶级、阶级矛盾、阶级斗争依然存在。旧的剥削阶级的残余还存在，新的资产阶级分子和反革命分子还会产生，贪污、盗窃、投机倒把，也不时出现。资产阶级和其他剥削阶级的思想，在相当长的时期内还存在着，还要影响劳动人民，小生产的习惯也不是很快就会消失。这些情况，无疑会影响劳动过程中劳动人民的相互关系，产生这样或那样的问题。例如，我们有的领导干

---

① 马克思：《哥达纲领批判》，《马克思恩格斯选集》第三卷，第11页。
② 列宁：《怎样组织竞赛？》，《列宁选集》第三卷，第393页。
③ 毛泽东：《在中国共产党全国宣传工作会议上的讲话》，《毛泽东著作选读》甲种本，第497页。

部和管理人员，往往不以普通劳动者的身份出现，不能平等待人，甚至以老爷态度对待群众；我们有的职工，有时也不能真正意识到自己的主人翁地位，不能以主人翁的姿态对待劳动，对待自己的企业。这种旧的影响同社会主义社会劳动者之间同志互助合作的关系极不适应，妨碍着社会主义新型关系的建立和巩固。这种旧的观念如果不改变，在一部分领导干部中就会产生官僚主义，在一部分职工中就会产生雇佣观点，不利于社会主义事业的发展。然而，所有这些问题，只要坚持社会主义教育，就一定能够处理好。在社会主义企业里，劳动者之间的同志互助合作关系一定会不断地巩固和发展。

在我国国营工业企业里，个人消费品分配，是根据各尽所能、按劳分配的原则进行的（关于这方面的问题，将在以后有关的章节中做详细的论述）。

所有这些都说明，我国国营工业企业的社会性质，是社会主义的，它同资本主义企业的性质是根本不同的。

第三节　社会主义国营工业企业的根本任务

工业企业的根本任务，是由企业的社会性质决定的。我国国营工业企业是社会主义的企业，这就决定了它的任务同资本主义工业企业的任务是根本不同的。

关于社会主义工业企业的任务，毛泽东同志早就有过明确的阐述。在《经济问题与财政问题》一书中，毛泽东同志写道：一个工厂内，行政工作、党支部工作与职工会工作，必须统一于共同目标之下，这个共同目标，就是以尽可能节省的成本（原料、工具及其他开支），制造尽可能多与尽可能好的产品，并在尽可能快与尽可能有利的条件下推销出去。这个成本少、产品好、推销快的任务是行政、支部、工会三方面三位一体的共同任务[1]。在社会主义建设时期，党中央根据毛泽东同志的倡议，制定了

---

① 毛泽东：《经济问题与财政问题》，解放社 1944 年版，第 115 页。

鼓足干劲、力争上游、多快好省地建设社会主义的总路线，这就给社会主义工业企业指出了明确的奋斗方向。党的社会主义建设总路线要求每个工业企业在国家的统一计划下，生产尽可能多和尽可能好的产品，并且，尽最大的可能提高劳动生产率，节约物资消耗，降低成本，为国家提供更多的积累。全面完成和超额完成国家计划，增加社会产品，扩大社会主义积累，这就是社会主义国营工业企业的根本任务。

国营工业企业的根本任务，首先是要按照国家计划规定，增加社会产品，满足社会需要。大家知道，资本主义工业企业也生产工业产品，但是，它的目的不是满足社会需要，而是获取利润。出产产品只是它获取利润的手段。同资本主义工业企业相反，社会主义工业企业必须遵循毛泽东同志经常教导我们的"发展生产、保证供给"这个根本方针，按照社会需要来生产工业产品。这是我们社会主义工业企业的一项最根本的任务。

在社会主义制度下，社会对工业产品的各种需要，是由国家有计划地组织各个工业企业，采取分工协作的方法来生产和满足。国家为每个企业规定的产品生产计划，体现着社会对于各个企业生产的要求。因此，就每个企业来说，能否全面地完成国家规定的产品生产计划，是衡量它是否完成任务的一个最重要的标志。

社会主义工业企业的根本任务，不但要很好地完成国家规定的产品生产计划，而且要很好地完成国家规定的上缴利润计划。社会主义企业并不否定盈利，恰恰相反，社会主义企业必须在国家的统一计划下认真地讲究盈利，努力完成和超额完成国家规定的上缴利润任务，扩大社会主义积累。

企业盈利是社会主义建设资金积累的重要来源。每一个工业企业能不能盈利，能不能完成国家规定的上缴利润任务，直接影响到国家的财政收入，关系着社会主义建设的规模和速度。同时，企业盈利又是满足社会各种共同需要的重要来源，例如，支付非生产领域内职工的工资，支付国家行政管理费、国防费，以及建立必要的后备和各种公共福利基金，等等，它们是保证社会主义建设和社会生活的正常进行所必需的。而对于企业本身来说，利润也是反映企业经营管理水平和劳动生产率高低的一个重要指标。因此，社会主义工业企业能否完成扩大社会主义积累的任务，同样是衡量企业是否全面完成任务的一个不可缺少的、重要的标志。

当然，社会主义工业企业的生产，是不允许由利润的多寡来自发地调节和支配的。把盈利当做企业唯一的任务，鼓励和放任企业不择手段地去追求盈利，不遵守国家计划，不考虑社会需要，这同社会主义工业企业的性质是格格不入的。

我们的国营工业企业，必须按照国家计划规定，增加社会产品和扩大社会主义积累，这是它的根本任务。这个根本任务，包含着企业必须完成的许多具体任务。这些任务，主要的就是：

一　完成国家规定的产品的品种、质量和数量计划

前面说过，社会主义工业企业的生产，以满足社会需要为目的。而社会对工业产品的需要是多方面的，不仅数量要多，而且质量要好，品种规格要齐全。随着生产的发展，技术的进步，以及人民的物质文化生活日益丰富多彩，社会对工业产品的要求是不断提高的。不但需要的数量越来越大，而且需要的品种越来越多，要求的质量越来越高。每一个工业企业，都必须严格按照国家计划的规定，努力扩大产品品种，提高产品质量，增加产品产量。只有这样，才能更好地满足社会需要。如果不去努力完成产品产量计划，当然是不对的；但是，如果片面地去追求产量，而忽视扩大产品品种和提高产品质量，那更是不对的。

二　不断地提高劳动生产率

劳动生产率就是人们在单位劳动时间内生产的、具有一定质量的产品的数量，或者说，是单位产品所消耗的劳动量。劳动生产率的提高，就意味着人们劳动效率的提高，意味着生产产品所必需的劳动时间的减少。

工业企业增加生产，有两个途径：一是增加工人；二是提高劳动生产率。而最根本的途径，是提高劳动生产率。这是因为，提高劳动生产率是节约人力和降低成本的一个最重要的途径，是保证社会主义制度胜利的重要的条件。劳动人数的增加总是有限的，而随着技术的不断进步，提高劳动生产率的潜力，却是无穷无尽的。我国工业企业的劳动生产率是在不断提高的。但是，总的说来，我国工业企业的技术水平还是比较低的，提高劳

动生产率的潜力是很大的。因此，广泛地、深入地开展技术革新和技术革命，合理地组织劳动，不断地提高劳动生产率，就成为我国每一个工业企业的一项重要的、迫切的任务。

三　合理地利用固定资产

固定资产，包括机器、设备、厂房，等等，是工业企业进行生产的物质技术基础。工业生产的发展，离不开各种技术装备。但是，增加设备或者扩建企业，都需要有一定的条件和时间。因此，在一定的时期内，工业企业生产的增加，总是要依靠充分地、合理地利用企业现有的技术装备来实现。合理地利用工业企业的固定资产，充分发挥它们的作用，不断地改进现有固定资产的技术状况，对于提高劳动生产率、增加生产、降低成本，有着极为重要的作用。每一个工业企业，都要合理地使用、维护固定资产，使企业的各种固定资产，经常处于良好状态，并且根据可能的条件，有计划地采用新技术、新工艺，保证充分地、合理地利用固定资产。

四　尽量地节约原料、材料、燃料、动力等物质资料的消耗，合理地开发和利用自然资源

原料、材料和燃料等物质资料，是工业企业进行生产的必要条件。国家在一定时期内所拥有的各种物质资料，总是有限的。节约物资消耗，就可以保证工业企业用同量的物资，生产出更多的产品；或者，用较少的物资，生产出同量的产品。节约物资消耗，可以降低产品成本，可以减少工业企业的物资储备，节约流动资金。因此，每一个工业企业，都应当合理地使用和尽量节约各种原料、材料、燃料和动力。

在采掘工业企业中，合理地开发和利用自然资源，也是提高企业的经营效果和节约国家物质资源的一个重要环节。

五　合理地利用流动资金，加速流动资金的周转

流动资金，是工业企业在生产过程和流通过程中经常保持的处于循环周转中的资金。它包括企业储备中的材料、在制品、半成品和成品，以及库存现金和银行存款，等等。这种流动资金，是由国家按计划拨给或者由国家银行贷给的。每一个工业企业，都要合理地使用流动资金，加速资金周转，尽量节约资金。工业企业在保证生产需要的条件下，加速流动资金

的周转速度，就可以为国家节约资金，使国家可以用同量的资金，办更多的事情。

六　努力降低产品成本，增加企业盈利

产品成本是工业企业用于制造和销售产品所支出的费用总和。它包括生产中所消耗的材料、工资、固定资产折旧费，等等。在现行的价格和税收制度下，企业利润等于产品的出厂价格减去成本和税金以后的余额。所以，在价格和税金不变的条件下，产品成本越低，企业的利润就越大，企业给国家积累的资金也就越多。每一个工业企业，都要贯彻勤俭建国、勤俭办企业、勤俭办一切事业的方针，厉行节约，反对浪费，努力降低产品成本，保证完成和超额完成上缴利润的任务。

七　不断地改善劳动条件，实现安全生产

不断改善劳动条件，实现安全生产，是保证企业生产顺利进行的重要条件，也是社会主义国家对企业职工关怀的具体表现。在工业企业的生产过程中，如果不经常地改善劳动条件，注意安全生产，就不能保持正常的生产秩序，避免各种人身事故和设备事故，充分发挥广大职工群众的生产积极性。因此，我们的工业企业，都必须在生产发展的基础上，不断改善劳动条件，加强对职工的安全生产的教育，采取切实的措施，实现安全生产。

八　不断地提高职工的政治思想觉悟和文化技术水平

工业企业的生产，是依靠职工群众的努力来实现的。我们的工业企业，不但是出产工业产品的场所，而且是培养共产主义新人的学校。不断提高职工的思想政治觉悟，做好人的革命化工作，做好企业的革命化工作，这是保证企业多快好省地全面完成企业任务的最重要的条件。每一个工业企业，都应当大力加强思想政治工作，同时，广泛开展对职工的文化技术教育，不断地提高职工的政治思想觉悟和文化技术水平。

上述八个方面，都是工业企业根本任务的具体化。它们相互之间有密切的联系。只有全面地完成这些任务，才能够真正地贯彻执行党的社会主义建设总路线，才能够使工业企业的生产多快好省地全面发展。在实际工作中，某些时候，针对当时的具体情况和薄弱环节，着重强调其中某一方

面的任务是完全必要的。但是，这样做的目的，不是为了别的，而是为了更好地、更全面地完成工业企业的根本任务。因此，工业企业的管理人员，在任何时候都要有全面观点。在考虑完成企业某一方面的任务的时候，必须同时考虑到它对其他方面的影响。例如，在节约原料、材料的时候，必须注意保证产品的质量和其他有关的条件；在增加产量的时候，必须注意质量、品种、成本和设备的维修，等等。不论任何时候，片面地追求某一个方面，忽视其他方面的做法，都会给工业企业带来不利的影响，因而是不正确的。

第四节　中国共产党在国营工业企业中的领导地位

如前所述，我国国营工业企业，是社会主义的企业，它担负着十分光荣和艰巨的任务。坚持工业企业的社会主义方向，完成企业的任务，关键的问题，是党对工业企业的坚强领导。

我们党在工业企业中的领导地位，是由我们党在整个国家中的领导地位所决定的。我们的国家，是无产阶级专政的国家。无产阶级专政，是通过共产党的领导来实现的。毛泽东同志说：领导我们事业的核心力量是中国共产党。[①] 中国共产党是中国工人阶级的先进部队，是中国工人阶级的阶级组织的最高形式。它以马克思列宁主义为自己的行动指南，按照民主集中制建立起来，密切联系群众，并且用马克思列宁主义教育自己的党员和人民群众。只有中国共产党，才能领导我国社会主义革命和社会主义建设的伟大事业走向胜利。刘少奇同志指出：中国共产党的领导的力量，在于它有马克思列宁主义的思想武器，有正确的政治路线和组织路线，有丰富的斗争经验和工作经验，善于把全国人民的智慧集中起来，并且把这种智慧表现为统一的意志和有纪律的行动。不但在过去，而且在今后，为了保证我们的国家能够有效地处理国内和国际的复杂事务，都必须有这样的

---

① 毛泽东：《中华人民共和国第一届全国人民代表大会第一次会议开幕词》，《中华人民共和国宪法》，人民出版社 1954 年版，第 32 页。

一个党的领导①。我们国家各方面工作的方针政策，都是在党的领导下制定的；国家机关、人民军队、经济组织、文化组织以及群众团体，等等，都是在党的领导下进行工作的。我们国家的宪法——中华人民共和国宪法，明确地肯定了党的这种领导地位。党的领导，是我们国家能够胜利地进行社会主义革命和社会主义建设的根本保证。

国营工业企业中的党组织，是中国共产党在企业中的基层组织。中国共产党章程明确规定：在企业、农村、学校和部队中的党的基层组织，应当领导和监督本单位的行政机构和群众组织积极地实现上级党组织和上级国家机关的决议，不断地改进本单位的工作②。这就是说，工业企业中党的基层组织，对于本单位的工作，有领导和监督的责任。

社会主义国营工业企业，是工人阶级进行阶级斗争、生产斗争和科学实验的重要基地。在工业企业里，阶级斗争、生产斗争和科学实验这三项建设社会主义的伟大革命运动的内容是十分丰富的，问题是十分复杂的，只有在党的坚强领导下，才能够正确地进行这三项革命运动，保证企业全面地完成自己的任务。

在社会主义工业企业里，只有坚持党的领导，才能保证企业沿着社会主义的道路前进。

大家知道，在社会主义社会这个历史阶段，还存在着阶级、阶级矛盾和阶级斗争，党的八届十中全会的公报指出：在无产阶级革命和无产阶级专政的整个历史时期，在由资本主义过渡到共产主义的整个历史时期（这个时期需要几十年，甚至更多的时间）存在着无产阶级和资产阶级之间的阶级斗争，存在着社会主义和资本主义这两条道路的斗争。被推翻的反动统治阶级不甘心于灭亡，他们总是企图复辟。同时，社会上还存在着资产阶级的影响和旧社会的习惯势力，存在着一部分小生产者的自发的资本主义倾向，因此，在人民中，还有一些没有受到社会主义改造的人，他们人数不多，只占人口的百分之几，但一有机会，就企图离开社会主义道

---

① 刘少奇：《中共中央向第八次全国代表大会的政治报告》，人民出版社1956年版，第61页。

② 《中国共产党章程》（中国共产党第八次全国代表大会通过，1956年9月），人民出版社1956年版，第26页。

路，走资本主义道路。在这些情况下，阶级斗争是不可避免的[1]。贯穿于整个社会主义时期的这种阶级斗争，是复杂的、时起时伏的，有时甚至是很激烈的。正确地认识和进行这种阶级斗争，是我们进行社会主义建设成败的根本问题。

社会主义时期的阶级斗争，不仅在农村中有，在城市中也有；不仅在农村人民公社中存在，在社会主义工业企业中也存在。

被推翻的反动阶级分子，总是改头换面，千方百计地钻到我们的工业企业里来，企图破坏社会主义的工业企业。同时，社会上存在的资产阶级思想和小资产阶级的习惯势力，总是时刻企图影响工人阶级。随着我国工业的发展，职工队伍的扩大，各种非无产阶级成分的人迅速地加入到工人阶级的队伍中来，他们带来了许多非无产阶级的思想和作风；在原有的职工队伍中，也还有一部分人没有改造好。而且，由于资产阶级思想的侵蚀，在工人阶级的队伍中，还会产生一些蜕化变质分子，即新的资产阶级分子。在这种情况下，在社会主义工业企业里，无产阶级思想同资产阶级思想之间的斗争，社会主义道路同资本主义道路之间的斗争，是不可避免的。这种斗争，主要表现在社会主义的经营思想同资本主义的经营思想的斗争，无产阶级的、马克思列宁主义的企业管理路线同资产阶级的、现代修正主义的企业管理路线的斗争，以劳动人民的态度对待生产劳动同以剥削阶级的态度对待生产劳动的斗争，以主人翁的态度对待公共财产同以"大少爷"的态度对待公共财产的斗争，反对投机倒把、贪污盗窃，维护社会主义全民所有制的斗争，以及各种旧思想、旧习气同社会主义新风尚之间的斗争，等等。

因此，只有在党的坚强领导下，不断地提高广大职工群众的阶级意识、阶级警惕性，实现企业的革命化，把工人阶级的阶级队伍高度地组织起来，才能有效地抵制形形色色的资产阶级思想的侵蚀和影响，坚持工业企业的社会主义方向，保证企业沿着社会主义的轨道迅速向前发展。

---

[1]　《中国共产党第八届中央委员会第十次全体会议的公报》（1962 年 9 月），载 1962 年 9 月 29 日《人民日报》。

在社会主义工业企业里，只有坚持党的领导，才能保证贯彻执行党的路线、方针、政策，促进企业生产多快好省地发展。

社会主义工业企业是建设社会主义的重要基地。工业企业的工作做得好不好，能不能全面完成和超额完成国家计划，对于社会主义建设的发展，关系极大。

为了做好工业企业的各项工作，顺利地进行生产斗争和科学实验，就必须正确地贯彻执行党的鼓足干劲、力争上游、多快好省地建设社会主义的总路线，正确地贯彻执行以农业为基础、以工业为主导的发展国民经济的总方针，以及党的其他各项方针政策；就必须依靠全体职工群众的努力，不断地提高他们的社会主义觉悟和文化技术水平，充分调动他们的积极性，自力更生，奋发图强，艰苦奋斗，勤俭建国。所有这些，只有在党的领导下，在党的充分的思想政治工作的基础上，才能够实现。

在社会主义工业企业里，只有坚持党的领导，才能够用马克思列宁主义、毛泽东思想来教育职工，不断提高他们的思想水平和认识水平。

在社会主义工业企业里，为了正确地进行阶级斗争、生产斗争和科学实验，就必须有科学的态度和科学的方法，必须善于总结经验，自觉地掌握客观规律。这就要求经常对干部和群众进行马克思列宁主义的科学的革命的认识论的教育，用毛泽东同志的彻底的辩证唯物论的世界观来武装职工的头脑，不断地克服各种主观主义（唯心主义）、形而上学的世界观和方法论，提高职工的思想水平和认识水平。很明显，只有在党的领导下，才能够做到这一点。

在社会主义工业企业里，只有坚持党的领导，才能把企业中行政、工会和共青团等各种组织的活动统一起来，充分发挥它们的作用。

工业企业是工人阶级最集中的场所。在工业企业中，存在着工人阶级的各种组织形式。有行政组织、工会组织、共青团组织，还有党的组织。在这些组织中，哪一种组织是工人阶级的最高的组织形式呢？是党的组织。在工业企业里，在上级党委的领导下，企业党组织是企业中的最高组织形式。只有在企业党组织的领导下，才能把其他各种组织的活动统一起来，使它们分工协作，密切配合，共同为贯彻执行党的路线、方针、政策，完成国家计划和上级行政主管机关布置的任务而努力。

由此可见，党在工业企业中的领导地位，是社会主义企业本身的客观要求。在工业企业中坚持和加强党在政治上、组织上、思想上的统一领导，是企业做好各项工作的根本保证。

工业企业的党组织要实现自己的领导作用，需要做多方面的工作。但是，政治是灵魂，是统帅；工业企业党组织的最主要的工作，是思想政治工作。如果不是把思想政治工作，而是把行政事务工作放在企业党组织工作的第一位，那就会削弱党的领导。

工业企业的党组织要实现自己的领导作用，必须坚决地贯彻执行依靠工人阶级办好企业的方针。工人阶级是工业企业的主要生产力，任何工业产品，都是工人生产出来的。在我们国家里，工人阶级是领导阶级，是国家和企业的主人，他们的政治热情和生产积极性，是推动企业沿着社会主义轨道前进的伟大动力。党和国家的方针政策和计划法令，只有为广大工人群众所掌握，才能变成巨大的物质力量，保证企业顺利地进行阶级斗争、生产斗争和科学实验，全面地完成自己的任务。

在我国社会主义国营工业企业里，保证党的领导的根本制度，是党委领导下的厂长负责制。这个制度，是我们党根据人民解放军中党组织建设的丰富经验，根据地方党组织建设的丰富经验，也根据工业企业党组织建设的经验制定的。这个制度，一方面强调了工业企业中党的领导作用，另一方面又肯定了行政管理工作上的厂长负责制。因而，它是把党的集体领导和个人负责正确地结合起来的制度。这个制度，保证了党的路线、方针、政策的贯彻执行，保证了我国工业企业的管理工作能够正确地有效地进行，从而促进了企业生产多快好省地向前发展。

第二章
社会主义国营工业企业管理概论

我国国营工业企业，是社会主义全民所有制的企业。我国国营工业企业的这种性质，给我们最有效和最合理地进行生产提供了可能。但是，可能并不等于现实，要把这种可能变成现实，需要做许多工作，而做好企业管理工作，是一个重要的环节。因为企业管理工作的好坏，在很大程度上决定着企业能不能最充分地调动广大职工的积极性和创造性，能不能最合理地利用一切人力、物力、财力，能不能多快好省地、全面地完成和超额完成国家计划。

在这一章里，准备讨论我国社会主义国营工业企业管理中一些综合性的问题。分以下五节来说：

一、社会主义国营工业企业管理的性质；

二、社会主义国营工业企业管理的机能；

三、社会主义国营工业企业管理的基本原则；

四、社会主义国营工业企业管理的基本制度；

五、社会主义国营工业企业管理的组织形式。

第一节 社会主义国营工业企业管理的性质

社会主义国营工业企业的管理，就是在企业中，对于生产经营活动，根据国家计划，进行指挥、监督和调节。凡是许多人在一起共同劳动的单位，都需要有管理。共同劳动的规模越大，劳动的分工和协作越是精细、复杂，管理工作也就越重要，越复杂。

在手工业企业里，分工协作的共同劳动，已经使企业管理成为进行生产所不可缺少的条件。但是，一般来说，手工业企业的生产规模比较狭小，生产技术和劳动分工也比较简单，因此，企业管理工作是比较简单的。在现代工业企业里，情形就大大不同了。

在前一章里，曾经说过，现代工业企业的生产是十分复杂的，它是运用机器和机器体系进行的现代化生产。在这种条件下，企业管理对保证生产的正常进行和促进生产的发展，有了更加重要的意义。企业管理工作更加复杂了，要求也更加严格了。

在现代工业企业里，不仅劳动分工很精细，需要有复杂的计划工作和组织工作，而且大量的机器设备需要经常地维护、保养和修理，产品需要精密地设计，工艺需要科学地制定，一切原料、材料、燃料等生产必需的物资，需要及时和成套地供应，大量的产品需要及时地销售，整个生产经营过程，又需要有科学的和精确的核算，如此等等。这些工作，有的是手工业企业的管理也必须做的，但是，它的内容比较简单；有的则是手工业企业的管理中没有或者几乎没有的。

这些，说明了工业企业的管理同社会生产力的发展是有一定的联系的。看不见工业企业管理同社会生产力的这种密切联系，不能使企业管理工作适应于社会生产力发展的要求，是不可能做好企业管理工作的。

既然，工业企业管理同社会生产力的发展有着密切的联系，那么，可不可以认为，企业管理的性质是由生产力决定的呢？

不可以。

大家知道，工业企业管理虽然是由共同劳动本身引起的，但是，工业企业管理总是由占有生产资料的那个阶级来实行，并且是服从这个阶级的意志和利益的。因此，工业企业管理体现着由生产资料所有制决定的人们在生产和劳动中的相互关系。决定工业企业管理的性质的，不是社会生产力，而是它所体现的人们之间的社会生产关系。所以，工业企业管理，不仅要适应现代工业生产力发展的要求，而且要体现一定的社会生产关系的要求。

同时，工业企业管理同上层建筑也有密切的联系。占有生产资料的阶级，为了按照自己的利益和目的来组织生产，总要制定和执行一定的政策、法令、计划和规章制度，等等。这些，都属于上层建筑的范畴，它们是反映一定的经济基础，即生产关系的，并且积极地为维护和巩固自己的经济基础服务。

在资本主义制度下，资本家由于占有生产资料，垄断了企业管理的权力。资本家进行管理的目的，是镇压工人的反抗，用饥饿的纪律和小恩小惠的欺骗，来维持少数人压迫多数人的"秩序"，残酷地剥削工人。列宁说得完全正确：资本家所关心的是怎样为掠夺而管理，怎样借管理来掠夺。① 因此，资本主义的企业管理，体现着资本家及其所雇用的代理人同工人之间的阶级对抗关系。资本主义工业企业里的各种规章制度，是为资本家服务的，它反映着资本家奴役和剥削工人的关系，并且竭力巩固和维护这种关系。

同资本主义工业企业管理根本相反，社会主义国营工业企业的管理具有另一种完全不同的性质，它体现着人们在生产和劳动中所结成的一种新型的关系。

在社会主义国营工业企业里，废除了人剥削人、人压迫人的制度。生产资料属于全民所有，个人消费品实行各尽所能、按劳分配。在这里，工业企业管理的权力，不再为少数剥削阶级所垄断，而是掌握在工人阶级和全体劳动人民的手中。社会主义国家代表全体劳动人民的利益，对工业企业实行集中领导和统一计划，并且任命企业的行政领导人员，委托他们在企业党委的统一领导下，根据党和国家规定的方针、政策、计划、法令和制度，依靠全体职工群众，直接组织企业的生产经营活动。工业企业管理的目的，不是为了少数剥削者发财致富，而是为了全体劳动人民的利益。这样，工业企业管理所体现的就不是剥削和被剥削的阶级对抗关系，而是

---

① 列宁：《怎样组织竞赛？》，《列宁全集》第 26 卷，第 383 页。

企业中领导与被领导之间、管理人员与工人之间的社会主义的互助合作关系。社会主义工业企业管理的方针、政策、计划、法令以及规章制度，必须反映人们之间的这种新的社会主义的生产关系，并且为巩固和发展社会主义的生产关系服务，只有这样，才有利于动员和组织广大职工的积极性、创造性，促进企业生产的发展。

当然，在社会主义工业企业中，领导干部、管理人员和工人之间，由于分工不同和其他的原因，也存在着这样或者那样的矛盾。但是，这种矛盾的性质，同资本主义工业企业中资本家及其代理人和工人之间的对抗性矛盾是根本不同的。它们一般都是在根本利益一致基础上的人民内部矛盾，而不是对抗性的矛盾，因而可以通过人们自觉的调整得到解决。毛泽东同志说：社会主义社会的矛盾同旧社会的矛盾，例如同资本主义社会的矛盾，是根本不同的。资本主义社会的矛盾表现为剧烈的对抗和冲突，表现为剧烈的阶级斗争，那种矛盾不可能由资本主义制度本身来解决，而只有社会主义革命才能够加以解决。社会主义社会的矛盾是另一回事，恰恰相反，它不是对抗性的矛盾，它可以经过社会主义制度本身，不断地得到解决。[①] 实践证明，毛泽东同志这种马克思列宁主义的分析，是完全正确的。

综上所述，社会主义工业企业管理的性质，是由社会主义的生产关系决定的，同时，它和现代工业生产力及社会主义的上层建筑又有着密切的联系。社会主义工业企业管理的性质，同资本主义工业企业管理的性质是根本不同的。这种不同，也决定了社会主义同资本主义在工业企业管理的机能、原则、制度等方面的根本区别。这些方面，将分别在以下各节中加以讨论。

第二节 社会主义国营工业企业管理的机能

上面说了社会主义国营工业企业管理的性质，这里要谈一谈社会主义

[①] 毛泽东：《关于正确处理人民内部矛盾的问题》，人民出版社 1957 年版，第 10 页。

国营工业企业管理的机能是什么的问题。

社会主义工业企业管理的机能，同资本主义工业企业管理的机能是根本不同的。资本主义工业企业管理既具有组织生产的机能，又具有剥削工人的机能，它是以资本家和工人之间的阶级对抗为基础的。马克思在《资本论》中曾经明确地指出：资本家的管理，不只是一种由社会劳动过程的性质引起并且属于这种过程的特别的机能；同时，它还是榨取一个社会劳动过程的机能……①

在社会主义工业企业里，资本主义企业管理的剥削机能被根本否定了；由社会劳动过程的性质引起的组织生产的机能被保留下来，并且在新的条件下，得到了新的发展。与此同时，社会主义工业企业管理，还具有正确处理企业内部人们在生产和劳动中相互关系的机能与正确处理企业同国家、企业同企业以及其他经济单位相互关系的机能。

下面，分别地说一说社会主义国营工业企业管理的这三个方面的机能。

一　合理地组织生产

工业企业，是生产工业产品的单位。前面说过，社会主义工业企业的根本任务，就是要全面完成和超额完成国家计划，增加社会产品，扩大社会主义积累。社会主义工业企业给社会提供的产品，品种规格必须是符合需要的，而不是不符合需要的；质量必须是优良的，而不是低劣的；数量必须是尽可能多的，而不是很少的；成本必须是低廉的，而不是昂贵的。只有这样，才能够很好地满足社会对工业产品的需要，才能够促进企业生产和整个国民经济多快好省地发展。社会主义工业企业必须做到这一点，也完全能够做到这一点。因为社会主义制度给工业企业扩大产品品种、提高产品质量、增加产品产量、降低产品成本，提供了广阔的可能性。社会主义工业企业管理，就是要按照国家计划的规定，合理地组织企业的生产，努力把这种可能变成现实，保证给社会提供物美价廉的、适合需要的工业产品。

---

① 马克思：《资本论》第一卷，人民出版社 1953 年版，第 396 页。

工业企业要生产工业产品，必须要有一定的劳动力，一定的机器设备，一定的原料、材料、燃料和动力。没有这些生产的要素，生产是不能进行的。但是，有了这些生产要素，工业企业的生产是不是就一定能够顺利地进行呢？是不是就一定能够进行得很好呢？

不一定。因为工业产品的生产过程，是劳动者运用各种机器设备对原料、材料进行加工的过程。劳动力、机器设备、原料、材料等生产要素是进行生产的必要条件，但是，要使生产能够进行，还必须使这些生产要素根据工业产品生产的工艺技术的要求，相互结合起来。就是说，还必须对生产进行合理的组织。

合理地组织生产，就是要正确地处理人、机器和原料、材料的关系。在这中间，人是决定性因素，原料、材料是人要了解和改造的对象，机器设备是人用以了解和改造劳动对象的手段。我们的任务，就是要充分调动人们的主观能动性，了解生产的客观规律，熟练地掌握机器设备，改造好劳动对象。生产组织得越是合理，劳动者和机器设备、原料、材料等生产资料的结合越是充分，越是符合工业企业生产技术的特点，生产的进行也就越是顺利，生产的效率也就越高。

在现代工业企业里，技术装备很复杂，劳动分工很精细，使用的原料、材料等物资的品种规格和数量也很多。在这种条件下，要合理地组织生产，把生产的各个要素有效地结合起来，使每一个工人都担负同他们的专长和才能相适合的工作，能够各尽所能，使每一台机器设备都能够充分发挥效能，使每一个单位的原料、材料和燃料都能够得到合理的利用，并且，使工业企业中的各个部分、各个环节、各个人的活动，都能够根据产品生产的统一过程和机器体系的客观要求，互相协调配合，保证整个生产正常地，不间断地进行，这是一件十分复杂和细致的工作。社会主义工业企业管理的机能，首先就是要做好这项工作。

为了合理地组织生产，社会主义工业企业管理需要做许多事情。例如，要做好企业的计划工作、生产准备工作和生产调度工作；要做好技术工作；要认真地维护、检修机器设备；要合理地配备人员，正确地组织劳动；要合理地组织原料、材料、燃料等物资的供应，要组织好产品的销售；要做好经济核算工作；如此等等。所有这些工作，都是相互联系、相互促进、相互制约的，只有全面地做好这些工作，并且使它们密切配合，才能真正保证工业企业的生产能够顺利地进行，才能真正以尽可能少的人力、物力为国家提供尽可能好和尽可能多的工业产品。

工业企业管理要做好这一系列生产组织工作，保证生产顺利地进行，必须正确地处理人与自然的关系。生产斗争是人们向自然界开战、征服自然的斗争。人们在生产斗争中，只有不断深入地认识和掌握自然界发展的规律，并且运用这种规律来改造自然，才能达到自己预期的目的。因此，社会主义工业企业的管理人员，一定要经常参加生产劳动，进行调查研究，进行科学实验，摸透"人的脾性"和"自然的脾性"，掌握生产斗争的规律。只有这样，才能正确地组织和指挥生产，才能保证生产斗争取得胜利。

二　正确地处理工业企业内部人们在生产过程中的相互关系

生产是由人来进行的。在任何时候，人们进行生产，都要相互结成一定的关系，即生产关系。人们的生产关系是不是能够适应生产力发展的要求，对于生产的发展具有极大的作用。社会主义工业企业管理，要合理地组织生产，促使生产多快好省地发展，就必须根据生产力发展的要求，正确地处理企业内部人们在生产过程中的相互关系，这是社会主义工业企业管理的一个重要的机能。

在社会主义工业企业里，人们之间逐步建立了同志的、兄弟的、互助合作的社会主义的生产关系，广大职工是空前团结一致的。所有这些，是企业生产迅速发展的基本保证。但是，社会主义的生产关系并不是自发地建立起来的，建立了，也不可能立即就很完善。社会主义工业企业的职工是团结一致的，但是，这并不是就没有任何矛盾了。毛泽东同志教导我们说：国家的统一，人民的团结，国内各民族的团结，这是我们的事业必定要胜利的基本保证。但是，这并不是说在我们的社会里已经没有任何的矛盾了。没有矛盾的想法是不符合客观实际的天真的想法。[①] 他又说：在我

---

① 毛泽东：《关于正确处理人民内部矛盾的问题》，人民出版社 1957 年版，第 1 页。

国社会主义生产关系已经建立起来，它是和生产力的发展相适应的；但是，它又还很不完善，这些不完善的方面和生产力的发展又是相矛盾的。除了生产关系和生产力发展的这种又相适应又相矛盾的情况以外，还有上层建筑和经济基础的又相适应又相矛盾的情况。人民民主专政的国家制度和法律，以马克思列宁主义为指导的社会主义意识形态……它是和社会主义的经济基础即社会主义的生产关系相适应的；但是，资产阶级意识形态的存在，国家机构中某些官僚主义作风的存在，国家制度中某些环节上缺陷的存在，又是和社会主义的经济基础相矛盾的[1]。

社会主义社会中客观存在的这种生产关系与生产力、上层建筑与经济基础之间的矛盾，同样也以这种或者那种形式在我们工业企业中反映出来，表现为人们相互关系中的矛盾，表现为企业领导干部、管理人员和工人之间的矛盾，领导干部和各类管理人员相互之间的矛盾，以及工人内部的矛盾。社会主义工业企业管理，应当正确地处理企业内的这些矛盾，促进社会主义生产关系不断完善和发展，推动生产不断地前进。

社会主义工业企业中存在的矛盾，除了极少数是敌我矛盾以外，大多属于人民内部矛盾。企业中的人民内部矛盾，一般说来，是非对抗性的矛盾，它可以经过自觉的调整，得到不断的解决。

在社会主义阶段，工业企业中存在的人民内部矛盾，有的表现为阶级矛盾、阶级斗争；大量的则表现为企业的各种人员由于分工不同，观察和处理问题的角度不同，所引起的矛盾，以及由于工作作风、思想方法和人们认识上的先进和落后，所引起的矛盾等。后面这种大量存在的矛盾，一般来说，是在人们根本利益一致基础上的矛盾。

为了正确地处理工业企业中存在的矛盾，首先要严格地分清敌我矛盾和人民内部矛盾，对于这两类不同性质的矛盾，采取不同的方法，加以处理。

一般来说，对于敌我矛盾，是用专政的方法来处理的。

对于人民内部矛盾，我们是要分清是非，采取民主的方法即说服教育的方法来处理。

---

[1]　毛泽东：《关于正确处理人民内部矛盾的问题》，人民出版社1957年版，第12页。

毛泽东同志教导我们说：凡属于思想性质的问题，凡属于人民内部的争论问题，只能用民主的方法去解决，只能用讨论的方法、批评的方法、说服教育的方法去解决，而不能用强制的、压服的方法去解决①。他又说：我们曾经把解决人民内部矛盾的这种民主的方法，具体化为一个公式，叫做"团结——批评——团结"。讲详细一点，就是从团结的愿望出发，经过批评或者斗争使矛盾得到解决，从而在新的基础上达到新的团结。②

经验证明，毛泽东同志所指出的这种方法，是解决人民内部矛盾的正确的方法。

为了正确地处理工业企业中的人民内部矛盾，必须坚持政治挂帅的原则，经常对职工进行以阶级斗争为中心的社会主义教育，不断提高他们的阶级觉悟和思想水平。同时，在做好思想政治工作的前提下，也要关心职工的生活，要根据社会主义"各尽所能、按劳分配"的原则，做好工资工作和奖励工作，以便把职工的个人利益和集体利益、国家利益更好地结合起来，促进他们劳动积极性的提高。

为了正确地处理工业企业中的人民内部矛盾，还必须在工业企业管理工作中坚持贯彻执行党的群众路线。企业的领导干部和管理人员，应当经常深入群众，遇事同群众商量，倾听群众的意见，应当遵循"从群众中来，到群众中去"的原则，广泛地运用领导干部、技术人员和工人三结合的方法，来解决生产技术和管理工作中的问题。在我们社会主义工业企业里，必须创造一切条件，采取各种有效的形式，广泛地吸收工人参加管理，使广大职工都能够充分地表达自己对于改进企业管理的各种意见，并且使正确的意见能够尽快地付诸实施。

为了正确地处理工业企业中的人民内部矛盾，在我们的社会主义工业企业里，还必须按照国家的规定，认真实行干部参加劳动的制度。干部经常地、认真地参加生产劳动，可以更好地了解生产、管理生产、组织生

---

① 毛泽东：《关于正确处理人民内部矛盾的问题》，人民出版社1957年版，第6页。

② 同上书，第6—7页。

产；可以密切干群关系，大大地激发工人群众的主人翁责任感和生产积极性；可以使干部永远保持勤俭朴素、艰苦奋斗的革命本色，有效地抵制资产阶级思想的影响和侵蚀。所以，干部参加生产劳动，是正确地处理企业内部的矛盾，办好我们工业企业的一项带根本性的措施。

这些，就是我们在处理企业中人民内部矛盾时，必须坚持的主要办法。

三　正确地处理工业企业同国家的关系，正确地处理工业企业同其他经济单位之间的关系

社会主义国营工业企业的生产经营活动，是在国家集中领导下、是在同其他经济单位的相互联系中进行的。工业企业管理，要合理地组织生产，保证生产的正常进行，还必须正确地处理企业同国家之间的关系，正确地处理企业同其他经济单位之间的关系。这也是社会主义工业企业管理的一个重要机能。

在社会主义工业企业管理中，能不能正确地处理企业同国家的关系，是一个关系到企业能不能坚持社会主义方向的重大问题。我们的企业，必须按照党的方针政策和国家的计划来组织生产，动员职工努力完成和超额完成国家计划，并且，认真地贯彻执行国家规定的各种立法和规章制度。无论在生产任务的安排、物资调拨、人员分配和财政收支等方面，企业都应当以国家利益为重，处处从全局出发，而不能片面地贪图企业一时工作的方便和本单位的利益，去损害整体利益、国家利益，当然，更不能违反国家计划，任意地去处理企业产、供、销的问题。

社会主义工业企业管理，还必须按照国家的规定，根据社会主义互相协作的原则，组织同其他企业、其他经济单位的协作关系。在我们国家，工业企业之间和工业企业与其他经济单位之间的协作关系，是在国家的统一领导下，根据经济合理、就地就近的原则，有计划地进行安排的。凡是能够定点供应和固定协作关系的，就尽量固定下来，组织定点供应；凡是不能够固定协作、定点供应的协作关系，就通过有关的单位组织供应。这些协作关系，都要签订相应的经济合同，通过经济合同来保证企业协作的顺利实现。每一个工业企业，都必须严格执行合同，组织全体职工按时完

成合同规定的任务，同时，又必须帮助和监督其他企业、其他经济单位按期完成合同任务。

社会主义工业企业管理，只有把工业企业的全部生产经营活动纳入国家统一计划的轨道，组织好同其他企业、其他经济单位的协作关系，才能使自己生产的产品符合社会的需要，才能获得各种必需的原料、材料的供应，才有条件合理地组织工业企业的生产过程。同时，只有工业企业把生产搞好，全面地完成国家计划，给其他企业和其他经济单位提供合乎他们要求的、物美价廉的产品，才能够处理好企业同国家的关系，处理好企业同其他企业和其他经济单位的关系。

综上所述，社会主义工业企业管理的三方面的机能，是相互密切联系的。正确处理工业企业生产中人和人的关系的目的，正确处理工业企业同国家的关系、工业企业同其他经济单位的关系的目的，是为了充分调动一切积极因素，推动工业企业生产多快好省地发展。同时，也只有正确处理这种关系，才能合理地组织生产。

社会主义工业企业管理，必须把生产组织好，但是，组织生产，可以有两种做法。一种做法，是把它只看做是生产技术上的事情，否定在社会主义社会中，在社会主义工业企业中，还存在着人民内部矛盾，否定企业管理还有处理生产关系和上层建筑的机能。另一种做法，是肯定在社会主义社会中，在社会主义工业企业中，确实存在着人民内部矛盾，企业管理应当在正确处理人们相互关系的基础上来处理人和自然的关系，合理地组织企业生产。很明显，后一种方法，是符合马克思列宁主义的唯物辩证法的，是正确的方法；前一种方法，是形而上学的，是错误的方法。

从上面对社会主义国营工业企业管理机能的分析中可以看出：社会主义工业企业管理，既要解决生产力方面的问题，又要解决生产关系和上层建筑方面的问题。因此，要做好工业企业管理工作，使管理的机能充分发挥作用，我们必须学会两种本领：就是说，既要学会掌握自然规律的本领，能够正确地处理人和自然之间的关系；又要学会掌握社会经济规律的本领，能够正确地处理人和人之间的关系。在这里，始终存在着两种思想方法的斗争，即辩证唯物主义和主观主义两种世界观的斗争。毛泽东同志说：大家明白，不论做什么事，不懂得那件事的情形，它的性质，它和它以外的事情的关联，就不知道那件事的规律，就不知道如何去做，就不能做好那件事[1]。管理复杂的现代工业企业，当然更是如此。我们必须遵照毛泽东同志的教导，深入实际、深入群众，重视调查研究，下苦工夫，摸清生产的脾性，人的脾性，掌握生产发展的客观规律，并且善于按照客观规律的要求办事，也就是按照辩证唯物主义的方法办事，才能使工作获得良好的效果。相反的，如果我们怕麻烦，图方便，不重视系统周密地占有客观材料，用平均数字代替具体问题的具体分析，以个别事例和片面的角度去代替全面综合的分析研究，只是浮在表面，只看静止现象，用主观主义的方法去指挥生产，组织生产，那么，我们必定要碰壁，给工业企业的生产带来损失。

当然，这绝不是说，我们在客观规律的面前是无能为力的，只能做客观规律的奴隶。恰恰相反，我们认识客观规律，是要掌握客观规律，使自己真正成为客观规律的主人，充分发挥主观能动作用，促进社会主义工业企业生产更好地发展。毛泽东同志说：我们不许可任何一个红军指挥员变为乱撞乱碰的鲁莽家；我们必须提倡每个红军指挥员变为勇敢而明智的英雄，不但有压倒一切的勇气，而且有驾驭整个战争变化发展的能力。指挥员在战争的大海中游泳，他们不使自己沉没，而要使自己决定地有步骤地达到彼岸。指导战争的规律，就是战争的游泳术[2]。指挥社会主义工业企业的生产也是这样。每个工业企业管理人员，如果不愿做一个乱撞乱碰的鲁莽家，而要真正成为能够驾驭整个生产发展和变化的指挥员，出色地组织生产，就应当很好地掌握指导生产的规律，学会生产的游泳术。我们要在努力学习马克思列宁主义、毛泽东思想，不断提高自己的思想政治水平的同时，努力学习生产知识、技术知识、经济知识，努力学习企业管理的知识。工业企业管理是一门科学。我们必须掌握这门科学。只有这样，我们才能把工业企业管理得越来越好。

---

① 毛泽东：《中国革命战争的战略问题》，《毛泽东选集》第一卷，人民出版社 1952 年第 2 版，第 163—164 页。

② 同上书，第 176 页。

第三节　社会主义国营工业企业管理的基本原则

从社会主义国营工业企业管理的机能中可以看出：社会主义工业企业管理，是一项经济工作，同时又是一项政治工作。我们必须把经济工作同政治工作正确地结合起来，必须用马克思列宁主义的观点来观察和处理经济问题，观察和处理工业企业管理中的各项问题。脱离无产阶级的政治，工业企业管理就会迷失方向，政治工作如果不渗透到经济工作中去，那么，这种政治工作就不会有生命力，也不能做好工业企业管理工作。所以，要管理好社会主义工业企业，必须实行政治挂帅，把政治和经济很好地结合起来。

从上述这个马克思列宁主义的根本原理出发，社会主义国营工业企业的管理工作，必须遵循哪些基本原则呢？

一　计划性

社会主义经济是计划经济。计划性，是社会主义工业企业管理必须遵循的第一个原则。

早在 1934 年 1 月，毛泽东同志在《我们的经济政策》一文中，就已经指出：工业的进行需要有适当的计划。在散漫的手工业基础上，全部的精密计划当然不可能。但是关于某些主要的事业，首先是国家经营和合作社经营的事业，相当精密的生产计划，却是完全必需的。确切地计算原料的生产，计算到敌区和我区的销场，是我们每一种国营工业和合作社工业从开始进行的时候就必须注意的①。毛泽东同志的这段话，是在第二次国内革命战争时期说的，在当时的革命根据地里，工业生产的规模很小，而且大部分是分散的、技术落后的手工业。但是，正如毛泽东同志所指出的，即使在手工业基础上，每一种国营工业和合作社工业，也应当一开始就要有相当精密的生产计划，确切地计算原料的供应，计算产品的销路。现在，我们管理全国的工业，我们的国营工业，绝大部分是社会化程度

---

① 毛泽东：《我们的经济政策》，《毛泽东选集》第一卷，人民出版社 1952 年第 2 版，第 127—128 页。

很高的现代工业。在一个企业里，少则有几十人、几百人，多则有几千人、几万人在一起工作。整个工业，就是由几万个这样的企业组成的。它同农业、交通运输业、商业等国民经济的其他部门，又有着非常密切的联系。整个国民经济就好像是一架大机器；而各个工业企业，就好像是组成这架大机器的千万个零部件。很明白，只有每个工业企业都精确地工作，并且相互协调配合，整个国民经济这架大机器，才能顺畅地运转起来。

那么，怎样才能把每一个工业企业里成千上万人的劳动协调地组织起来，使他们在国家统一的要求下精确地工作呢？又怎样才能把整个工业、整个国民经济中亿万人的劳动协调地组织起来，使他们密切配合、协同动作呢？

这就必须要有统一的计划，要有比在手工业条件下更严格、更精密的计划。

要做到这一点，在资本主义制度下，当然是不可能的，而在社会主义制度下，却不仅是可能的，而且是必须的。这正是社会主义制度优越性的一种表现。生产资料的公有制，使社会主义国家能够对国民经济实行集中领导、统一计划，保证国民经济有计划、按比例地发展。社会主义工业企业管理，必须服从国家的统一计划，严格地按计划办事。只有这样，才能充分发挥社会主义制度的优越性，才能最合理和最有效地利用人力、物力、财力，促进工业企业生产多快好省地发展。反之，如果脱离了国家的统一计划，工业企业管理就是盲目的，就不可能保证工业企业生产多快好省地发展；甚至会有使工业企业脱离党的方针政策，脱离社会主义轨道的危险。

所以，在我们的工业企业里，任何时候都要坚持计划性的原则，都要同无计划、半计划的状态进行斗争，同一切破坏社会主义国家统一计划的行为进行斗争。每一个社会主义工业企业，都必须严格地执行国民经济的统一计划，任何各自为政的做法，都是不允许的。这不仅是保证工业企业正常地进行生产的问题，而且是坚持企业的社会主义方向的问题；不仅有重要的经济意义，而且有重要的政治意义。

在工业企业管理中，坚持计划性原则，坚持严格地按计划办事，是不是会束缚职工群众的手脚，影响他们发挥积极性和主动性呢？

不会的。恰恰相反，在社会主义的现代工业企业里，要充分调动职工群众的积极性，并且把这种积极性引导到最迫切需要和最有用的地方去，就必须有统一的计划。否则，群众的积极性是不可能充分调动起来的；就是调动起来了，也不能把它引导到最有用的地方去，得不到应有的效果，这样，就会挫伤群众的积极性。

当然，要做到这一点，首先要求计划本身是正确的，它必须是反映实际、实事求是的计划，必须是"从群众中来，到群众中去"，正确集中了群众的要求和智慧的计划。主观主义的计划，错误的计划，当然是不能很好地调动群众积极性的。这就是说，在社会主义工业企业里，高度的计划性同发挥职工群众的主动性和积极性，是可以统一而且必须统一的。计划性越强，计划工作做得越好，计划越精确、越符合实际，群众的积极性就越能够得到充分的发挥。那种把加强计划性同发挥群众积极性机械地对立起来的看法，显然是错误的。

二 经济核算

社会主义经济的发展，要求不断地扩大再生产。要扩大再生产，就要有积累。社会主义的积累，只有靠社会主义经济内部来提供。这就要求一切社会主义的经济事业，都要在国家的统一计划下，以最少的劳动消耗，取得最大的经济效果，认真地进行经济核算。社会主义国营工业企业，当然更应当这样。

早在抗日战争时期，毛泽东同志对国营工业企业的经济核算就作过重要的阐述。他说：有了严格的核算制度之后，才能彻底考查一个企业的经营是否是有利的。他还说：使一切工厂实行企业化[①]。在社会主义建设时期，毛泽东同志又进一步指出：任何社会主义的经济事业，必须注意尽可能充分地利用人力和设备，尽可能改善劳动组织、改善经营管理和提高劳动生产率，节约一切可能节约的人力和物力，实行劳动竞赛和经济核算，

[①] 毛泽东：《经济问题与财政问题》，解放社 1944 年版，第 114 页。

藉以逐年降低成本，增加个人收入和增加积累①。厉行节约、降低成本、增加盈利，这是党的鼓足干劲、力争上游、多快好省地建设社会主义总路线的一个不可分割的要求。在社会主义经济中，只有每个工业企业都实行严格的经济核算，努力降低成本，增加盈利，才能为国家提供更多的积累，促使工业企业的生产以及整个国民经济多快好省地发展。反之，如果工业企业不实行严格的经济核算，不能降低成本，增加盈利，甚至相反，发生亏损，那就不但不能给国家提供积累，反而要国家给工业企业以补贴，这当然是不可能全面实现多快好省的要求的。由此可见，经济核算不止是一个经济问题，一个记账、算账的技术问题，而且是一个关系到全面贯彻执行社会主义建设总路线的重大政治问题。

同时，实行严格的经济核算，也是教育我们的工业企业管理人员，不断提高管理水平的重要方法。经济核算本身就是一个实践的学校。它教育我们改善经营管理，精确地计算劳动消耗和生产成果；教育我们精打细算，发掘内部潜力，努力降低成本；教育我们采用一切可能的方法，提高劳动生产率，保证工业企业盈利。因此，通过经济核算，可以促进工业企业管理水平的提高，促进经济工作越做越细，越做越好。如果没有严格的经济核算，要提高工业企业管理的水平是不可能的。

由此可见，经济核算是社会主义工业企业管理的一个重要原则。在我们工业企业里，必须坚持经济核算的原则，必须善于同一切违反这个原则的铺张浪费现象作斗争。那种认为在社会主义工业企业里，可以不讲经济核算、不计成本、不计盈亏的观点，是错误的。

当然，社会主义工业企业的经济核算，不能只顾工业企业的局部利益，而不顾国家的整体利益。恰恰相反，它必须是从国家的整体利益出发的，是以遵守党和国家的方针政策和完成国家计划为前提的。这是社会主义工业企业的经济核算同资本主义企业的商务核算根本不同之点，也是马克思列宁主义所主张的经济核算同现代修正主义所主张的经济核算根本不

---

① 《真如区李子园农业生产合作社节约生产费用的经验》一文按语，《中国农村的社会主义高潮》中册，人民出版社1956年版，第768页。

同之点。我们必须坚决同不顾大局的现象进行斗争，坚决同违反国家规定的产品品种、质量和数量计划，去片面地追求盈利的现象进行斗争，只有这样，社会主义工业企业的经济核算，才能真正实现。

三　分工负责制

现代工业生产的分工，越来越细，实行严格的分工负责制，这是现代工业生产的客观要求。在我们的工业企业里，必须有总负责人，必须有各项工作的负责人，必须在统一领导下，实行严格的个人分工负责制。在统一领导下，各个人的职责权限划分得越清楚，分工越明确，每个人的工作岗位，越是同他们各自的专长和能力相适应，就越能够使人们各尽所能，充分地发挥大家的积极性；就越能够更好地组织协作，把广大群众的力量，形成一个强大的集体的力量；这样，企业管理的水平，也就越高。反之，如果没有严格的分工负责，就必然会造成不负责任和无人负责的现象，工业企业管理就会陷于混乱的状态。

毛泽东同志说：对于任何工作任务（革命战争、生产、教育，或整风学习、检查工作、审查干部，或宣传工作、组织工作、锄奸工作等）的向下传达，上级领导机关及其个别部门都应当通过有关该项工作的下级机关的主要负责人，使他们负起责任来，达到分工而又统一的目的（一元化）。不应当只是由上级的个别部门去找下级的个别部门（例如上级组织部只找下级的组织部，上级宣传部只找下级的宣传部，上级锄奸部只找下级的锄奸部），而使下级机关的总负责人（例如书记、主席、主任、校长等）不知道，或不负责。应当使总负责人和分负责人都知道，都负责。这样分工而又统一的一元化的方法，使一件工作经过总负责人推动很多干部，有时甚至是全体人员去做，可以克服各单个部门干部不足的缺点，而使许多人都变为积极参加该项工作的干部。这也是领导和群众相结合的一种形式①。毛泽东同志的这段话，讲的是领导方法问题，是上级机关应当怎样去领导下级机关的问题。在这里，毛泽东同志阐述了严格的分工负责

---

① 毛泽东：《关于领导方法的若干问题》，《毛泽东选集》第三卷，人民出版社1953年第2版，第902—903页。

制的重要意义。邓小平同志也说过：没有个人分工负责，我们就不可能进行任何复杂的工作，就将陷入无人负责的灾难中。在任何一个组织中，不仅需要分工负责，而且需要有人负总责①。

由此可见，社会主义工业企业管理，必须把实行统一领导下的严格的分工负责制，当做一条重要的原则，必须建立和健全企业里的各项责任制度，反对不负责任和无人负责的现象。

在社会主义工业企业里，严格的责任制同充分地发扬民主并不是对立的，而是统一的。一方面，越是广泛地发扬民主，越是充分进行集体讨论，就越是要求有严格的个人负责制，否则，名义上是大家负责，实际上是无人负责。在这种情况下，发扬民主、集体讨论的目的，也就会落空，不能真正起到改进企业管理工作的作用。另一方面，越是发扬民主，越是进行集体讨论，职工群众的主人翁责任感就越高，也就越有可能建立严格的责任制。列宁曾经说过：苏维埃机关中的一切管理问题应该通过集体讨论来决定，同时要极明确地规定每个担任苏维埃职务的人对执行一定的任务和实际工作所担负的责任②。列宁的这一指示，当然是完全适用于社会主义工业企业管理的。在社会主义工业企业里，认为实行严格的分工负责制，就会妨碍发扬民主、妨碍集体讨论的观点；或者，认为要发扬民主，要进行集体讨论，就不能实行严格的分工负责制的观点，都是不对的。

社会主义工业企业的责任制，同资本主义工业企业的责任制是根本不同的。资本主义工业企业的责任制，是资本家榨取劳动者血汗的手段，它反映着人剥削人、人压迫人的不平等关系。与此相反，社会主义工业企业的责任制，则是在同志式关系的基础上，划分了人与人之间不同的职责，它是依靠工人阶级的革命纪律性和革命自觉性来维持的。这是我们的工业企业能够建立和健全完全新型的责任制的根本条件，也是社会主义工业企业优越性的一个表现。我们的任务，就是要很好地去运用这个有利条件，切实地建立和健全工业企业的各项责任制度，以充分发挥社会主义工业企

① 邓小平：《关于修改党的章程的报告》，人民出版社1956年版，第52页。
② 列宁：《关于苏维埃机关管理工作的规定草案》，《列宁全集》第28卷，第329页。

业的优越性。

四　政治挂帅和物质鼓励相结合

在社会主义工业企业里，一切工作都是依靠全体职工的努力来实现的。广大职工的高度积极性和主动性，是做好企业一切工作的根本保证。工业企业在进行管理工作的时候，怎样去调动广大群众的积极性呢？我们的原则是：政治挂帅和物质鼓励相结合。我们应当通过思想政治工作，不断地提高职工群众的觉悟程度，激发他们的高度的革命精神，使他们在社会主义建设中，充分地发挥积极性、创造性，这是主要的方面。同时我们还应当坚持实行社会主义各尽所能、按劳分配的工资政策和奖励政策，关心群众的生活，鼓励职工群众更好地完成国家计划。这两方面的工作是不可偏废的。

为了调动广大职工的积极性，我们首先要做好思想政治工作。因为人的精神状态、精神面貌，对于发挥人的积极性、创造性，有着极大的意义。毛泽东同志说：政治工作是一切经济工作的生命线①。在社会主义工业企业管理中，必须把做好思想政治工作放在首要的地位。我们应当在职工群众中进行深入细致、生动活泼的思想政治工作，不断地提高职工群众的社会主义觉悟，经常地把党的方针政策和国家的任务向群众交代清楚，说明它们的意义，分析完成任务的有利条件和存在的困难，并且，要认真地听取群众的意见，耐心地帮助群众解决他们提出的问题。只有这样，才能鼓舞起广大职工空前高涨的革命热情和生产积极性，引导他们为克服困难，完成和超额完成国家计划而奋斗。在任何时候，忽视思想政治工作，不注意去提高职工群众的社会主义觉悟，是不可能真正调动群众的积极性、创造性的。

工业企业的思想政治工作，必须同经济工作密切结合，渗透到各项经济工作中去，才能真正发挥它的强大的威力。正如毛泽东同志所教导我们的，政治工作是要结合着经济工作一道去做的，不能孤立地去做②。那种

---

① 毛泽东：《严重的教训》一文按语，《中国农村的社会主义高潮》上册，人民出版社1956年版，第123页。
② 同上书，第124页。

脱离实际工作的空空洞洞的政治工作，是没有生命力的。

我们强调思想政治工作的重要意义，并不意味着忽视适当的物质鼓励。毛泽东同志早就说过：一切群众的实际生活问题，都是我们应当注意的问题[1]。他又说：要得到群众的拥护吗？要群众拿出他们的全力放在战线上去吗？那么，就得和群众在一起，就得去发动群众的积极性，就得关心群众的痛痒，就得真心实意地为群众谋利益，解决群众的生产和生活的问题，盐的问题，米的问题，房子的问题，衣的问题，生小孩子的问题，解决群众的一切问题[2]。毛泽东同志的这段话，虽然是就在革命战争中如何调动群众的积极性说的，但是，它的基本精神，对于社会主义工业企业管理也是完全适用的。

在社会主义工业企业里，要充分调动群众的积极性，同样必须在做好思想政治工作的同时，关心职工的生活，认真解决食堂、宿舍、集体福利等与职工生活密切相关的各种实际问题。并且要做好职工的工资和奖励工作。在工资工作和奖励工作中，必须坚持社会主义各尽所能、按劳分配的原则，既要反对平均主义，又要反对高低悬殊。只有认真执行各尽所能、按劳分配的工资制度和奖励制度，才能促进劳动者更好地关心自己的劳动成果，关心企业全面完成和超额完成国家计划，才有利于提高职工的劳动积极性。

五　群众路线

社会主义工业企业，是职工群众当家做主的企业。群众路线，也是我们工业企业管理必须遵循的一条基本原则。

在社会主义工业企业里，领导干部遇事必须同群众商量，倾听群众的意见；一切管理工作，例如，怎样执行上级的指示，怎样完成国家计划，工作怎样安排，管理机构怎样设置，规章制度怎样制定，等等，都应当根据"从群众中来，到群众中去"的原则，在广泛征求群众意见和正确集中群众经验的基础上来决定，而绝不可以只靠少数人用单纯的行政命令来

---

① 毛泽东：《关心群众生活，注意工作方法》，《毛泽东选集》第一卷，人民出版社1952年第2版，第131—132页。

② 同上书，第133页。

行事。

毛泽东同志说：从群众中集中起来又到群众中坚持下去，以形成正确的领导意见，这是基本的领导方法①。他又说：我们历来主张革命要依靠人民群众，大家动手，反对只依靠少数人发号施令②。从群众中来，到群众中去，想问题从群众出发而又以群众为归宿，那就什么都能好办。因此，我们每个共产党员都要替人民着想，部队的负责同志要替战士着想，机关学校的负责同志要替大厨房着想，替杂务人员着想。这种群众观点的生产学说，打破了过去各种不正确的"学说"，也只有这种为群众的学说，才能把生产搞得好③。社会主义工业企业管理，必须认真地贯彻毛泽东同志这些极端重要的指示，在任何时候，都要反对一切脱离群众的官僚主义、命令主义，这是社会主义工业企业管理同资本主义工业企业管理的根本区别，是马克思列宁主义的工业企业管理的一个基本原则。

在社会主义工业企业里，要求有高度的集中领导，要求有高度的计划性和严格的分工负责制，同时，也要求广泛地发扬民主，要求在一切工作中贯彻群众路线。任何时候，在任何条件下，我们都应当全面地认识社会主义工业企业的这些客观要求。我们越是强调集中领导，强调计划性和严格的分工负责制，就越是要强调发扬民主，强调贯彻群众路线。否则，在工业企业管理中，就容易产生官僚主义、命令主义和主观主义，就不可能有真正有效的集中领导，也不可能有真正的计划性和严格的分工负责制。

有的人认为，在工业企业管理中发扬民主，贯彻群众路线，会耽误时间，影响工作，不如由少数人决定问题来得迅速、及时，这种想法是完全错误的。他们不了解，他们这样做出的决定，常常是不正确的；即使是正确的，因为没有经过群众的充分酝酿，也是不容易贯彻执行的。只有在广泛发扬民主、充分走群众路线的基础上，工业企业管理中的各项决定，才可能比较地正确，比较地符合实际，也才能够比较顺利地贯彻执行。我们

---

① 毛泽东：《关于领导方法的若干问题》，《毛泽东选集》第三卷，人民出版社 1953 年第 2 版，第 902 页。

② 毛泽东：《对晋绥日报编辑人员的谈话》，《毛泽东选集》第四卷，人民出版社 1960 年版，第 1317 页。

③ 毛泽东：《论合作社》，《经济问题与财政问题》，解放社 1944 年版，第 222 页。

的许多工业企业，正是因为这样做了，才大大地提高了企业管理水平，做出了很好的成绩，并且，积累了许多宝贵的经验。例如，开好职工代表大会，干部参加劳动，经常深入群众，同群众谈心，实行领导干部、技术人员职员同工人的"三结合"，以及广泛地吸收工人参加管理，等等；同时，也创造了一套符合群众路线的群众运动形式，其中最经常和最普遍的，就是丰富多彩的比、学、赶、帮的社会主义劳动竞赛。我们应当更好地运用这些经验，不断提高企业管理的水平。

上面说的，是社会主义国营工业企业管理的一些基本原则。实践证明：凡是认真地贯彻执行了这些原则的，工业企业管理就生气勃勃、井井有条，就可以比较充分地调动职工群众的积极性，促进生产多快好省地发展。反之，如果违背了这些原则，那么，工业企业就会产生这样或者那样的混乱现象，就会妨碍生产多快好省地发展，甚至有使工业企业的活动离开社会主义轨道的危险。所以，能不能在工业企业管理中贯彻执行上面这些基本原则，是一个关系到能不能在工业企业中贯彻党的社会主义建设总路线、能不能坚持企业的社会主义方向的重大问题。每一个工业企业的工作人员，都应当学会善于运用这些原则，并且把它正确地贯彻到自己的工作中去。

这里，阐述了社会主义国营工业企业管理工作应当遵循的几个基本原则，至于社会主义工业企业的管理制度，则是民主集中制。这个问题到下一节再来讨论。

第四节　社会主义国营工业企业管理的基本制度

社会主义国营工业企业要进行正常的生产经营活动，必须有一套既适合于现代化大生产的要求，又便于发挥群众积极性和创造性的管理制度。

民主集中制是我们国家的根本制度，当然也是我们社会主义国营工业企业管理的根本制度。我们企业里的各项管理制度，都必须符合民主集中制的要求。

民主集中制，是完全适合社会主义工业企业的。现代工业生产的高度社会化和企业的全民所有制，都要求企业有高度集中统一的领导，否则，社会化的生产就不能正常进行，党和国家的方针、政策和计划，就不能贯彻执行。但是，社会主义工业企业的集中领导，同资本主义企业的专制独裁根本不同，它必须也完全可以同广泛地发扬民主相结合。我们的民主集中制，正如毛泽东同志所说，是在民主基础上的集中，在集中指导下的民主①。如果工业企业的高度集中领导没有同高度的民主相结合，那么，就不会有真正的集中，就不能保证工业企业生产的顺利进行。

党在领导我国社会主义建设的实践中，已经总结了一套把高度集中同高度民主正确结合起来的工业企业管理制度。实践证明，正确地贯彻执行这些制度，就会在我们的工业企业里形成一种既有集中又有民主，既有纪律又有自由，既有统一意志又有个人心情舒畅、生动活泼的政治局面，从而使工业企业里的各种问题，能够得到比较正确的解决，工业企业的生产，也就能够比较迅速地发展。

这些管理制度，主要是：

党委集体领导下的厂长负责制；

党委领导下的职工代表大会制；

"两参、一改、三结合"制度。

下面，我们分别来说一说这三个基本制度。

一　党委集体领导下的厂长负责制

党委集体领导下的厂长负责制，是我国国营工业企业管理的根本制度。这种制度的实质，就是要把工业企业管理中党的集体领导和个人负责正确地结合起来。

集体领导是我们党的根本领导原则和一贯的传统。毛泽东同志在《关于健全党委制》一文中，曾经全面总结了我们党实行集体领导的成功经验，他尖锐地批评了当时某些领导机关中党委制不健全、个人包办和个人解决重要问题的错误倾向，并且指出：一切重要问题（当然不是无关重要的小问题或者已经会议讨论解决只待执行的问题）均须交委员会讨

---

① 毛泽东，《论联合政府》，《毛泽东选集》第三卷，人民出版社1953年第2版，第1058页。

论，由到会委员充分发表意见，做出明确决定，然后分别执行①。为什么我们必须坚持党的集体领导，坚持一切重大问题要由适当的集体而不是由个人做出决定呢？这是因为，个人的决定往往是片面的；而经过适当的集体讨论，经过各种不同观点的无拘束讨论，却可以比较全面地反映群众的各种意见，比较全面地反映客观事物发展过程中的各个侧面，从而，使做出的决定比较符合实际，比较正确地集中群众的经验和意见。我们党长期领导革命和建设的经验，已经完全证明了这一点。

在国营工业企业里，生产技术装备是现代的，劳动分工是精细的，各个部分的联系是密切的，生产又有高度的技术性、科学性和社会性，因此，各个方面的问题是非常复杂的。只有在党委的集体领导下，由党委集体讨论和决定工业企业里的重大问题，才能保证党的方针政策在企业中得到正确的贯彻执行，才能使工业企业的领导能够比较符合实际，比较正确地集中群众的意见和经验。

有的人不同意在工业企业中实行党委领导下的厂长负责制，而主张一切重大问题，都由厂长个人去决定，这种主张是完全错误的。因为这样做，就会模糊党员和群众对党的领导作用的认识，侵蚀干部特别是某些负责行政领导工作的干部的党性，滋长资本主义经营思想，使官僚主义和命令主义抬头，使骄傲自满情绪和独断专行的作风发展，从而造成领导干部之间，干部和群众之间，企业相互之间，扯皮、隔阂和不团结的现象，这就必然给工业企业的工作带来不良的后果。与此相反，在工业企业中坚持党的集体领导和分工负责相结合这一原则，坚持企业中一切重大问题都由党委集体讨论，而不是由厂长个人决定，就可以依靠集体的经验和智慧，做出比较正确的决定；同时，可以实行分工负责和群众路线的领导方法，保证各种重大措施的实现，这样，才能够保证工业企业的工作沿着正确的轨道前进。

正因为这样，1956年9月召开的党的第八次全国代表大会进一步做出明确规定，在工业企业里一律实行党委集体领导下的厂长负责制。

① 毛泽东：《关于健全党委制》，《毛泽东选集》第四卷，人民出版社1960年版，第1343页。

当然，我们主张党委集体领导，并不是不要个人负责，恰恰相反，集体领导和个人负责是相辅相成的。毛泽东同志说：集体领导和个人负责，二者不可偏废①。集体领导必须通过各个人的分工负责，才能得到充分的体现；而个人的作用，只有通过集体领导，把个人的经验和智慧同集体的经验和智慧结合起来，才能充分发挥。实践证明，一切真正有效的集体领导，都是同个人负责相结合的。

在国营工业企业里，生产的高度集中，要求对生产行政工作实行高度统一的指挥，要求厂长在党委领导下对日常生产行政工作全权负责。如果没有在党委集体领导下的严格的厂长负责制，就会造成职责不清、无人负责的混乱现象，给生产带来损失。正如列宁所说的：任何时候，在任何情况下，实行集体领导都要最明确地规定每个人对一定事情所负的实任，借口集体领导而无人负责，是最危险的祸害②。我们的经验，同样证明了这一点。在工业企业里，如果对厂长的职责规定得不够明确，或者厂长不能在党委的集体领导下勇于负责，就会影响企业生产行政工作上的统一指挥，而不利于工业企业生产的正常进行。

由此可见，党委的集体领导必须同厂长负责制正确结合，二者不能偏废。我们党规定的党委集体领导下的厂长负责制，就是既强调了企业中党委的集体领导，又肯定了厂长负责制，使两者密切结合。我们必须正确地贯彻执行这一制度。

二　党委领导下的职工代表大会制

职工代表大会制，是我国国营工业企业中扩大民主，吸收广大职工参加企业管理和监督行政的重要制度。邓小平同志说过：党委领导下的职工代表大会，是扩大企业民主、吸引职工群众参加企业管理、克服官僚主义的良好形式，是正确处理人民内部矛盾的有效方法之一③。贯彻执行这种制度，可以把集中领导和发挥职工群众的积极性统一起来，既加强自上而下的集中领导，又实行自下而上的群众监督，不断地提高企业管理水平，

① 毛泽东：《关于健全党委制》，《毛泽东选集》第四卷，人民出版社1960年版，第1344页。
② 列宁：《大家去同邓尼金作斗争》，《列宁全集》第29卷，第398页。
③ 邓小平：《关于整风运动的报告》，人民日报出版社1957年版，第22页。

保证全面地完成国家计划。

在国营工业企业里，职工代表大会，是全体职工参加企业管理和监督行政的机构。它可以听取和讨论厂长的工作报告，审查和讨论企业的生产计划、财务计划、技术计划、劳动工资计划和实现这些计划的重要措施，定期地检查计划执行情况，并提出建议。它可以审查和讨论企业的奖励基金、福利费、医药费、劳动保护经费、工会经费以及其他有关职工生活福利经费的开支，在不违反上级机关指示、命令的条件下，可以就上述范围内的经费开支做出决议，交企业行政部门或者其他有关方面执行。它可以对企业的任何领导人提出批评，在必要的时候，向上级管理机关建议处分或撤换某些严重失职、作风恶劣的企业领导人员。在对上级管理机关的规定有不同意见的时候，它可以向上级管理机关提出建议，但是，如果上级机关经过研究，仍旧坚持原有决定的时候，就必须贯彻执行。所以，职工代表大会是在全厂范围内，发扬民主和吸引职工群众参加企业管理的主要形式。通过职工代表大会，可以更好地把党的方针政策贯彻到群众中去，正确地处理国家利益和本企业职工局部利益的关系，正确地调节企业行政同工会组织和职工群众的关系；可以提高广大职工的社会主义觉悟和主人翁责任感，加强对企业行政工作的群众监督，促进企业管理工作的改进。每一个工业企业，都应当认真贯彻执行职工代表大会制，开好职工代表大会，使它真正发挥上述各种积极作用。

为了很好地贯彻执行职工代表大会制，必须选好职工代表。职工代表大会的代表，必须通过民主选举产生。他们应当具有广泛的群众性，能够反映企业各个方面、各类人员的意见。为了使职工代表能够很好地发挥作用，并且使企业的民主管理经常化，职工代表大会的代表，应当实行常任制。

为了很好地贯彻执行职工代表大会制，还必须开好职工代表大会。要正确地确定大会的中心议题，审查提案，以及做好充分发动群众和广泛收集意见等工作。做好这些工作，是开好职工代表大会的重要条件。在召开职工代表大会期间，应当加强对会议的思想领导，充分发扬民主，使每个代表都能畅所欲言，充分发表自己的意见。同时，也要善于正确地集中群众的意见，作出正确的决议。

为了很好地贯彻执行职工代表大会制，还必须做好执行大会决议的工作。职工代表大会做出的决议，应当及时地向职工传达和进行广泛的宣传。每一项决议，都要有专门的部门负责贯彻执行，并且要纳入这些部门的工作计划。职工代表大会的代表，应当按车间、部门为单位组织代表小组，定期检查大会决议的执行情况。

工业企业的职工代表大会，按期由工会主持召开。职工代表大会闭会期间，日常工作由工会主持。企业党委要认真地领导工会做好职工代表大会的各项工作，企业行政应当给予积极的支持和配合。

列宁说：我们要彻底抛弃那种认为工人不能管理国事，不能管理银行和工厂的偏见。但是，要解决这些问题，只有通过日常的巨大的组织工作。要让每个工厂委员会感到自己不仅是从事本厂的工作，而且是调节国家生活的组织细胞①。我们企业的职工代表大会，正是这样的细胞。因此，职工代表大会制，是和工人阶级当家做主管理国家的任务联系在一起的，是具有深远意义的一项重要的民主制度。

三　"两参、一改、三结合"制度

"两参、一改、三结合"的制度，是工业企业管理中正确地贯彻群众路线的又一个重要的制度，这也是正确处理人民内部矛盾、正确处理工业企业生产和管理工作中人和人之间的矛盾的一个重要的方法。

"两参"是指干部参加劳动和工人参加管理。

干部参加劳动是一个非常重要的制度。党中央指出：由于领导者参加生产劳动，同群众打成一片，有利于及时地、具体地发现和处理问题，有利于改进领导工作，从而可以比较容易地避免和克服官僚主义、宗派主义、主观主义的许多错误，并且有利于改变社会上所存在的那种轻视体力劳动的观念。……中央认为，不仅县、区、乡的干部，而且县级以上的各级党委的主要领导人员，在政府和人民团体中工作的党的主要干部，包括党的中央委员在内，凡是能够参加体力劳动的，都应该每年抽出一部分时

---

① 列宁：《关于彼得格勒工人经济状况和工人阶级任务的报告》，《列宁全集》第 26 卷，第 342 页。

间参加一部分体力劳动。党中央指出：必须继续发扬我们党联系群众、艰苦奋斗的传统。各级的领导干部参加一部分体力劳动，使脑力劳动和体力劳动逐步结合，就是发扬这个优良传统的一个制度①，并且要求把它逐步地形成为一种永久的制度②。

实践证明：干部认真地、经常地参加体力劳动，深入到生产中去领导生产，就能够使党的政策更直接地、及时地和群众见面，就能够同群众保持广泛的、经常的、密切的联系，及时地了解群众的意见，及时地同群众商量，更好地发扬民主，真正用群众路线的方法解决问题。这样，也就能够更加鼓舞群众的积极性，激发工人的主人翁责任感。

干部参加劳动，不仅可以改变干部的工作作风，而且可以改变干部的领导方法。领导干部经常到生产第一线去，参加生产、了解和熟悉生产情况，就便于实现一般号召与具体指导相结合，就能够及时发现问题、解决问题，从而更好地领导生产。

干部参加劳动，还可以使干部在劳动中同群众同甘共苦，进一步提高阶级觉悟，更好地培养阶级感情，自觉地抵制资产阶级的各种歪风邪气的侵蚀，把自己锻炼成一个具有无产阶级思想和无产阶级立场的坚强的革命干部。这样，我们企业的干部就能够同工人群众更好地团结起来，同心协力，推进社会主义建设事业。

干部参加劳动，表明干部以身作则，向好逸恶劳的恶习，向一切轻视劳动人民的旧观念、旧思想、旧习惯，进行坚决斗争。这对于在企业中进一步形成劳动光荣、不劳动可耻的社会新风尚，激发职工群众的革命精神和劳动积极性，维护社会主义的劳动纪律，具有极大的意义。

干部参加劳动，还可以减少脱离生产劳动的人，使能够参加生产劳动的人，尽可能多地参加生产劳动。同时，干部参加劳动，可以有效地克服官僚主义，使他们更好地学习生产技术，逐步成为又红又专的干部，可以大大激发职工群众的生产积极性。这对于充分挖掘生产潜力，增加生产，

---

① 《中共中央关于各级领导人员参加体力劳动的指示》，载 1957 年 5 月 15 日《人民日报》。

② 《中共中央关于整风运动的指示》，载 1957 年 5 月 1 日《人民日报》。

厉行节约，降低成本，为国家积累更多的资金，有重大的意义。

由此可见，干部参加劳动，可以使我们免除官僚主义，主观主义，避免修正主义、教条主义。对于社会主义制度来说，干部参加劳动，是一件带根本性的大事。它对于做好工业企业管理工作，具有极其重要的作用。每一个工业企业，都必须按照国家的规定，采取各种有效的形式，坚持实行干部参加劳动的制度。

工人参加管理，是党依靠工人阶级办好企业的方针的体现之一。毛泽东同志早就说过：在城市斗争中，在发展工业的方向上，我们必须全心全意地依靠工人阶级[①]。刘少奇同志也说过：我们的企业管理制度是高度的集中和高度的民主相结合的制度。一切企业必须服从党和国家的统一的领导和统一计划，并且以严格的劳动纪律来保证千百万人的意志和行动的统一；同时又必须充分发扬职工群众的主动性和积极性，发挥群众的监督作用，吸引群众参加企业管理[②]。

工人参加企业管理的形式很多，前边讲的职工代表大会就是其中主要的一种。除此以外，还有工人参加生产小组的日常管理等形式。通过工人参加管理，可以使企业的集中领导有更广泛的群众基础，使专业管理与群众管理紧密结合起来，使企业管理更能适合生产发展的需要，不断地推动生产前进。

同时，工人通过参加管理，也可以得到进一步的锻炼，使他们不仅掌握生产的技能，而且不断地提高组织能力，学会经营管理工作。从而有利于在我国社会主义建设中，在我们的国家生活中，在工业企业的管理工作中，充分地发挥工人阶级主人翁的作用。

每一个工业企业，都必须认真地做好吸收工人参加管理的工作。在吸收工人参加生产小组的日常管理的时候，要正确处理工人的生产任务和管理工作之间的关系，他们担负的管理工作，不能过分复杂、繁重，以免影

---

① 毛泽东：《在中国共产党第七届中央委员会第二次全体会议上的报告》，《毛泽东选集》第四卷，人民出版社1960年版，第1429页。

② 《刘少奇同志代表中共中央向中国工会第八次全国代表大会的祝词》，载1957年12月3日《人民日报》。

响他们的生产劳动和过多地占用他们的业余时间；工人管理员的工作，要建立明确的责任制度，使每个工人管理员都能发挥自己的专长；同时，要加强对工人管理员的业务指导，不断提高他们的业务能力。只有在思想上真正重视吸收工人参加管理的工作，并且采取切实有效的措施，才能使工人参加管理的伟大作用，充分发挥出来。

"两参、一改、三结合"中的"一改"，就是改革工业企业中不合理的规章制度，建立和健全合理的规章制度。

规章制度是现代工业企业每时每刻都不能缺少的。凡是能够正确反映企业中人和人之间在生产劳动中的关系以及生产过程的客观规律的规章制度，都是有利于发挥群众的积极性和创造性的，都是能够促进生产力的发展的；反之，凡是不能正确反映人和人在生产劳动中的关系以及违反生产过程客观规律的规章制度，都是束缚和阻碍生产力的发展的。党中央指出：原来一些不利于生产力发展的规章制度，会在运动中不断地为群众的创举所打破。我们必须对于群众的创造，虚心地加以研究，按照发展的需要和群众在实践中的考验，重新审订原来的规章制度。凡是真正束缚生产力发展而又可以迅速修改的，应该立即修改①。在社会主义工业企业里，应当自觉地遵守合理的规章制度，自觉地对不合理的规章制度进行改革，促进生产不断发展。

合理的规章制度在任何时候都是需要的，在生产当中，绝不可以一日没有规章制度，绝不可以对正确的规章制度采取马虎态度。一切合理的规章制度，我们必须认真地执行。只有这样，才能保证工业企业生产和管理工作的正常进行。

我们改革规章制度，并不是不要规章制度，而是因为有些规章制度不合理。改革不合理的规章制度，必须建立合理的规章制度，而且要遵循"先立后破"的原则。一定要有了合理的新规章制度以后，才废止那些过时的不合理的规章制度。在没有新的更合理的规章制度以前，绝不可以任意废除现行的规章制度。如果不能建立合理的规章制度，或者建立了又不

---

① 《中共中央关于开展反浪费反保守运动的指示》，载 1958 年 3 月 4 日《人民日报》。

认真执行，那么改革不合理的规章制度也就失去了意义。

所有规章制度的破立，都应当"从群众中来，到群众中去"，在群众实践经验的基础上进行。要根据群众的创造，经过反复的试验、鉴定，肯定成功的，才纳入规章制度；不要把那些不成功的东西也纳入规章制度。规章制度是要通过实践来不断完善的，但是，在一定时间内，应当有一定的稳定性，不能天天变化。重要的规章制度的破立，要经过上级有关部门的批准。这样，才能使我们工业企业的生产和管理更有秩序，更顺利地进行，并且通过生产和管理的实践，不断地认识和掌握新的生产规律和管理规律，不断地克服旧的习惯势力，真正做遵守规章制度的主人。

"三结合"是指工业企业的领导干部、技术人员、工人相互结合，共同研究解决生产技术和企业管理工作的问题。

"三结合"是党的群众路线在社会主义建设时期的具体运用。我们知道，发展工业生产所采取的每一项技术政策、技术措施、管理办法，都包含了一系列的复杂问题，在这些方面，要做出正确的决定和很好地贯彻执行，不仅需要具备经济知识，而且需要具备自然科学和技术的知识。因此，既要依靠工人的积极性和创造性，又要依靠技术人员和管理人员的积极性、创造性，并且把他们在实践中所积累的知识和经验很好地结合起来。"三结合"就是这样一种好的制度。

运用"三结合"的办法，不仅能调动广大干部和群众的积极性，而且能发挥科学技术人员和专业管理人员的积极性；不仅能发挥技术水平、业务水平较高的人的积极性，而且也能发挥技术水平、业务水平较低的人的积极性。它能促进政治与技术的结合，政治与业务的结合，领导与群众的结合，理论与实践的结合，普及与提高的结合，从而有效地解决企业中生产技术和管理工作方面的问题。

"两参、一改、三结合"是互为条件、相互促进的。干部参加劳动就更便于工人参加管理；工人参加管理，就使干部能够有更多的时间深入到生产中去。只有"两参"，才能及时地发现规章制度中不合理的部分，及时进行改革，已经改革好的，也才能够更好地贯彻执行；同时，实行"两参、一改"的过程，也是"三结合"的过程，"三结合"的发展，更便于巩固"两参、一改"的成果。因此，每个工业企业都应当全面地贯彻执行这个制度。

上述这三个制度，是我国工业企业管理的基本制度。它们是马克思列宁主义的普遍真理同我国社会主义建设的具体实践相结合的产物，是新型的社会主义企业管理制度。经验证明，正确地贯彻执行这些制度，就能够大大地提高企业的领导水平和管理水平，充分发挥职工群众的积极性和创造性，有力地促进生产的发展。

第五节　社会主义国营工业企业管理的组织形式

社会主义国营工业企业的管理工作，是十分复杂和细致的。我们必须正确地处理工业企业内部管理上集权和分权的关系，正确地选择工业企业管理的组织形式。这对于加强企业的集中统一领导，发挥各级管理组织和广大职工的积极性，从而促进企业生产的发展，具有重要的意义。

统一领导、分级管理，是国家对国营工业企业管理的原则，也是企业内部在管理组织方面实行民主集中制的具体表现。

一般来说，我国国营工业企业管理分为三级，即厂部、车间（或者分厂）、小组（或者工段）。某些规模比较大、生产比较复杂的联合企业（公司），可以实行四级管理；而一些小型的、生产比较简单的企业，可以实行两级管理。

无论工业企业内部的管理分为几级，工业企业管理的主要权力都必须集中在厂级（联合企业中则集中在公司一级），以保证厂部的集中统一领导。同时，在厂级的统一领导下，赋予车间、小组必要的管理责任和管理权力，以便充分调动各级行政组织和职工群众的积极性。

厂级的统一领导和车间、小组的分级管理是对立的统一，是相辅相成、相互促进的。当然它们之间也会发生矛盾，我们的任务，就是要正确处理这种矛盾。有关这方面的问题，将在第三章、第四章、第五章中，做比较详细的讨论。

在正确处理工业企业内部管理体制的同时，还要正确选择企业管理的组织形式。

在我国社会主义国营工业企业里，管理的组织形式，基本上是按这样一些要求来建立的，这些要求是：

（1）按照生产过程的工艺特点、产品对象和布局来划分车间、工段和小组，并且建立行政管理机构；

（2）各个生产单位内，由行政负责人统一管理本单位的生产行政工作，并且直接向上级负责；

（3）各级行政管理单位根据需要和可能，设立必要的职能机构，这些职能机构是行政负责人的参谋和助手，只能对下级的职能机构进行业务指导，而不能给下级下达命令和指示；

（4）各级行政管理单位实行逐级负责，一般不应当越级指挥生产。

按照这些要求建立的管理组织形式，可以称做是条条块块相结合的制度，也就是通常说的"生产区域制"，它的结构图 2－1 所示。

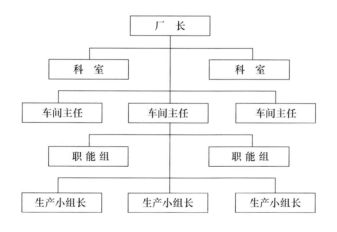

图 2－1

"生产区域制"是在"直线制"和"职能制"的基础上，适应现代工业企业生产的要求而发展起来的，它吸收了"直线制"和"职能制"的优点，但是摒弃了它们的缺点。

在"直线制"的管理组织中，一切管理职能基本上都由行政负责人自己执行，一般在厂的一级，有少数职能人员协助行政负责人工作，但不设立职能机构。它的结构如图 2－2 所示。

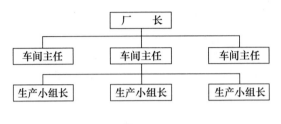

图 2－2

这种管理组织形式，机构比较简单，权力比较集中，责任比较明确，但要求行政负责人通晓多种知识，亲自处理许多业务。这是工业生产发展早期的一种企业管理的组织形式，现在，只有在规模很小、生产非常简单的工业企业里，采用这种组织形式还比较适合，而在一般的现代工业企业里，管理工作都比较复杂，采用这种形式是不适当的。

在"职能制"的管理组织中，情形恰好同直线制相反。各级行政负责人都设有相应的职能机构，这些职能机构在自己的业务范围内，都有权向下级下达命令和指示。因此，各级行政负责人，除了要服从上级行政领导以外，还要服从上级各职能机构的领导。其结构如图 2－3 所示。

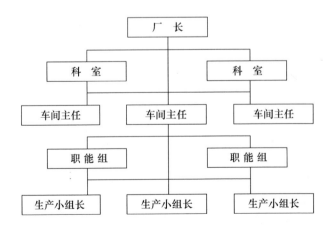

图 2－3

这种管理组织形式，虽然能够发挥职能机构的作用，适应现代工业企业管理比较复杂和比较细致的状况，但是，它排斥了工业企业统一的生产行政指挥，形成多头领导，不利于建立各级行政负责人和职能科室的责任制。

"生产区域制"则不同。一方面，各级行政负责人有相应的职能机构做助手；另一方面，每一个生产区域又都由行政负责人统一领导。这样，既可以适应现代工业企业管理比较复杂、细致的特点，又可以满足现代工业企业需要高度统一的生产行政指挥和严格的责任制的要求。因此，它是一种比较好的组织形式。

第 三 章
社会主义工业企业的厂级管理

前面说过，我国社会主义国营工业企业内部的管理，一般分为三级——厂级、车间、小组。从这一章开始，我们分做社会主义工业企业的厂级管理、车间管理和小组管理三章，来讨论这三级管理中的一些综合性的主要问题。在这一章里，先谈谈厂级管理的问题。下面分四节来说：

一、厂级管理的权力；

二、工业企业党委对生产行政工作的领导；

三、厂长的职责；

四、厂级的职能机构。

第一节　厂级管理的权力

厂级是社会主义工业企业内部三级管理当中最高的一级，是工业企业管理工作的司令部。大家知道，工业企业是一个有机的整体，它包括着许多车间、工段、小组以及各种行政管理机构。由这些车间、工段、小组以及各种行政管理机构所进行的，工业企业的全部生产经营活动，从产品的设计、原料和材料的采购、设备的维修等一系列的生产准备工作，到产品的生产，以至把产品销售出去，这全部过程，都是在厂级的统一指挥和领导下进行的。因此，厂级管理在工业企业内部管理中占有很重要的地位，起着很重要的作用。

为了做好厂级的行政管理工作，有效地组织和指挥工业企业的生产经营活动，厂级要在上级行政主管机关的领导下，根据有关的规定，行使下列权力：

（1）根据国家下达的计划任务，制订全厂计划，为各车间规定任务，指挥全厂的生产，进行全厂性的生产调度，检查各车间执行计划的情况。

（2）规定产品的设计、工艺和技术标准等技术文件。

（3）组织企业的物资供应和产品销售工作。

（4）组织全厂性的经济核算，统一办理对外的财务结算和经济往来。

（5）根据国家计划招收工人，并且在全厂范围内进行调配，按照规定管理本厂的干部。

（6）根据管理工作的需要，调整厂内的生产和管理机构。

（7）制定和修改全厂性的规章制度。

（8）其他主要权力。

上面列举的，是工业企业的主要管理权力，这些主要管理权力一定要集中在厂级，不能分散到车间或者小组。这是因为：

第一，现代工业企业广泛地运用着机器和机器体系，许多复杂的技术装备按一定方式和一定比例，分别配置在企业的各个部分，它们极其精确和严密地配合在一起。整个的工业企业就像是一架复杂的大机器，它的生产活动是按照机器和机器体系的运转规律进行的。所以，现代化企业生产的组织和管理，也一定要按照全厂统一的技术要求，按照全厂统一的规范去进行。

第二，现代工业企业是一个复杂的分工体系，成千上万的人在这里进行着共同的劳动，他们之间既有精细的分工，又被机器体系、被产品统一的生产过程紧密地联结和组织在一起。工业企业的生产活动本身，就是组织程度很高的一种集体的、统一的行动，不能没有全厂统一的组织和指挥。

第三，现代工业企业出产的产品，一般比较复杂和精密，并且每个产品的生产过程，又都是分别由许多工人配合着完成的。因此，必须有全厂统一的产品设计、工艺和技术标准，并且每个工人进行的每道工序，都要严格地按照这些统一的技术要求去加工和验收。只有这样，才能完成产品的统一的生产过程，生产出合乎质量要求的产品。

第四，适应现代工业企业生产在技术上、组织上具有统一性的特点，我们的国家也是以工业企业，而不是以车间或者小组，为基层的计划单位和独立进行经济核算的经营单位的。国家的统一计划和上级主管机关的指示，都以工业企业为单位下达；工业企业生产经营活动的最后成果，也由厂级统一对国家负责。因此，必须把对工业企业生产经营活动进行统一组织和管理的权力，由厂级集中起来，使全厂的各个部分，都服从厂级的统一指挥，才能使工业企业全面地完成国家计划得到保证。

第五，适应现代工业企业生产的客观要求，适应工业企业是一个独立的生产经营单位的要求，我们的党把工业企业的党组织，作为党的基层组织；并且把工业企业中党组织的主要权力，集中在工业企业的党委员会。党和国家的路线、方针、政策的贯彻执行，生产任务的完成，都要由工业企业党委讨论决定；有关生产行政工作方面的，要通过厂长统一组织全厂行政管理系统的力量来实现。所以，为了加强党对工业企业工作的领导，为了保证党和国家的方针政策、企业党委的决议在工业企业各个方面的工作中很好地贯彻执行，工业企业管理的主要权力也必须集中在厂级。

由此可见，不论从技术上、经济上或者组织上看，分工精细、技术复杂的现代工业企业，它的主要管理权力，都应当集中到厂级。这是现代工业企业生产的客观要求。在现代工业企业里，如果不把主要的行政管理权力集中在厂级，实行集中统一的管理和指挥，那么，工业企业的生产活动，就不能很好地进行，甚至无法进行。比如，在一个机械制造厂里，如果不把计划管理的主要权力集中在厂级，各个车间都可以不执行厂级为本单位规定的计划任务。而自行制定和执行自己的计划，那么，这个企业的各个组成部分就不能协调地行动，企业的产品就不能成套，国家为企业规定的统一的计划任务就不可能完成；同样，如果不把技术管理的主要权力集中在厂级，各个车间、工段和小组都可以自行制定和修改产品的设计、工艺和技术标准，就必定会使同一产品的各个部分和各道工序，按照不同的技术要求去设计和加工、按照不同的标准去评定质量，以致根本无法装配到一起，不能出产完整的成品；同样，若不把全厂性规章制度的制定和修改的权力集中在厂级，而由车间或者小组任意地制定和修改，也就无法保证整个企业行动一致、步调统一，党和国家的政策、法令，也不可能得到全面的贯彻执行。正如列宁所说：任何大机器工业——社会主义的物质的、生产的泉源和基础——都要求无条件的和最严格的统一意志，以指导几百人、几千人以至几万人的共同工作。这一必要性无论从技术上、经济上或历史上看来，都是很明显的，一切想实现社会主义的人，始终承认这是实现社会主义的条件①。他还说：如果没有统一的意志把全体劳动者团结成一个像钟表一样准确地工作的经济机关，那么无论是铁路、运输、大机器和企业都不能正常地进行工作②。

把工业企业的主要管理权力集中在厂级，会不会妨碍分级管理，妨碍发挥企业内部各级的积极性，妨碍发扬民主呢？

当然是不会的。

我们知道，工业企业管理权力正确的集中，正是进行正确的分级管理的前提和保证。有了厂级正确的集中统一领导，有了全厂统一的计划和统一的规章制度，工业企业内部各级行政组织的分级管理才能有统一的行动准则和明确的方向，从而真正发挥分级管理的作用。

同样，工业企业管理权力正确的集中，也正是有领导地、正确地发扬民主的前提和保证。大家知道，我们党实行的民主集中制，就是毛泽东同志所说的：在民主基础上的集中，在集中指导下的民主③。工业企业的管理，也是这样。只有在正确的集中指导下来发扬民主，才能使群众积极性得到正确的发挥，才能真正集中群众智慧，有效地挖掘生产潜力，促进生产的发展。

工业企业管理权力的正确集中，同在企业内部发扬民主、实行分级管

---

① 列宁：《苏维埃政权的当前任务》，《列宁全集》第 27 卷，人民出版社 1958 年版，第 246 页。

② 列宁：《〈苏维埃政权的当前任务〉一文的初稿》，《列宁全集》第 27 卷，人民出版社 1958 年版，第194 页。

③ 毛泽东：《论联合政府》，《毛泽东选集》第三卷，人民出版社 1953 年第 2 版，第 1058 页。

理绝不是对立的，而是完全能够互相结合起来的。正确地把这两个方面结合起来，就能够把我们的工业企业管理得更好。

第二节　工业企业党委对生产行政工作的领导

上节说过，厂级是工业企业内部管理工作的司令部，它集中着工业企业内部管理工作的主要权力，在实现工业企业各项任务的过程中，起着主要的作用。这个司令部必须有一个领导核心，这个领导核心，就是中国共产党在工业企业中的委员会。厂级管理的全部工作，都是在工业企业党委员会的直接领导下进行的。

当然，工业企业党委不仅仅是厂级生产行政管理工作的领导核心，而且也是工业企业中一切工作的领导核心。党在工业企业中是领导一切的。工业企业的生产行政管理工作、思想政治工作、工会工作、共产主义青年团工作，以及企业中生产的、政治的、文化的群众运动，都必须由党委实行全面的统一领导。这里，要着重讨论的，是关于工业企业党委如何对企业的生产行政管理工作进行领导的问题。

前面说过，在我国国营工业企业中，实行党委集体领导下的厂长负责制。这是我国国营工业企业管理的根本制度。按照这个制度的要求，工业企业党委对企业生产行政的领导责任，主要有以下三个方面：

（1）贯彻执行党的路线、方针、政策，保证企业全面完成和超额完成国家计划，保证实现上级行政主管机关布置的任务。

（2）讨论和决定企业工作中的各项重大问题。

（3）检查和监督各级行政领导人员对国家计划、上级指示、企业党委决定的执行。

把上述三方面工作作为工业企业党委对生产行政工作的领导责任，对于加强党对工业企业工作的领导，提高企业党委的领导水平有极为重要的意义。

首先，我们知道，党的路线、方针、政策是党的生命线，是一切革命和建设事业取得胜利的根本保证；而国家计划和上级机关布置的任务，则是党的路线、方针、政策的具体体现。显然，这些都是工业企业中最根本性的问题，把这些作为工业企业党委的领导责任，把党委的力量和工作重点放到这个方面，就能够在最根本的问题上确立和加强党的领导，真正做到政治挂帅，即党的路线、方针、政策挂帅，有效地保证工业企业工作沿着正确的方向前进。

其次，把讨论和决定工业企业生产行政工作中的各项重大问题作为党委的领导责任，这也就是要求党委集中力量抓重大问题，即抓好工业企业生产行政工作中带有根本性的问题。能把这些重大问题抓好，工业企业的生产行政工作就有了胜利的保证。

这些问题基本上可以概括为以下几个方面：

（1）企业的年度计划、季度计划、月度计划和实现计划的主要措施。

（2）企业的扩建、改建和综合利用、多种经营的方案。

（3）生产、技术、供销、运输、财务方面的重大问题。

（4）劳动、工资、奖励、生活福利方面的重大问题。

（5）重要的规章制度的建立、修改和废除。

（6）企业主要机构的调整。

（7）车间、科室以上行政干部和工程师以上技术干部的任免、奖惩，职工的开除。

（8）企业奖励基金的使用。

（9）企业工作中的其他重大问题。

我们知道，任何正确的方针、政策，只有和本单位的具体情况结合起来，才能正确执行，才能发生巨大的力量。前面所说的那些重大问题，都是关系着党的路线、方针、政策是否能够得到正确贯彻执行的问题。把这些重大问题的讨论和决定，确定为工业企业党委的领导责任，才能更有效地保证党的路线、方针、政策具体地体现到企业管理的各方面的工作中去，把工业企业的生产搞好。

再次，党委对企业生产行政工作中的重大问题所做出的决定，都是由厂长下达，并且负责组织领导各级行政人员去执行的。这样做十分必要。但是，也应当看到，在任何工作中，决定了问题、明确了任务，都只是工作的开始，在具体执行决定的过程中，必须随时进行检查，随时监督执行人员严格地按照党委决定进行工作，才能保证执行的结果同原来的要求相符合，从而使工作达到预期的效果。因此，在国家计划、上级指示、党委决议的执行过程中，把对行政领导人员的监督和检查作为党委的领导责任，是正确贯彻执行党的路线、方针、政策，使工业企业各方面的工作，都能够很好地进行的重要保证。

上述三方面的领导责任，是不可分割的。正确的贯彻执行党的路线、方针、政策，才能保证工业企业的工作有正确的方向；而党的路线、方针、政策，又必须通过认真地讨论、正确地决定企业工作中的重大问题，以及对行政领导人员的工作，及时地进行检查和监督，才能得到具体的贯彻执行。因此，工业企业党委在领导生产行政工作的时候，一定要全面抓好这三个方面的工作。抓好这些工作，是工业企业完成任务的可靠保证。

工业企业党委在实现自己对企业生产行政工作领导责任的时候，主要地应当注意些什么问题呢？

刘少奇同志曾经说过：一切企业必须服从党和国家的统一领导和统一计划，并且以严格的劳动纪律来保证千百万人的意志和行动的统一……①工业企业党委是工业企业党组织的领导机构，是企业工作的领导核心。从党的组织系统说，工业企业党委的整个工作，都是在中央和上级党委领导下进行的。从行政系统说，国营工业企业的一切生产经营活动，又都是在国家统一计划下进行的。因此，工业企业党委在领导企业生产行政工作的时候，应当严格遵照党的政策、国家的计划和法令办事，严格遵照中央和上级行政主管机关的规定办事，不能改变国家计划，不能做出同中央的决定、指示以及上级行政机关布置的任务相抵触的决定。这就要求党委的每个成员，都要牢固地树立起政策观念，认真学习党的路线，学习党和国家的方针、政策，以之作为自己工作和行动的指南，并且用以教育全体党员，用以检查与总结工业企业生产行政工作，使各项工作都符合党的路

---

① 《刘少奇同志代表中共中央向中国工会第八次全国代表大会的祝词》，载 1957 年 12 月 3 日《人民日报》。

线、方针、政策以及国家统一计划的要求。在这个前提下，工业企业党委要实现自己对企业生产行政工作的领导，应当注意下面几个问题：

一　坚持集体领导

工业企业党委员会是按照党的民主集中制原则建立起来的。党委进行领导，特别是在讨论和决定重大问题的时候，一定要坚持集体领导的原则。只有发挥集体智慧，才能把工业企业领导好。列宁主义要求党在一切重大的问题上，由适当的集体而不由个人作出决定。很明显，个人决定重大问题，是同共产主义政党的建党原则相违背的，是必然要犯错误的，只有联系群众的集体领导，才符合于党的民主集中制原则，才便于尽量减少犯错误的机会①。

真正的集体领导，不是形式主义的集体领导，而是建立在发扬民主、集思广益基础上的，真正能够抓住重大问题，经过切实讨论，达到认识一致、步调统一的集体领导。这就要求，在党委的领导工作中，善于抓住主要问题，充分酝酿，充分调查研究，最后做出正确的、切实可行的决定。凡是提到党委会议上讨论的问题，都必须经过认真讨论。在会议之前，对于复杂的和有分歧意见的重要问题，要经过个别交谈，充分酝酿，使委员们有思想准备，以免会议的决定流于形式，或者不能做出决定。在决定问题的时候，要严格遵守少数服从多数的原则。这样，才能形成党委坚强的集体领导，使党委的会议，议而有决，决定正确，并且在贯彻执行决议的时候，行动坚决，步调一致。

二　充分发挥以厂长为首的全厂统一的生产行政指挥系统的作用

工业企业党委对于以厂长为首的生产行政指挥系统的工作，要积极领导和大力支持，教育各级行政领导人员发扬革命精神，主动地去行使自己的职权。在工作中，党委要帮助他们正确地理解和体会上级机关的指令和意图，帮助他们运用群众路线的工作方法；同时，还要教育广大职工群众自觉地遵守劳动纪律，服从行政领导人员的命令和指挥，动员他们努力完成国家计划。

---

① 邓小平：《关于修改党的章程的报告》，人民出版社1956年版，第47页。

三　做好调查研究工作

工业企业党委的主要领导干部，要用主要精力和大部分时间去做调查研究工作，经常到车间、小组去蹲点，努力发现工业企业管理工作中的关键性问题，认真研究解决的办法，提交党委会讨论和决定。做好调查研究工作，才能够深入地了解情况，及时地发现和解决重大问题，使领导工作更加符合实际。要实行"没有调查就没有发言权"的原则。对于党委会讨论的一切问题，都要在事前经过充分的调查研究，没有调查研究的问题，就不要开会讨论。这样，才能提高会议质量，发挥党委集体领导的作用。

四　做好思想政治工作和群众工作

工业企业党委要把思想政治工作、人的革命化工作放在首要地位，要努力做好群众工作。党委要对党员进行党的政策和党章的教育，充分发挥党员的先锋模范作用，组织全体党员来对职工群众做思想政治工作。每个共产党员都要向群众宣传党的方针政策，从各方面关心群众，成为群众的知心人。工业企业党委，要加强对工会、共产主义青年团的领导，通过这些组织更广泛地联系群众。做好思想政治工作，不断提高职工群众的社会主义觉悟，抵制和克服资产阶级思想的影响，建立一支坚强的、革命化的职工队伍，这是工业企业党委把生产行政工作领导好的重要保证，也是把工业企业各方面的工作领导好的重要保证。

第三节　厂长的职责

我国社会主义国营工业企业，在生产行政上实行党委集体领导下的厂长负责制。按照这个制度，工业企业生产行政工作中的重大问题，必须由党委讨论和决定，党委决定以后，由厂长负责，组织执行。这是集体领导和个人负责相结合的制度。在任何工作中，集体领导都必须同个人负责相结合，没有个人分工负责，我们就不可能进行任何复杂的工作，就将陷入无人负责的灾难中。在任何一个组织中，不仅需要分工负责，而且需要有人负总责①。在国营工业企业里，对生产行政管理工作负总责的，就是党委集体领导下的厂长。厂长要在工业企业党委领导下，对国家计划的全面完成，对企业生产经营的成果，向上级行政主管机关负总的责任。

工业企业的厂长，在企业党委的集体领导下，在行政管理工作中，行使下列的职权：

（1）根据党和国家的方针政策、国家计划和企业党委决议，组织和管理企业的生产、供应、销售等各方面的业务，正确指挥全厂各级生产单位和管理机构的工作。

（2）按照上级行政管理机关的规定，组织全厂职工管好、用好企业的固定资产和流动资金，不断提高企业生产活动的经济效果。

（3）组织全厂的技术管理工作，保证产品质量，组织开展科学研究，不断革新技术，发展新品种。

（4）在企业内部，合理组织和调配劳动力，保证劳动生产率的提高。

（5）保证安全生产，不断地改善职工的劳动条件。

（6）对职工进行思想政治教育，不断地提高职工的革命觉悟。

（7）要求全体职工服从生产指挥、遵守劳动纪律，对于模范地完成任务的工人和职员，给予表扬和奖励；对于失职和违反劳动纪律的人员，给予必要的批评和处分。

（8）关心职工生活，不断地提高职工的文化技术水平。

（9）代表工业企业对外发生业务联系和经济来往，等等。

在现代工业企业里，特别是在那些规模较大的企业里，管理工作十分繁重和复杂，厂长一个人，很难周密细致地照顾到上述各个环节和各个方面的工作。为了具体地、有效地组织和指挥工业企业的生产行政工作，需要设立副厂长、总工程师、总会计师等职，作为厂长的主要助手，在厂长的领导下，分管某个方面的工作。

副厂长设置多少和职责划分，要根据工业企业的规模、技术的复杂程度等来决定。在规模较大的企业里，通常设有生产技术副厂长、供销副厂

---

① 邓小平：《关于修改党的章程的报告》，人民出版社1956年版，第52页。

长、人事福利副厂长，等等。

生产技术副厂长是厂长最重要的助手，通常是企业的第一副厂长并且兼任总工程师。他负责管理工业企业生产调度部门的工作和各基本生产车间的生产活动；领导工业企业生产技术准备、机器设备和工具的管理、安全技术、技术革新、科学实验研究、技术发展计划和技术组织措施计划的制订和执行等全部技术工作。

显然，生产技术副厂长的工作是很繁重的，尤其是在那些大型企业或者是在多品种生产的企业里，不仅日常生产指挥工作繁重，生产技术准备工作量也很大。因此，有的工业企业，分别设置生产副厂长和技术副厂长（兼总工程师），分担生产和技术的领导工作。但是，由于工业企业的生产和技术工作是统一的，如果由两名副厂长来平行地、分别地管理这两方面的工作，往往容易产生这样或者那样的矛盾。为了使这两方面的工作紧密配合，在条件具备的工业企业里，应当把生产和技术工作交由生产技术副厂长（总工程师）统一负责。如果这样做会使生产技术副厂长的工作过于繁重，还可以为生产技术副厂长设置几名管理生产和技术工作的助手，比如，可以设生产长，具体负责企业的生产调度工作，设总设计师、总工艺师、总机械动力师等，具体负责各有关方面的技术工作。这样，就能比较好地解决生产技术工作需要统一指挥，而工作负担又过于繁重的矛盾，避免抓了当前生产放松生产技术准备，或者抓了生产技术准备放松当前生产的偏向。

供销（经营）副厂长，负责管理供应科和销售科的工作，是厂长在组织企业供销业务方面的助手。

人事福利副厂长，负责企业劳动工资、职工文化技术教育、人事保卫，以及企业集体福利事业和总务方面的工作。

除上述副厂长、总工程师以外，厂长的主要助手还有总会计师。总会计师在厂长直接领导下，协助厂长领导企业的经济核算工作，并负责工业企业的财务会计工作，负责计算和审查本企业一切技术措施和生产经营的经济效果，设计和审查企业的财务、会计事项，监督本企业执行财务制度和财政纪律，并且具体管理企业的一切对内对外的结算业务工作。

厂长在日常工作中直接领导一部分车间和职能科室,并且通过上述副厂长、总工程师、总会计师,分别领导另一些科室和车间,从而形成在党委领导下的以厂长为首的全厂统一的生产行政指挥系统。厂长是这个指挥系统的总的负责人。他要按照国家的统一计划,负责组织和指挥企业的生产。因此,在工业企业党委的领导下,认真地贯彻执行上级行政管理机关的指示和国家的计划,是对厂长的最基本的要求。每个厂长都要正确地对待上级的指示,保证国家计划的实现。

厂长要把工业企业各方面的行政管理工作组织好,有效地保证国家计划的实现,就必须在努力提高自己的思想政治水平的同时,注意以下一些问题:

一 必须紧紧依靠工业企业党委的集体领导

厂长要把工业企业生产搞好,必须自觉地依靠企业党委的集体领导。党委集体领导,是搞好企业一切工作的保证。那种把企业党组织置于从属地位的、独断专行的做法,只能把企业工作搞坏,绝不可能搞好。因此,厂长要紧紧地依靠党委的领导,坚决贯彻执行党委的决议,虚心地听取企业党委和企业各级党组织对生产行政工作的意见。同时,要经常地和主动地同党委书记商量问题、交换意见。

厂长要坚决服从党委的领导,在本职范围内勇于负责。一方面,对于上级行政主管机关的指示和布置的工作任务,以及本企业的生产情况,应当及时地向党委汇报,生产行政工作中的重大问题,要及时地提交党委讨论决定。另一方面,对于日常生产经营工作,应当负责处理,特别是那些需要当机立断、迅速解决的紧急问题,应当不失时机,积极果断地、勇于负责地去处理,并且在事后向党委汇报。不能以提交党委讨论为理由,推诿自己的责任,使工作受到损失。

二 必须依靠群众,做好群众工作,接受群众的监督

厂长要把工业企业生产搞好,还必须自觉地依靠群众,走群众路线,接受群众的监督。在现代工业企业的管理工作中,如果只看到需要高度集中管理的一面,而忽视民主管理的一面,如果不采取群众路线的工作方法,而采取强迫命令的工作方法,那是一定做不好管理工作的。无论是什么工作，只有把领导人的经验和智慧同广大群众的经验和智慧结合起来，才能做好。越是复杂的工作，越需要调动广大群众的积极性和创造性，越需要走群众路线，做好群众工作。因此，作为一个厂长，应当牢固地树立起群众观点，正确认识到对国家负责、对上级行政管理机关负责同调动群众的积极性是一致的；应当在工业企业各项工作中贯彻执行群众路线，把职工群众的积极性调动起来。

谈到调动群众积极性的问题，首先需要正确地理解什么是群众的积极性。所谓群众的积极性，不仅仅表现为群众对工业企业工作的积极支持，同时还表现为群众对工业企业工作的积极监督。毛泽东同志曾经说过：所谓发挥积极性，必须具体地表现在领导机关、干部和党员的创造能力，负责精神，工作的活跃，敢于和善于提出问题、发表意见、批评缺点，以及对于领导机关和领导干部从爱护观点出发的监督作用。没有这些，所谓积极性就是空的①。因此，只有正确地理解什么是群众的积极性，才能真正调动群众把生产搞好，才能不断地发现缺点、改正工作。要做到这点，工业企业的领导人就需置身于群众之中，在群众的支持和监督之下进行工作。

工业企业的工会和共青团组织，是团结广大群众的组织，是党联系群众的纽带。这些组织，在完成工业企业生产任务的过程中，有重要的作用。厂长在进行工作的时候，要善于依靠这些群众组织，在党委的统一领导下，取得它们的密切配合与支持。

三　要充分发挥各级行政组织的作用

厂长对工业企业的生产经营活动负有全面的责任，这就要求他必须全面地抓好企业各个方面、各个环节的工作。但是，任何一个厂长，都不可能直接去抓这么多方面的工作，更不可能直接去抓全厂每个工人的生产活动。这就需要发挥各个副职、各个职能科室和各个车间管理机构的作用，运用行政组织的力量来推动工作。

———————————

① 　毛泽东：《中国共产党在民族战争中的地位》，《毛泽东选集》第二卷，人民出版社 1952 年第 2 版，第 517 页。

那么，怎样才能有效地发挥各级行政组织的作用呢？

明确的分工，划清职责范围，建立各级责任制，是发挥各级行政组织作用的前提条件。在每个企业里，厂长直接抓什么工作、直接领导哪些科室；各个副厂长、总工程师、总会计师抓什么工作、领导哪些科室和车间，都应当有明确的规定。各科室的负责人和各车间主任，有哪些职责和权限，也要有明确的规定。有了明确的分工和健全的责任制，才便于厂长和企业内部各个环节的领导骨干有效地掌握企业内部各个方面的工作，使各级行政组织的工作有所遵循，从而更好地发挥作用。

通过各级生产行政组织的负责人推动工作，是发挥这些组织的积极作用的有效方法。厂长在工作中，一般不要直接处理副厂长、总工程师、总会计师职责范围以内的工作，必须直接处理的时候，也应当把处理情况和结果通知有关副职；对车间和科室工作，也应当通过各单位的负责人去领导，不要越过这些负责人直接向下发布指示和布置工作。这种既有分工负责又有统一领导的工作方法，最便于发挥各级行政组织的积极性，有利于工业企业管理工作的进行。

组织工业企业内部各级生产行政组织的领导人员，集体研究和商讨工作，是发挥这些组织积极作用的另一个有效方法。在工业企业里，应当建立由厂长、副厂长、总工程师、总会计师以及其他有关车间和科室的负责人参加的厂务会议制度。在厂务会议上，除了定期研究和具体安排各个时期的生产以外，还要对生产行政方面的重要问题，特别是需要提交党委讨论的重大问题，进行研究和讨论，提出初步意见。在贯彻执行党委决议以及上级机关指示的时候，也应当在厂务会议上讨论，提出具体的执行步骤和保证措施。这种集体研究工作的制度，可以保证工业企业内各个单位的工作步调统一、行动一致，使各级生产行政组织的积极作用得到正确发挥，形成一种巨大的组织力量。

四 钻研业务，掌握生产规律，有预见地指挥工业企业的生产经营活动

掌握工业企业的生产动态，明察生产中的各种内部联系，在工作中保持高度的预见性，及时而有效地组织企业的生产经营活动，是当好厂长的重要条件。要做到这一点，就必须认真钻研业务，干什么，学会什么，领导哪一行的工业企业，就熟知哪一行的生产特点和生产规律，使自己成为本行业务的专家。

各种不同行业的工业企业，分别使用不同的机器设备和工具，采用不同的生产方法，生产不同的工业产品，因而也就具有不同的特点。即使是在相同行业的工业企业里，也由于企业规模和其他技术条件的不同，而具有不同的生产特点。要领导好工业企业，就需要认真钻研和掌握本企业的生产特点和生产活动的规律，熟悉本企业产品的基本性能和技术要求；熟悉产品的生产过程；熟悉本厂生产的物质技术条件；熟悉原料、材料的性质和来源；熟悉本厂职工队伍的状况；熟悉产品的销路；熟悉在什么样的条件下，才能获得更好的经济效果，等等。为此，厂长必须做好调查研究工作，通过深入的调查研究，摸清企业的生产规律，找到各个不同生产时期和不同生产阶段存在的问题的症结，从而对于整个企业生产行政工作的指挥，做到心中有数，有预见地采取各种技术组织措施，正确地组织生产的进行。

各个国营工业企业的具体情况虽有不同，但它们都是社会主义的现代工业企业，生产上有许多特点还是相同的。因此，厂长不仅要熟悉本企业的生产特点和生产规律，总结和推广本厂的先进经验，并且还必须认真学习别的工厂的工作经验。只有不断地学习别的工厂的先进经验，并且使别的工厂的先进经验和本厂的具体情况结合起来，才能更加丰富本厂的经验，更好地掌握生产规律，在企业管理工作中获得更好的效果。

五 讲求科学的工作方法，统筹安排工业企业的生产技术经济工作

正确的领导方法和工作方法，是实现工作任务的重要保证。毛泽东同志说：一切工作，如果仅仅提出任务而不注意实行时候的工作方法，不反对官僚主义的工作方法而采取实际的具体的工作方法，不抛弃命令主义的工作方法而采取耐心说服的工作方法，那么，什么任务也是不能实现的。[1]

---

① 毛泽东：《关心群众生活，注意工作方法》，《毛泽东选集》第一卷，人民出版社 1952 年第 2 版，第 134—135 页。

为了推动整个工业企业的工作，任何一个厂长都必须讲求科学的工作方法和领导方法。因为不解决方法问题，任务也只是瞎说一顿①。

什么样的方法才是正确的呢？毛泽东同志曾经指示：我们共产党人无论进行何项工作，有两个方法是必须采用的，一是一般和个别相结合，二是领导和群众相结合②。一个厂长，在领导工业企业职工实现企业各项任务和贯彻执行党委各项决议的时候，如果不善于进行一般的普遍号召，就不能动员广大职工群众行动起来。但只有一般的号召，而不亲自动手、不深入一个单位，蹲下来，进行调查研究，典型试验，取得经验，就无法考验这种一般号召是否正确，也无法充实这一号召的具体内容，这样，就使一般号召有落空的危险。所以厂长要善于把一般号召和个别指导结合起来。在日常工作中，应当注意把每个时期的形势和工作任务，通过职工代表大会，或者其他方式，向群众反复交代和宣传，使每个职工都了解清楚；同时，还应当抓住企业的关键环节，深入具体地帮助和指导蹲点单位的工作，从这一单位的实践中学习经验，更好地指导全面的工作。厂长无论进行什么工作，都必须与群众结合，把群众的意见集中起来，加以提炼，再使之回到群众中去，变为群众的实际行动。否则，就不可能实现正确的领导。

在运用一般和个别相结合，领导和群众相结合的方法的时候，有一个必须注意解决的具体问题，就是如何正确地确定每一时期管理工作重点的问题。我们知道，工业企业的经营管理工作，内容是非常复杂的，专业管理的各个方面，都有密切的联系。在进行这些工作的时候，必须有全面观点，不能只顾一面，而忽视另一面。但是，在统筹兼顾的条件下，在不同的时期也需要有不同的工作重点。厂长不能自己全无计划，只按上级指示来一件做一件，形成很多的"中心工作"和凌乱无秩序的状态③。而应当善于从本厂实际情况出发，统筹全局，正确地确定每一时期管理工作的重

---

① 毛泽东：《关心群众生活，注意工作方法》，《毛泽东选集》第一卷，人民出版社 1952 年第 2 版，第 134 页。

② 毛泽东：《关于领导方法的若干问题》，《毛泽东选集》第三卷，人民出版社 1953 年版第 2 版，第 899 页。

③ 同上书，第 903 页。

点，善于分析企业内部各项生产行政管理工作的轻重缓急，把各项工作都放到适当的地位。

工业企业的中心任务是生产，工业企业中的各项工作，都必须以生产为中心，必须围绕生产来展开，如果忘记或者离开了企业工作的中心，去进行这样或者那样的工作，对我们的事业是很不利的。毛泽东同志早在我国人民革命全国胜利的前夜，在党的七届二中全会上就曾经指出："从我们接管城市的第一天起，我们的眼睛就要向着这个城市的生产事业的恢复和发展。务须避免盲目地乱抓乱碰，把中心任务忘记了……城市中其他的工作，例如党的组织工作，政权机关的工作，工会的工作，其他各种民众团体的工作，文化教育方面的工作，肃反工作，通讯社报纸广播电台的工作，都是围绕着生产建设这一个中心工作并为这个中心工作服务的。"①毛泽东同志这里指的虽然是城市工作，但是对于工业企业来说，也是完全适用的。工业企业是一个生产的单位，在工业企业里，围绕着生产去进行其他工作，尤其必要。工业企业的经营管理工作，当然更应当以生产为中心来进行。因此，在不同的时期，无论工业企业各项管理工作的重点怎样摆法，都不能忘记以生产为中心。各项重点的和非重点的管理工作，都必须围绕着企业的生产来进行。

第四节　厂级的职能机构

厂级管理的具体工作，是通过厂级管理的执行机构——厂部来进行的。

厂部由厂长和在厂长领导下的副厂长、总工程师、总会计师以及职能机构组成。由于厂长和副厂长、总工程师、总会计师的工作，在上一节里已经讲过，所以这一节不再讲厂部的全部工作，只讲厂部的一个组成部分——职能机构的工作。

---

① 毛泽东：《在中国共产党第七届中央委员会第二次会议上的报告》，《毛泽东选集》第四卷，人民出版社 1960 年版，第 1429—1430 页。

厂部的职能机构是厂长的助手和参谋部，是工业企业进行正常的生产经营活动所不可缺少的。它的主要职责，是贯彻执行厂长的命令和指示，为厂长指挥企业生产行政工作提供情况和准备资料，通过自身的业务活动来协助厂长组织企业的生产经营活动，并且负责对车间的职能机构进行业务指导。

厂部的职能机构设置得是否合理，对于工业企业管理工作有着重要的影响。职能机构设置得合理，才能有效地协助厂长管好企业，形成一个行动快、效率高、强有力的生产指挥部。

在设置厂部职能机构的时候，应当考虑以下一些原则：

一　要考虑本企业的生产特点，从生产的需要出发，来设置职能机构

企业的一切管理工作，都是为了实现企业的生产任务而进行的，所以，职能机构的设置，必须从生产需要出发，为生产服务。这是在设置和调整厂部职能机构的时候，首先要考虑的最根本的原则。

很明显，不同的企业，职能机构的数量和规模，应当有所区别。比如：

（1）企业的生产规模：企业规模的大小，直接影响着职能机构的设置。一般来说，在生产规模比较大的企业里，职能机构的专业分工，可以比较细一些，职能机构的数目，也可以比较多一些；但在规模不大的企业，职能机构的分工就可以相对的粗一些，职能机构的数目也可以少一些。

（2）企业的专业化程度：指企业生产产品品种的多少，以及每种产品产量的大小。它对于职能机构的设置，也有重要影响。例如，那些产品品种比较少，每种产品的产量比较多的企业，计划安排和生产准备等管理工作，比同样规模的进行多品种单件、小批生产的企业要单纯一些，所以它的职能机构就应当简化一些。

（3）产品的性质：产品的大小、精度和技术的复杂程度等，也影响着企业职能机构的设置。例如，生产的产品重量比较重、体型比较大的企业，如煤炭、钢铁、重型机械等企业，需要比较多的运输设备和比较复杂的运输组织，这就需要加强对运输工作和运输设备维修工作的组织领导，因而就有必要设立专管这方面业务的职能机构；制造精密机器和其他技术比较复杂的产品的企业，也需要建立相应的职能机构，如建立某些专门的试验室、化验室，等等。

（4）企业的其他生产特点和具体任务：如采矿企业，在生产进行中，需要及时而准确地了解地下资源的情况，所以，需要建立地质测量科；新产品试制任务比较大的企业，需要建立专管这种业务的机构；有扩建、改建任务的企业，应当考虑成立专管基本建设工作的机构，等等。

由此可见，工业企业的生产特点和具体条件，是建立职能机构的客观依据。每个工业企业在设置职能机构的时候，都要充分地考虑和研究本企业的具体情况，从本企业生产的客观需要出发，凡是生产上必需的机构，都不应当合并或者取消，以免把业务性质不同的职能机构勉强地凑在一起，造成科室业务包罗万象，顾此失彼，以致使许多需要做的工作无人去做。

二　要依据精简的原则，力求精干，并且做到合理分工与协作

工业企业的职能机构，是根据生产的客观需要建立的，如果缺少必要的职能机构和管理人员，就不能保证生产有条不紊地进行。但是，在设置职能机构的时候，在充分地考虑生产需要的同时，也要做到紧凑和精干。如果职能机构设得过多，管理人员比重过大，其结果不仅增大管理费用、加大成本，不利于提高企业的经济效果，而且会造成机构臃肿、人浮于事、办事拖拉、互相推诿等官僚主义现象，不能更好地为生产服务。

应当看到，工业企业的各项管理工作之间，是相互联系和相互制约着的。工业企业的各个职能部门之间，也客观地存在着相互促进、相互制约的关系。工业企业在设置职能机构的时候，一定要适应这种客观的需要，很好地发挥各个职能部门之间的相互促进、相互制约的作用。

由于各个工业企业的生产特点各不相同，按照上述原则设置的职能机构也不能完全一样，但一般说来，各企业厂部的职能机构，大致可以分为计划、生产、技术、劳动、供销、运输、财务会计、人事、总务等几个业务系统。根据企业的具体情况，每个系统中，设若干的科室（或者组），这些科室（组）分别由厂长和副厂长来领导。

通常由厂长直接领导的一般都是一些综合性的科室（组），比如：厂部办公室、计划科、检验科、财务会计科（通过总会计师领导），等等。

属于生产技术副厂长（总工程师）领导的，主要是一些生产和技术方面的科室（组），比如：生产调度科、安全技术科、设计科、工艺科、工具科、技术情报科、设备动力科，等等。

属于供销副厂长领导的科室（组），主要有供应科、销售科、运输队，等等。

属于人事福利副厂长领导的科室（组），主要是人事科、劳动工资科、技术教育科、总务科、卫生科，等等。

设置工业企业的职能机构，是一个细致而复杂的问题。不同的工业企业，各有不同的条件，在设置职能机构的时候，不能千篇一律。为了便于说明职能机构的设置和领导关系问题，后面我们选择具有代表性的工业企业，附了两个图（见图3－1和图3－2），仅供参考。

建立和调整工业企业的职能机构，是企业管理工作中的一件大事。应当以非常慎重的态度来对待这项工作。职能科室（组）的分、合与调整，会影响到企业内部各个方面的工作，比如：原有的工作联系要改变，有关的规章制度、责任制度和职责的划分等，也要相应改变；有关职能人员的工作专业会发生变化，等等。像这种牵涉面比较大的问题，在处理的时候，应当特别慎重，不要轻易改变。必须调整的时候，应当经过充分酝酿，先有比较成熟的调整方案，经过企业党委讨论和上级主管机关批准后，再进行调整。

前边曾经提到，职能机构的工作是很重要的，职能机构的工作做得好，对促进企业生产的发展有很大作用。那么，怎样才能把职能机构的工作搞好，充分发挥职能机构的作用呢？

主要应当从企业领导和职能机构本身两个方面来努力。

从工业企业领导方面说，首先是在设置厂部职能机构的时候，一定要遵循设置机构的原则，使各科室（组）分工明确、各得其所，以便充分发挥这些科室（组）的作用；其次是在工作上，厂长和副厂长要很好地重视和运用这些机构，对于各个专业方面的业务，应当放手让科室（组）

去办，充分运用科室（组）的业务活动，来处理日常事务和揭露生产和经营活动中的各种问题。

要使职能机构更好地发挥作用，还必须注意培养和提高科室（组）干部的水平。一方面，要帮助他们不断提高觉悟，改进工作作风，使他们政治方向明确、革命意志旺盛、工作扎扎实实、密切联系群众，只有这样，才能使每个人都在各自的工作岗位上很好地发挥作用。另一方面，还要帮助他们不断地提高政策水平和业务技术水平。应当经常根据生产发展情况，给科室（组）工作人员提出具体任务和要求，鼓励他们做调查研究，熟悉有关方面的情况和工作规律；当每一项工作结束或者告一段落的时候，要帮助他们及时进行总结，通过总结，全面地找出工作中的优缺点和经验教训，以便教育和提高干部的工作能力和业务水平。

科室（组）工作人员的相对稳定，对于积累经验、提高业务、搞好工作，有着密切的关系。只有将科室（组）人员在某一专业和某一岗位上相对地稳定下来，才能够使他们更好地积累经验、提高工作能力。所以，企业领导机关在安排工作和调配人员的时候，应当注意尽量保证科室（组）工作人员的相对稳定。

从职能机构本身来说，能否发挥作用，关键在于能否面向生产、面向实际、积极主动地进行工作。每一个职能科室（组）要想更好地发挥作用，都必须以生产为中心，围绕全厂生产的部署和规划，制订本科室（组）的工作计划，并且保证按计划做好一切生产准备工作和服务工作。科室（组）的工作人员，必须经常深入到生产第一线去，进行细致的调查研究，使自己的工作紧密地围绕生产来进行，真正做到为生产、为群众服务。

职能机构作为厂长的助手和参谋，要更好地发挥作用，还必须发扬勇于负责、积极主动的精神，正确执行厂长、副厂长的指示，积极主动地协助厂长发现问题和解决问题，向领导提供准确可靠的资料和情况。

职能机构虽然无权直接领导和指挥车间的生产活动，但是，它应当积极主动地在自己的业务范围内，组织、指导和监督车间以至整个企业的生产经济活动，及时帮助车间搞好生产，解决临时出现的一些具体问题。

　　加强各个科室（组）之间的联系与配合，对于发挥职能机构的作用，有重要的意义。现代化的工业企业，各个方面的工作都是紧密联系在一起的，做好企业的工作，必须靠各科室（组）的共同努力、密切配合。如果某一个环节配合不好，都可能影响到全面的计划。比如，设计方面不能按时出图，工艺工作就无法安排，材料准备工作就缺乏根据，作业计划就要落空，各方面的工作都会被打乱。因此，各职能科室（组）必须树立整体观念，在分工的基础上，加强彼此间的联系和协作，做到密切配合，互相支援，联合行动，拧成一股绳。

　　职能科室（组）在自己工作中，必须坚持群众路线，广泛地吸收工人群众参加管理工作，使专业管理和群众参加管理正确地结合起来。我们知道，企业中广大群众的生产活动，如果脱离了专业管理的指导，是难以正常地、有秩序地进行的。但是，专业管理如果不建立在广泛的群众性的基础上，没有广大群众的积极支持，也难以搞好工作。因此，各职能机构在工作中，必须千方百计地为群众的生产和管理活动提供便利条件，遇事多同工人群众商量，积极对生产小组的工人管理员进行业务指导，帮助他们不断提高业务水平。

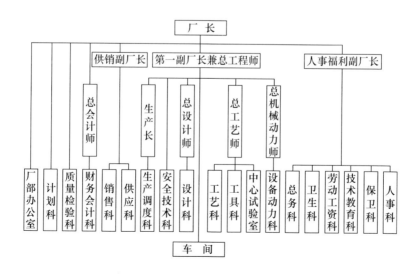

图 3-1　工业企业管理机构图之一

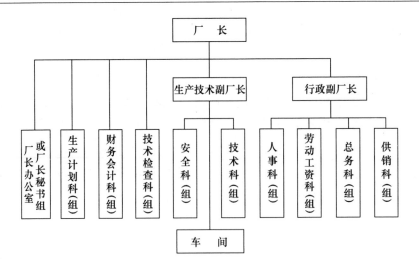

图 3－2　工业企业管理机构图之二

第 四 章
社会主义工业企业的车间管理

在前一章里，说过了厂级的主要管理工作，现在，来讨论车间一级的管理工作问题。分以下四节来说：

一、车间的地位和作用；

二、车间的管理权力和管理工作；

三、车间主任的职责和车间的管理机构；

四、车间党组织对生产行政工作的保证监督作用。

第一节 车间的地位和作用

车间是工业企业的有机组成部分，是工业企业内部组织生产的基本单位，也是工业企业内部的一级经济核算单位。

工业企业在生产上是一个统一的整体。每个工业企业都独立地出产一种、数种工业产品，或者出产某种产品的一种、几种零件或配件。这些产品的生产，都要经过许多彼此联系，而在工艺技术上又各不相同的生产阶段。比如，生产一种机器，就要经过制坯、加工、装配等生产阶段，才能生产出来。在完成这些生产阶段的同时，还必须进行许多辅助的生产活动来为它们服务，否则，这些生产阶段就不能顺利地完成，工业产品也就不能生产出来。从这里可以看出，工业企业的生产，是一种十分复杂的活动。为了便于对这种复杂的生产活动进行合理的组织和管理，必须在工业企业内部，按照产品生产各个阶段的专业性质，以及按照各种辅助生产活动的专业性质，进行合理的组织和分工，划分成若干个比较专业化的组织生产的单位。

车间就是适应这种需要，在工业企业内部，按照生产的专业性质设置的生产单位。它拥有一定的厂房或者场地，拥有完成一定的生产任务所必需的设备、工具、原料、材料，拥有一定的工人、技术人员和管理人员。每个车间，运用这些生产条件，或者完成着某一种工业产品，或者完成着某种工业产品的一个部分、几个部分，或者完成着某一方面的辅助生产任务。

车间的生产活动，是由成百甚至上千的工人相互配合着进行的。在车间里，按照生产的需要又进一步划分成若干个生产小组，把工人组织起来，进行生产。有一些大型车间，生产小组比较多，为了便于管理，往往还要根据生产专业化的原则，在小组之上设立若干个工段。这种工段，在车间管理机构的领导下，负责管理和组织几个生产小组的工作。

工段通常有两种形式：一种是比较小的工段，在这样的工段里，配备有工段长和少数的办事人员。另一种是比较大的工段，在这样的工段里，不仅有工段长而且有专职职能机构和人员。

车间在组织各工段、小组进行生产活动的时候，如果能够以尽量少的人力、物力消耗，完成尽量多的生产任务，那就会对保证全厂取得良好的经济效果作出贡献。因此，车间必须实行经济核算。不过车间的经济核算，同全厂的经济核算有所不同。车间是工业企业的一个局部，它没有独立的资金，没有自己的销售收入，不能独立计算盈亏，也不能作为社会分工中的一个独立的核算单位，来同其他企业、银行、财政机关以及上级管理部门发生经济往来。所有这一切，都必须由工业企业统一进行。车间的经济核算，主要是采取措施，保证完成生产任务，不断地降低生产成本，对本车间生产中的人力、物力的消耗进行考核，计算车间成本，用来同计划成本相比较，并且努力节约生产资金。

为了有效地组织车间的生产活动，在每个车间里都设有专职管理机构，配备有专业管理人员。它是企业内部的一级管理组织。工业企业的计划，厂部的指示、命令，企业的许多规章制度，以及各个职能部门经常的业务工作，都要在车间贯彻执行。

车间是直接从事生产的场所，是生产的第一线。车间工作状况如何，对于企业的生产，有着直接的决定作用。

第二节　车间的管理权力和管理工作

在第三章谈到厂级管理权力的时候，曾经说过，企业内部的主要管理权力必须集中在厂级。这是不是说，车间的管理机构，在进行管理工作的时候，就没有什么权力了呢？

当然不是。

大家知道，就一领导同分级管理是不可分割的。在任何工作中，该统一领导的都必须统一领导，否则，就会犯分散主义的错误，该分级管理的也一定要分级管理，否则，就会妨碍下级组织和群众积极性的发挥。毛泽东同志曾经说过：应该集中的不集中，在上者叫做失职，在下者叫做专擅，这是在任何上下级关系上特别是在军事关系上所不许可的。应该分散的不分散，在上者叫做包办，在下者叫做无主动性，这也是在任何上下级关系上特别是在游击战争的指挥关系上所不许可的[①]。这段话是毛泽东同志在《抗日游击战争的战略问题》一文中谈到的，讲的是军事工作上的集中同分散的关系，但是，这个原则，对于工业企业管理工作中的上下级关系，也是适用的。在工业企业里，把主要管理权力集中在厂级是必须的，同时，为了使车间能够更好地从本单位实际出发，灵活机动地进行工作，给予车间相应的权力也是必要的。

车间的管理工作，以及车间在进行这些管理工作的时候，必须具有的主要权力是什么呢？

---

① 毛泽东：《抗日游击战争的战略问题》，《毛泽东选集》第二卷，人民出版社1952年第2版，第427—428页。

在工业企业里，厂部的计划、指示、命令和规章制度，都要在车间里贯彻执行。为了有效地贯彻执行这些指示，车间的管理机构，有权按照厂部的计划、指示、命令和规章制度的要求，统一组织和指挥本车间的全面工作，向本车间的职工布置生产任务，制订保证实现厂部计划、指示和命令的具体措施，制订本车间内部的各项工作制度。具体来说，车间的主要的行政管理权力和行政管理工作，有以下几项：

一　根据厂部下达的计划，为本车间内各工段和小组安排生产和工作任务

工业企业出产的一切产品，大都是由各个车间共同完成的。只有各个车间相互衔接、密切配合，都能按期完成企业为自己规定的各项指标，才能保持各个生产环节之间的正确比例，均衡地、成套地出产产品。因此，车间的一切生产活动，都要严格地按照企业的统一计划进行。车间的年度、季度和月度的计划任务，都要由厂部根据全厂的任务来规定，自己无权决定。但是，车间有权根据厂部下达的计划任务，在车间内统筹安排，组织和发动群众具体落实各项指标，把任务安排到旬、日，并且正确地分配到各个生产小组，编出具体的作业计划。

原始记录和作业统计，是对生产活动状况的具体记载，是企业编制计划、组织生产和进行经济核算的依据，车间要按照厂部的统一要求，组织班组的原始记录工作。

二　按照计划做好生产准备工作，组织车间生产

实现一定的生产任务，需要有一系列的物质技术保证。即，要有一定的机器设备、原料、材料、辅助材料、技术文件、工艺装备，等等。没有这些保证，不做好生产前的准备工作，计划就无法落实。这些生产条件，都由企业为每个车间提供，车间则有权使用、保管和在生产小组之间进行调配。

固定资产特别是机器设备，是一种重要的生产条件，企业按照生产的需要，把一定的机器设备交给车间使用。车间应当组织职工精心保管和爱护这些设备，建立使用和维护的责任制度，按照计划进行检修，保证设备经常处于良好状态。一切原料、材料，都要由车间统一编制需要量计划，统一领用和在车间内进行调配。各种工艺装备、技术文件也都要由车间统一计划领用（或者组织制造），统一管理和统一调配。在进行上述这些生产准备工作的时候，车间有权按照厂部的有关规定，具体制订本车间内的管理制度和办法。

车间为各个生产小组所做的生产准备工作和所提供的生产条件，同为各个生产小组规定的任务应当是相互协调和相互适应的。否则，各个小组的生产计划就难以实现。为了经常保持这种必要的协调性和适应性，就要求车间的管理组织，在车间范围内进行统一调度，做好各个小组之间人力、物力和生产任务、作业进度的调剂工作，处理好各个小组之间的接头对缝、衔接配合问题。做好了车间内部的统一调度工作，才能有效地保证按品种、按质、按量地全面完成各项计划。

三 贯彻执行各项技术管理制度，严格执行工艺纪律，保证和提高产品的质量

车间要按照全厂统一的质量标准组织生产。质量标准由厂部或者上级行政主管机关制定，车间要坚决保证执行，不能降低要求。车间有权采取保证和提高产品质量的措施，组织全体职工为提高产品质量而努力。但是，产品的质量是否合格，要由厂长领导下的各级检验机构，按照质量标准判断，车间无权决定。

每个车间都按照产品统一的技术要求、全厂统一的技术管理制度办事，是保证产品的质量符合标准的一个关键。车间在生产中所依据的各项技术文件，比如产品设计、工艺规程、操作规程等，大都是由厂部统一制定的。车间应当组织全体职工认真贯彻执行。对这些技术文件，车间可以提出改进意见，但是没有自行修改的权力。严格按照统一的设计、工艺和质量标准进行生产，是一种纪律，车间要在生产中贯彻执行这种工艺纪律，教育职工群众认真遵守。

为了有效地保证产品的质量，车间要组织职工经常地交流操作技术经验，开展技术文化教育，不断地提高工人的技术水平。

四 合理地组织车间职工的劳动，贯彻执行劳动纪律，保证安全生产，不断提高劳动生产率

企业按照各个车间担负的生产任务，相应地为车间配备不同工种、不同等级的生产人员。车间要根据生产的需要划分小组，合理地组织本车间人员的劳动。车间有权任免生产小组长；根据生产的需要，在各组之间合理调配劳动力；对职工进行遵守劳动纪律的教育和安全技术的教育，保证安全生产；提出对职工进行奖励或者纪律处分的建议；尽可能地改善劳动条件，认真实行劳逸结合，提高出勤率。

车间要根据生产的实际需要，不断地改进劳动组织，以保证不断地提高劳动生产率。但是，凡涉及改变作业制度和工艺路线的劳动组织的重大调整，只能提出建议，无权自行决定。

五　组织车间经济核算，厉行节约，不断降低成本

车间要按照经济核算的原则组织生产，不断地提高管理工作水平，取得良好的经济效果。车间有权根据全厂统一核算的要求，进行本车间的经济核算工作，并为各个生产小组规定统一的经济核算的要求和指标。

车间要进行经济活动分析，组织全体职工对产量、质量、劳动生产率，工时和设备利用率、原料、材料、燃料和工具消耗等进行全面分析，提出增加生产、降低消耗的措施，组织全体职工实现这些措施。

总之，工业企业要按照统一领导、分级管理的原则，在上述各方面的管理工作中，明确地规定车间的职权。在厂级集中统一领导下，给车间一定的管理权力，使车间的管理机构能够灵活机动地进行工作，因地制宜地对车间的生产活动进行统一指挥，从而有效地保证全厂统一计划的实现。

工业企业给予车间一定的管理权力是必要的。然而车间是工业企业的一个局部，所以它的管理权力不能过大。如果车间的管理权力过大，每个车间都可以不按全厂统一的计划任务和进度去组织生产，都可以随意增加或者减少厂部规定的生产任务，甚至可以直接对外接受订货，等等，那就必然会破坏计划的统一性和严肃性，妨碍全厂集中统一的指挥，破坏生产的正常秩序，不利于企业生产经营活动的进行。

当然，厂部赋予车间的权力也不能过小。大家知道，工业企业是一个相当复杂的生产组织，厂部不可能直接去抓全厂每个环节、每个方面的工作。如果要把各种大小管理权力都由厂部集中起来，由厂部包揽一切，那也会妨碍车间工作积极性和主动性的发挥，对工作效率、工作质量的提

高，也是不利的。

车间管理权力的大小，不是绝对的，必须从不同企业、不同的具体条件出发，做出合理安排。每个工业企业的厂部、车间和小组的具体分工，都应当在党委领导下，由厂部统一规划、合理安排，形成制度。

第三节　车间主任的职责和车间的管理机构

车间主任是车间生产行政工作的全面负责人，在厂长和副厂长的领导下，全面组织和指挥车间的生产技术经济工作，对车间的生产成果向厂长负总责。

在上一节里列举的车间管理的主要权力和主要工作，都是由车间主任负责组织和行使的。车间主任能否正确地组织车间的各项管理工作，能否正确地行使自己的职权，对于车间任务的完成，有很大的影响。那么，车间主任怎样才能更好地行使自己的职权，把自己的工作做好呢？

同工业企业内其他各级生产行政负责人一样，车间主任要做好工作，必须紧紧地依靠党的领导，坚决贯彻执行党的方针政策，密切联系和依靠群众，关心职工的思想、工作和生活，按期参加劳动，经常深入地进行调查研究，等等。具体地说，车间主任要正确行使管理职权，应当注意以下一些问题：

一　要树立全局观点，处理好局部同整体的关系

车间是企业的一个局部，要搞好全厂的生产，各个车间必须相互配合、密切协作，单靠任何一个车间是不行的。因此，车间主任要清楚地了解本车间在全厂生产中所处的地位，根据工作需要，发扬先人后己的精神，加强同其他车间的团结协作，共同搞好生产。并且，要用这种精神教育和影响全车间的职工群众。

车间主任在日常工作中，要用全局观点来对待厂部的指示和厂级职能机构布置的工作。只有从全局而不是从局部来考虑问题，才能正确地理解和更好地贯彻执行厂部的指示和命令。毛泽东同志曾经说过："共产党员必须懂得以局部需要服从全局需要这一个道理。如果某项意见在局部的情

形看来是可行的，而在全局的情形看来是不可行的，就应以局部服从全局。反之也是一样，在局部的情形看来是不可行的，而在全局的情形看来是可行的，也应以局部服从全局。这就是照顾全局的观点。"① 车间主任在进行工作的时候，应当像毛泽东同志所指示的那样，树立起照顾全局的观点，考虑任何问题，都要从全局的利益、全局的经济效果出发，而不是从局部的利益、局部的经济效果出发。这样才能正确地行使职权，搞好车间工作，促进全厂统一计划的全面完成。

二　坚决依靠车间党组织

车间主任要经常向车间党组织汇报工作，经常和党总支书记、党支部书记一起研究问题、交换意见，把自己的工作完全置于党组织的监督之下。车间主任要主动地把重要的行政管理工作问题提交支部委员会研究和讨论。这些重要问题是：（1）月度生产作业计划和实现计划的主要措施。（2）季度、月度车间工作计划和总结。（3）生产组织和劳动组织重大调整的方案。（4）小组长任免和干部的提拔。（5）职工升级评奖方案。（6）年度和季度先进生产者和先进集体名单的确定。（7）劳动竞赛、技术革新和合理化建议组织工作中的重要问题。（8）安全生产、生活福利等方面的重要问题。（9）其他重要问题。

通过车间党组织的讨论，发挥集体智慧，取得支部对生产行政工作的监督和支持，共同把车间的生产和其他各项工作搞好。

三　做好群众工作，取得工会、共产主义青年团组织的配合与支持

车间的一切生产任务，都要落实到车间的每一个人，由全体职工来实现。因此，车间主任必须相信群众、关心群众、全心全意地依靠群众。在日常工作中，要善于做好群众工作，总结和推广先进经验，组织群众革新技术，提合理化建议，开展劳动竞赛。要善于走群众路线，采用"三结合"的方法，解决生产技术经济工作中的关键问题。要为工人参加管理工作创造条件，组织工人参加力所能及的管理工作。

---

① 毛泽东：《中国共产党在民族战争中的地位》，《毛泽东选集》第二卷，人民出版社 1952 年第 2 版，第513—514 页。

为了把群众更好地发动起来，车间主任应当定期向车间全体职工大会或者职工代表大会报告工作，向职工群众说明车间生产技术经济工作进行的情况和存在的问题。要坚持车间生产技术经济活动分析的工作，并且把分析的资料和情况向职工群众报告，发动群众找窍门、挖潜力，有效地改进车间的工作。

车间工会和共产主义青年团组织，对于团结和组织职工群众搞好生产工作有重要的作用。车间主任要善于依靠这些组织，取得它们对生产行政工作的支持。

四　合理地安排和组织车间副主任与职能组、工段长和小组长的工作，充分发挥他们的作用

车间副主任分担着车间一部分组织和管理工作，要充分发挥他们的作用，才能把车间工作搞好。车间的各个副主任之间，要有明确的分工，建立明确的责任制度。车间主任应当做到使每个副主任在各自的职责范围内负起责来，独当一面，以利于车间全面工作的顺利进行。

车间的许多业务工作，是通过职能组来进行的。车间主任要注意发挥职能组的作用，发挥技术人员和管理人员的作用。应当帮助和督促技术人员和管理人员努力学习政治、技术和业务，使他们热爱和胜任自己的工作。应当关心和信任他们，遇事多同他们商量，虚心采纳他们的正确意见，提高他们的积极性。

最直接、最具体地在第一线指挥生产的是工段长和小组长，车间主任要认真地帮助和依靠他们。应当明确、具体地规定每一个工段长、小组长的职责范围。车间主任在布置工作和处理问题的时候，要按组织系统办事，需要通过工段长、小组长办的事情，都要通过他们去做，不要乱抓，不要包办代替。这样，既可以使车间主任摆脱事务工作，综观全局，掌握关键，又可以帮助工段长、小组长在群众中建立威信，使他们得到锻炼，发挥主动性和积极性。

要发挥工段长、小组长的作用，还必须对他们进行教育和帮助，注意培养他们独立工作的能力和群众路线的工作方法。工段长和小组长，是组织车间生产活动的基本骨干，他们的水平高低，对于车间能否顺利地完成

任务，关系很大。他们有了正确的工作方法，才能把工段和小组的工作搞好，从而为搞好车间工作打好基础。

五　努力钻研生产技术业务，提高工作的预见性

车间的生产活动是有计划进行的，一切生产任务以及实现生产任务所需要的各种物质技术条件，都要在计划中安排妥当。但是，只有正确的计划还不够，必须在执行计划的过程中，加强管理工作，才能克服困难，保证计划顺利地实现。比如，车间进行生产，从外部来说，需要厂部保证按质、按量、按期供应技术文件、工艺装备和原料、材料，需要有关车间按期、按品种供给半成品和协作件；在车间内部，也需要各个工段和小组都能够按照计划进度完成任务，生产工人能够正常出勤，机械设备能够正常运转，等等。这些条件，虽然在制订计划的时候都曾经考虑过，然而在实际生产活动中，各种条件，常常会发生变化，如果不及时解决就会妨碍生产的正常进行。这就需要车间主任有预见性，善于预先发觉可能妨碍正常生产的因素，及时采取有效的预防措施，保证生产正常进行。

要做到这一点，车间主任必须努力了解本车间的特点，掌握本车间全面情况和生产关键。同时，还要熟悉全厂的情况，切实了解全厂原料、材料、工具供应中可能出现的有利或者不利因素，切实了解兄弟车间按期供应协作件的可能性。掌握各种情况，才能预先采取有效措施，妥善安排生产，争取工作的主动。

六　车间主任要做好领导工作，还要善于安排自己的日常工作，合理分配工作时间

车间的生产活动和生产准备工作，通常是按照一个个阶段反复进行的，车间主任要善于从本车间实际出发，建立合理的工作制度，把每月、每周、每日反复出现的工作安排妥善。例如，大多数车间月初都需要总结上月的工作和具体落实本月计划，车间主任在上旬的头几天，就需要抓好上月的生产实际完成情况的分析、竞赛评比，以及进一步地落实完成本月计划的措施，等等，在这几天，要安排一些会议。全月工作布置完以后，特别是在中旬，车间主任就可以深入下去检查计划执行和措施实现的情况，抓安全、卫生、设备维修，等等，有计划、有目的地研究和解决几个

关键问题，并且主动去兄弟车间了解相互协作中的问题，以便及早地察觉新的有利于或者不利于生产的因素，及时处理。每月下旬，应当抓好下月的生产技术准备工作，通过会议和具体计算，安排下月的计划指标和竞赛中心。月末要把下月任务的安排和主要措施向群众报告。

车间主任每周和每日需要做的工作，也需要做出具体安排。每周集体办公和例会时间应当制度化，每周都会反复出现的工作，要排好日程。每天工作时间的分配，也要事先有个规划。比如，车间主任每天都要有重点地到生产小组去了解情况，并且有计划地参加一些班前、班后会，掌握生产进度和发现存在的问题；同有关人员一起，处理和解决存在的问题；听取夜班值班主任汇报工作；全面掌握车间生产进度和检查生产准备情况，详细地向下一班的值班主任交代工作、布置任务，等等。这些，都是每天要进行的工作，什么时间做哪一项工作，应当妥善地加以安排。

当然，有很多临时性甚至偶然性的工作，不可能全部安排到计划中去。但是，车间主任若能把每月、每周、每日经常性的工作安排妥当，就能够使工作有条不紊地进行，即使遇到较多的临时工作，也便于取得工作的主动。

车间主任在行使管理职权和进行管理工作的时候，经常注意上述几个方面的问题，对于搞好车间工作是有帮助的。当然，车间管理工作是很繁重的，是相当复杂的，做好车间工作，光靠车间主任一个人是不行的。因此，在车间里必须有一套专职的管理机构。

车间的管理机构是由车间主任、副主任以及车间职能组（或者职能员）构成的。

车间副主任是车间主任的主要助手，在主任的领导下，分担一部分车间的管理工作。副主任的数目要按照车间的生产特点和管理工作的复杂程度等具体条件来决定。在大型车间，主任掌握全面工作，车间的生产技术、人事等工作，分别设副主任分担。在一般的车间，特别是中、小型车间，主任掌管全面工作并亲自抓生产，其余工作由一名副主任担任。

车间日常业务工作由车间的职能组（或者职能员）来执行，它们是车间主任领导下的办事机构（或者办事人员）。各个车间的职能机构，不能按照统一的格式来设置，应当从车间的具体条件出发，力求精干。比较大的车间，可以设立若干个职能组，分担计划调度、材料供应、工艺、机修、劳动工资、经济核算等业务工作，每个职能组，根据工作量的大小，配备若干名专职管理人员。小型的车间，则可以不设职能组，只配备若干专职管理人员，分担上述工作。

车间职能组（或者职能员）的主要职责，是协助车间主任进行车间生产的管理和组织工作，通过自己的业务活动来协助车间主任掌握情况、准备资料和计划方案，贯彻执行厂部的指示和车间主任布置的工作。在业务上，要接受厂部有关部门的指导，并负责指导各生产小组的工人管理员的工作。

第四节　车间党组织对生产行政工作的保证监督作用

车间设有党的总支部或者支部。在工业企业党委的领导下，车间总支委员会或者支部委员会，要在车间里做好思想政治工作和党的建设工作，提高职工的阶级觉悟，动员职工努力生产劳动，团结全体工人、技术人员和职员，贯彻执行企业党委员会和上级党委的决议、指示，保证和监督车间的行政组织贯彻执行厂部的指示、命令，保证和监督车间生产行政工作的完成。

这里，不讨论车间党组织全面的工作，只是着重地谈谈车间党组织如何对车间的生产行政工作进行保证和监督的问题。这种保证和监督的内容，主要是：（1）保证和监督车间全面完成计划。（2）保证和监督车间行政正确地贯彻执行党的方针政策、企业党委的决议以及厂部的指示和命令。（3）保证和监督车间全体职工贯彻执行各项规章制度。（4）在车间管理工作中，认真贯彻执行党的群众路线。（5）保证和监督车间行政正确地培养、选拔干部。（6）坚决地同一切违法乱纪、本位主义、贪污浪费、官僚主义和无人负责等现象作斗争。

全面完成企业下达的各项计划，是车间的主要任务。车间党组织要保证和监督车间行政，用正确的态度和正确的方法来对待车间的各项工作，保证各项计划任务的全面完成。为此，就必须在前述六个方面对车间行政进行全面的保证和监督。只有保证和监督车间行政在工作中正确地贯彻执行党的方针、政策，贯彻执行党委的决议和厂部的指示、命令，认真走群众路线，才能有效地保证计划的完成；同样，只有保证和监督车间行政正确地培养和选拔干部，并且坚决同一切不良倾向作斗争，才能保证车间工作健康地进行，顺利地完成计划任务。如果不在执行计划的过程中，对车间行政进行全面的保证和监督，只看车间执行计划的结果，而不问这种结果是怎样取得的，那就不可能保证车间生产行政工作健康地进行，不可能保证车间任务的全面完成，也不可能保证工作成果的巩固。

车间党组织怎样才能有效地对车间生产行政工作进行保证和监督呢？

一　定期讨论车间的生产行政工作，做出车间党组织保证车间完成生产行政任务的决议

前一节曾经说过，车间主任应当主动把生产行政工作中的重要问题提交总支部或支部委员会讨论。车间党组织，应当充分发挥集体的智慧，对这些问题进行认真负责的讨论。要建立经常的研究和讨论生产行政工作的会议制度，定期分析和研究车间生产行政工作的状况，发现车间生产行政工作中存在的问题，提出解决的办法，做出相应的决议。

二　教育每个党员以自己的模范行动，团结、带动群众，保证完成生产任务

共产党员是实现一切工作任务的骨干。在车间工作中，通过广大党员群众的模范行动，把职工群众团结和带动起来，齐心协力地进行劳动，是实现车间生产任务的保证。党支部委员会关于保证完成生产行政任务的决议，也是要靠党员带领群众去贯彻执行的。因此，车间党组织要教育全体党员，在各项工作中自觉地起模范作用，经常注意向群众宣传党的政策，关心群众，成为群众的知心人，带领群众，共同保证车间生产任务的完成。

为了使党员能够更好地带领群众前进，车间党组织要定期召开专门讨论生产行政工作的党员大会，对当前生产任务、进度以及存在的问题和改进的措施，进行认真的讨论。通过这种讨论，可以更广泛地吸收广大党员的意见，统一大家的认识，使每个党员都明确当前需要做什么和应当怎样去做，从而更好地在群众中起到骨干作用。

三 做好思想政治工作，组织职工学习，不断地提高职工的政治觉悟

车间党组织应当加强对全体职工的思想政治工作，很好地组织职工进行政治、技术和业务的学习，提高职工群众的阶级觉悟和主人翁责任感，提高职工群众的技术水平和业务能力，以便他们更好地完成车间的生产任务。

四 组织党员和群众对车间生产行政工作进行监督，对生产行政工作和行政领导干部提出建议和批评

对车间生产行政工作的保证监督，单靠支部书记或者支部委员等少数人是做不好的。一定要组织全体党员、全体职工群众来进行监督。广大党员和职工群众，分布在各个生产岗位上，不仅生产是他们进行的，车间工作中存在的问题也只有通过他们才能全面地反映出来，生产的潜力也只有通过他们才能充分地挖掘出来。所以，只有把全体职工的积极性都调动起来，使每一个人都关心车间任务的完成，养成自觉的对生产行政工作和对车间行政领导干部提出建议和批评的习惯，才能更有效地保证生产行政工作任务的完成。

五 维护生产责任制度，支持车间主任行使职权，教育全车间职工群众，服从各级行政领导人员的指挥，遵守劳动纪律和规章制度

生产责任制度和各项规章制度，是保证车间行政管理工作有秩序地进行所不可缺少的。每个人都有明确的责任，各项工作都有章可循，才能有高度的工作效率。因此，车间党组织要维护生产责任制度和各项规章制度，支持车间主任行使职权，教育党员和职工群众服从各级行政领导人员的指挥，遵守劳动纪律，使各项规章制度得到贯彻执行。

为了领导好车间工作，有效地保证和监督生产行政工作的完成，车间党支部书记，应当认真参加生产劳动，力争成为生产能手，以便深入到生产中去，密切同群众的联系，做好调查研究工作。

第 五 章
社会主义工业企业的小组管理

在说过车间管理的问题以后，需要谈一谈工业企业内从事生产活动的基层组织——小组的管理问题。在这一章里，将讨论小组管理的几个主要问题。分以下四节来说：

一、生产小组的地位和作用；

二、小组的管理权力和管理工作；

三、小组长的职责；

四、小组的管理形式。

第一节　生产小组的地位和作用

生产小组，是工业企业内从事生产活动的基层组织，是车间的一个组成部分。在工业企业内部的管理组织中，生产小组是基层的管理组织，也是工业企业实行经济核算的基层核算单位。

前两章已经说过，工业企业的生产任务，是由厂级管理机构组织各个车间来完成的。而各个车间又是由许多生产小组组成的，车间管理机构要把厂级下达的生产任务，分配给各个生产小组，直接由各个生产小组来完成。

生产小组由直接从事生产的工人组成。它拥有一定数量的机器设备、工具、原料、材料等生产资料。生产小组运用这些生产资料，直接从事一个产品的某一个或者某几个零件、某一道或者某几道工序的生产。

生产小组是按照一定方式组成的。一般来说，生产小组的组成方式，有如下几种：

（1）为了共同完成某些个人所不能进行的工作，而由在同一工作地上的若干工人组成的小组，例如，铸工车间的化铁炉小组、高炉车间的炉前小组、采矿企业的掘进小组和回采小组等。

（2）为了共同生产某种零件，而由在不同工作地上从事不同加工工作的工人组成的小组，例如，机械加工车间的活塞小组、轴套小组等。

（3）为了便于管理，而由在不同工作地上从事相同加工工作的工人组成的小组，例如，纺织厂的细纱机组、粗纱机组，机械制造厂的车工小组、铣工小组，等等。

在谈到生产小组的组成方式的时候，需要说一说生产小组规模大小的问题，因为生产小组规模的大小，同小组的组成方式，有着直接的、密切的关系。生产小组的规模，主要指小组人数的多少。生产小组规模的大小，主要决定于生产过程的特点。在划分生产小组的时候，不应当把担负着技术上不可分割的同一生产任务的集体，划分为两个生产小组，也不应当把两个在技术上互不相干的工作地，硬凑成一个生产小组。同时，生产小组人数的多少，还要考虑到小组管理的方便，因为小组管理，是由不脱产的工人直接进行的，如果生产小组规模过大，小组长便难于做到正确地指挥生产，还会影响小组长的生产劳动和休息。另外，生产小组的规模，也要考虑到车间管理的方便，如果生产小组的人数过少，车间领导的小组过多，也会影响车间的工作。但是，小组规模的大小，应当主要考虑前两个因素，因为车间的小组过多，还可以考虑设立工段。

生产小组作为工业企业生产的基层组织，对于整个企业生产活动的进行，起着很大的作用。生产小组所担负的生产任务，对于整个生产过程来说，是细小的，但它却是整个生产过程中不可缺少的环节。如果某一个生产小组不能全面完成生产任务，便直接影响着担任下道工序生产任务的小组的工作，以至引起连锁反应，破坏整个生产过程的连续性和比例性。为了使工业企业更好地全面完成生产任务，就必须加强生产小组的管理工作。

为什么把生产小组规定为工业企业内部的一级管理组织呢？这是由工业企业管理工作的客观需要所决定的。

首先，如前所述，生产小组是工业企业中基层的生产单位。在生产小组里，工人按照一定的工艺规程、按照机器设备的操作要求，进行分工和协作，共同进行着集体的劳动。生产小组作为使用机器进行共同劳动的集体，当然是需要一定的管理的。例如，生产小组需要保管、维护、使用车间分配的机器设备；把车间下达的计划任务和拨给的原料、材料分配给各个工人；根据生产过程中出现的问题，调整劳动组织，平衡各个工人的生产任务；组织各个工序之间的衔接，等等。

其次，生产小组是工业企业一切工作的落脚点。大家知道，厂部的一切计划、指示，车间的一切工作安排，都需要在生产小组中贯彻执行。工业企业的各项技术标准、工艺操作规程和规章制度，也都要在工人的生产活动中贯彻执行。作为工业企业经营管理工作重要依据的原始记录，大部分也必须从直接进行生产活动的小组里产生。生产小组对于上述各项工作执行得怎样，他们的管理工作做得怎样，都要直接表现在工人的生产成果上。为了使厂部和车间规定的各项生产任务和规章制度，真正能够贯彻到生产工人中去，真正能够得到实施，必须加强小组管理工作。

最后，把小组作为一级管理组织，还便于发挥工人群众的积极性和主动性，吸引他们更有效地参加小组管理工作和工业企业的日常管理工作。由于生产小组是企业中基层的生产单位，是工人进行生产活动的场所，所以把生产小组作为管理的一级，就使管理工作更加接近实际、接近群众，更便于发挥群众的积极性和主动性。生产工人，是直接的生产者，他们最了解生产和管理工作的实际情况，把他们的积极性充分调动起来，对于改进小组和企业的工作，具有很大的意义。

生产小组不但是工业企业内的基层管理组织，而且还是工业企业内一级经济核算单位。

为什么生产小组是工业企业内的一级经济核算单位呢？

首先，工业企业要进行生产，就必须消耗一定的原料、材料、燃料、工具和劳动力，等等。而所有这些消耗，都是由小组里直接从事生产的工人进行的。生产工人对于各种消耗是否严格进行经济核算，对于企业能否做到以最少的劳动消耗取得最大的经济效果，具有最直接的作用。因此，小组经济核算是车间和企业经济核算的重要的有机组成部分。如果没有小组的经济核算，车间和企业的经济核算就缺乏基础。

其次，要发挥工人群众的生产积极性，必须向工人指出明确的奋斗目标。怎样才能使工人明确地了解自己的奋斗目标呢？这就需要借助于小组经济核算。通过小组经济核算的指标，同实际执行的结果进行对比，就能够发现生产上的薄弱环节，出现薄弱环节的原因和克服薄弱环节的方法。这样，才可以把工人群众的生产积极性更好地调动起来。

最后，生产小组进行经济核算，是小组管理的一个重要内容，也是工人参加小组管理的一个重要内容。通过小组经济核算，可以具体地了解各项指标的执行情况，及时发现问题，及时解决问题，更有效地保证各项指标的完成和超额完成。

我们的许多工业企业，对于小组管理工作，非常重视，并且在实践中创造了不少宝贵的经验。远在国民经济恢复时期，许多工业企业就发动生产小组讨论国家计划，订立小组增产节约计划，那时候工人就参加了小组的管理；在第一个五年计划时期，一些先进的工厂，又进一步开展了班组经济核算；在 1958 年，国营庆华工具厂和建华机械厂，首先创造了工人直接参加小组日常生产管理的全面经验。这一经验在全国范围内的推广，进一步地提高了生产小组管理水平。

第二节　小组的管理权力和管理工作

生产小组是工业企业的基层生产单位和工业企业管理的基层组织。就各个生产小组之间的关系来说，每个生产小组的生产活动，都具有一定的独立性。就小组管理同车间管理的关系来说，它是在车间领导下的管理组织。因此，生产小组管理的主要职责，是直接组织本小组的每个工人的生产活动，保证按质、按量、按期地全面完成车间下达的计划任务，并且在生产过程中力求节约。生产小组要很好地履行这些职责，应当具有哪些管理权力，应当做好哪些工作呢？

一　根据车间下达的计划指标，按人、按机、按日、按时具体安排作业进度，调整劳动组织，组织计划的实现

以机器制造厂为例，车间通常以两种形式为小组下达计划指标。一种是下达给小组，再由小组根据车间的计划和每个工人的特长，把具体的日历进度，落实到每个工人；另一种是直接下达给工人。在计划落实到人以后，生产小组管理的主要任务，是检查每个工人执行计划的情况，了解他们的困难和要求，发现组内生产的薄弱环节，及时调整每个工人的任务，自己不能解决的问题，要及时向车间反映，以取得上级的帮助，及时解决生产中的问题。

在冶金和采煤企业中，往往是一组工人担负着同一种生产任务，共同使用一个设备或者一台机器，车间的生产计划，也是直接下达给小组，由小组全体成员共同保证完成。在这种情况下，生产小组要根据生产条件的变化和不同的操作方法，改善劳动组织，抓住完成计划的关键，提出完成指标的办法。在这类工业企业中，担任不同生产任务的小组之间的联系，是非常紧密的。因此，在生产过程中，如果发现供应的原料、材料和提供的生产条件不符合生产要求的时候，小组长要立即向上级反映，及时解决，以免由于一个小组发生问题，影响其他小组的生产。

二　开展班组经济核算，讲求小组生产的经济效果

小组是工业企业内一级经济核算单位。每一个生产小组，都要认真地进行经济核算。小组经济核算的内容，一般应当包括：产量、品种，工人的出勤率，劳动生产率，各种原料、材料的消耗，设备、工具的利用程度，等等。这些核算指标，主要是实物指标，必要时，也有以货币表示的价值指标。但是，这些指标，都必须是能够明确表示整个小组或者工人个人生产活动成果的经济核算指标。不能够落实到生产小组或者工人个人的指标，例如电力、动力的消耗指标，等等，应当教育工人努力节约，但不能把它作为小组经济核算的指标。

生产小组在经济核算方面的权力，主要是负责保管和使用车间分配给他们的机器设备、工具，并且在技术许可的范围内，按照规定充分发挥它们的效能；负责保管车间按照生产计划分配给他们的原料、材料，在保证产品质量的前提下，尽可能节约地使用这些原料和材料；并且负责在小组内部调配车间分配给的工人。

小组开展经济核算，要根据核算的资料，进行经济活动分析，发现小组管理的薄弱环节，改进小组的管理工作。

为了搞好小组经济核算，必须把生产小组的经济核算同社会主义劳动竞赛密切地结合起来，并且，需要建立相应的奖励制度。小组和个人在确实做到增产节约的情况下，按照规定，可以领取奖金。

三　严格贯彻执行各项规章制度，维护劳动纪律

工业企业有关生产活动方面的规章制度，除了一部分直接由科室、车间执行以外，有相当大的部分，都要直接通过生产小组的工人在生产活动中贯彻执行。工人贯彻执行规章制度的情况，对于生产活动的成果有很大影响。因此，在小组里，要教育、监督每个生产工人严格遵守各项规章制度，维护劳动纪律。一般来说，生产小组要特别注意以下几种规章制度的贯彻执行。

（1）工艺规程和操作规程。这是在生产技术方面最重要的规章制度，是具体指导工人生产操作的技术文件。工人很好地贯彻执行这方面的规章制度，就可以保证机器设备的合理使用，保证产品质量的不断提高。这些，对于小组生产活动的经济效果，有着直接的影响。

（2）安全技术规程和劳动保护制度。这也是一项十分重要的制度。在生产中，认真地遵守这些规程和制度，就能够保证工人的人身安全、卫生和健康，保证设备的良好，做到安全生产。在社会主义工业企业中，工人是国家和企业的主人，在生产中，保证人身安全、卫生和健康是一项重要工作。同一切不安全现象进行斗争，是每个企业，每个车间、每个小组的一项经常性任务。

（3）考勤制度和劳动纪律。小组除了负责统计每个工人的出勤情况以外，更重要的，是要设法提高工人的出勤率。工人缺勤是有各种各样原

因的，小组长和考勤员要善于了解工人缺勤的原因，帮助工人解决思想问题和实际困难，以保证较高的出勤率。

四　检查工人岗位责任制的执行，充分发挥每个工人的生产积极性

工人岗位责任制，是把工业企业生产的计划指标、各项具体的规章制度，按工序、按机床、按操作岗位，落实到每个工人的一种责任制度。有了岗位责任制度，就能够使每个工人明确自己应负的责任和应做的事情，明确评价工作成果的标准，以便发挥每个工人的生产积极性和主动性。

生产小组作为一个生产活动的整体，工人岗位责任制，就是这个劳动集体分工的职责。只有每个工人做好了本岗位的事情，尽到了自己的责任，才能够使小组这个劳动集体的动作协调一致，才能保证全组生产计划的完成。

工人岗位责任制，是通过每个工人在自己的生产活动中来执行的。小组作为工人直接生产活动的集体，必须检查每个工人岗位责任制执行的情况。

对于工人岗位责任制执行情况的检查，往往是同小组经济核算的工作结合进行的，因为工人是否负起责任，最终表现在他的劳动成果上。

五　做好原始记录，为工业企业管理提供最准确、最直接的资料和数据

原始记录工作是这样来进行的：一方面，由工人自己记载他们生产活动的数据，例如，产品产量完成的情况、设备运转的情况，等等；另一方面，由小组统计员负责记录和统计全组共同的数据，例如，全组生产任务完成的情况、材料消耗的情况，工人出勤的情况，等等。

要使原始记录真正起作用，生产小组必须保证原始记录的正确和全面。因为根据错误的和片面的原始记录，便会对小组的劳动成果做出错误的评价，同时，也会影响整个企业管理工作的准确性。

由此可见，生产小组管理工作的内容是很具体、很重要的。小组管理所能决定的问题，应当是本组管理工作中的具体的问题。如果把小组管理权限规定得过大，使小组有权修改规章制度，甚至有权和其他生产单位直接发生经济关系，那就会妨碍工业企业和车间的统一领导、统一计划，妨碍工业企业和车间的经济核算。当然，如果不给小组规定必要的管理权力，也就不可能很好地发挥小组作为工业企业内部管理基层组织的积极作用。

第三节　小组长的职责

小组长是小组的生产行政管理工作的负责人。他既是直接参加生产的工人，又是小组生产的组织者和指挥者。

作为直接参加生产的劳动者，小组长的责任主要是带头搞好生产，用实干、巧干的办法，来出色地完成自己的生产任务，帮助和带动全组成员共同把生产搞好。

作为小组生产行政管理工作的组织者和指挥者，小组长的职责主要是：

一　负责组织和指挥小组的生产工作

在上一节里已经说过，小组管理包括生产计划、经济核算等各个方面。这些管理活动的最终目的，是全面完成和超额完成车间下达的产品产量进度和其他各项指标。保证完成车间规定的计划任务，这是小组长最基本的职责。小组长要履行他的职责，就需要统一指挥小组的生产活动，进行管理工作。

二　组织和指挥小组工人职能管理员的工作

小组管理中的许多具体工作，如计划、技术、质量检查、材料、核算、统计、考勤、安全等，都是由工人职能管理员分工负责的。小组长为了使自己能够做好小组的管理工作，就需要充分发挥每个工人职能管理员的积极性，要加强对他们的帮助，检查他们的工作，了解他们工作中的困难，帮助他们解决。

三　在技术上，指导每个工人的生产操作

小组长一般都是由技术熟练程度较高的老工人担任的。由于他的技术水平较高，所以又担负着在技术上要求比较高的生产任务。同时，为了搞好小组的生产，他还有责任在技术上指导每个工人的操作。

小组长有责任组织全组工人，通过操作方法的比较和产品质量的分析等办法，来提高大家的技术水平；有责任组织大家提合理化建议，改进技术；也有责任在本组推广先进小组的生产技术经验。

正确地选拔小组长，是搞好小组管理的重要条件。小组长一般是通过工人选举和车间主任任命相结合的办法产生的。只有用这种方法，才能够把那些群众公认的，既有组织能力，又有丰富的生产经验和技艺知识的，群众观点强的优秀工人，选拔到生产小组的领导岗位上来；才能够加强小组长对群众负责并对上级负责的责任感，使他更好地履行自己的职责。在有些新建的工业企业中，也可以由行政任命小组长。

小组长要做好小组的管理工作，就必须在不断地提高自己的阶级觉悟和思想水平的同时，注意以下几个问题：

第一，要切实掌握小组的全面情况，正确地指挥生产。生产小组的规模，虽然比较小，它的生产管理工作，虽然比厂级和车间简单一些，但是，在小组的生产活动中，也有许多复杂的具体问题，需要小组长独立地、及时地处理。例如，在机器制造厂中，机器发生故障、人力部署发生新的问题、上道工序所供应的半成品的质量和数量不符合规定，等等，都需要小组长当机立断地提出解决办法。在矿井中，最常见的是煤层地质情况变化，需要小组长根据新的情况，采取新的生产措施；煤车供应不上，运输巷道、线路阻塞，需要小组长及时和井上联系，调度处理。在冶金企业中，转炉炼钢组长，要根据原料成分变化，及时决定配料比例、吹炼角度和时间，保证钢的质量合乎标准。这些问题，只有及时地、正确地解决，才能保证生产的正常进行。要做到这一点，小组长就必须熟悉本组内每个人、每台设备的状况和特点，熟悉本组的工作环境和工作地点，以及熟悉同本组有联系的各个有关方面的情况。只有把这些情况充分地全面地掌握起来，才能在遇到具体问题的时候，迅速、果断地做出安排，正确地指挥生产。

第二，要认真钻研生产技术和管理业务。小组长处在生产的最前线，具体地组织和管理工人的生产活动。这就要求小组长有较高的技术水平，有丰富的生产经验，有一定的管理业务知识。否则，就很难指导本组工人的生产操作和指导本组工人管理员的业务工作，就不能有效地提高小组的生产和管理水平。因此，小组长必须努力钻研技术、业务，不断总结生产经验；虚心地向技术人员学习，向本组工人特别是老工人学习；主动地取得车间主任、工段长、职能科室人员的帮助和指导，等等。总之，要千方百计地加速自己的成长，尽快地成为优秀的、熟练的小组领导者，出色地完成各项任务。

第三，要带头生产劳动，通过自己的模范行动，团结和影响群众，搞好生产。一般来说，小组长都是小组的生产骨干，担负着本组技术最复杂、最困难的工作。这些工作，往往都是完成本组生产任务最关键性的工作。只有小组长首先出色地完成了自己的生产任务，为全组成员树立了榜样，才有更高的威信来检查其他成员的工作，带动全组搞好生产。

小组长认真地带头生产劳动，是搞好小组管理工作的重要前提。因为只有小组长认真地进行生产劳动，才能对生产中出现的各种问题做到深知深解。如果小组长只是指手画脚地在那里指挥，做"甩手组长"，而不好好地劳动，那就不仅不能完成自己作为生产工人的职责，而且还会脱离群众，脱离实际，因而也就不能很好地履行组织生产、指挥生产的职责。

第四，要善于运用群众路线的工作方法，依靠群众的力量，共同把小组生产搞好。有人认为，小组长本身就是工人，是不脱离生产的干部，他们生活在群众之中，因此，群众路线的工作方法，对于组长来说，并不是很必要的。这种看法，是不对的。因为任何领导，只有坚持"从群众中来，到群众中去"的群众路线的工作方法，才能形成正确的领导。既然小组长是生产小组的领导者、组织者，担任着领导工作的任务，也就不能不讲究工作方法。特别是生产小组的管理工作，和每个工人的生产活动都有直接的联系，因此，更应当发动群众，依靠全组成员的努力，来搞好小组管理工作。小组长必须随时随地坚持群众路线的工作方法，也就是说，要及时了解大家的心事，了解生产中的真相，有事和大家共同商量，共同动手，现场分析，现场处理。小组长一方面要团结好老工人，团结好积极分子，形成领导核心；另一方面，还要善于依靠全组的工人群众，经常了解组内每个成员的思想和要求，切切实实地帮助他们解决各种思想问题和实际问题。要同群众心连心，共甘苦，虚心听取他们对于小组生产管理上的各种不同意见。只要把全组成员紧紧地团结起来，就可以搞好生产，搞好小组的管理。

第四节　小组的管理形式

生产小组同厂级、车间一样，都是工业企业内部管理的一级组织，但是，它的管理形式，同厂级、车间有着重大的区别。这种区别，主要是生产小组没有专职管理人员，它的管理工作，是由不脱离生产的小组长和工人兼任的。

生产小组为什么要采取这样的管理形式呢？这是因为，生产小组的管理工作，是同工人日常的生产活动紧密结合在一起的，管理业务也比较简单，这就使小组管理有必要也有可能采取工人直接参加管理的形式。

工人直接参加小组管理，就是在小组长的领导下，由生产工人分工负责本组的管理工作，也就是说，由生产工人兼做一部分管理工作。

工人直接参加小组管理工作，是工人参加工业企业管理的一种形式，它具有重大的意义，具体说来，表现在以下几个方面：

首先，工人直接参加小组管理，有利于进一步改善领导者和被领导者之间、专职管理人员和工人之间以及工人内部的关系。工人直接参加小组管理以后，使工人深刻地体会到，自己不仅是生产者，而且是管理者，从而激发他们的主人翁责任感，主动地关心企业管理工作，注意对生产行政管理工作的监督。同时，在一个小组内，组员担负了一定的管理工作，就可以进一步促进他们对小组生产活动和小组成员的关怀，因而也就可以进一步加强生产小组内部工人之间的团结。

其次，工人直接参加小组管理，有利于提高整个工业企业的管理水平。因为工人直接从事生产活动，有丰富的生产实践经验，由他们直接管理小组的生产，就能把生产组织得更切合实际，组织得更好。同时，工人参加小组管理以后，人人注意原始记录工作，就可以为企业提供更准确、更系统、更全面的原始资料。这样，企业管理工作就会越做越细、企业管理水平就会不断提高。

最后，工人直接参加小组管理后，通过实际工作的锻炼，可以更快地提高他们的业务能力、组织能力和文化水平。这就为从工人中提拔管理干部创造了有利条件。

在生产小组中，除了正副小组长以外，还应当设置哪些工人管理员呢？应当从实际出发，根据生产和管理工作的需要来设置。一般来说，需要设置计划员、技术员、质量检查员、安全员、考勤员、工具材料员、经济核算员，等等。

工人管理员，应当用群众选举和车间主任任命相结合的办法产生。这可以使他们既便于对群众负责，又便于对上级负责。

工人管理员是小组长的助手，直接受小组长的领导，并向小组长负责。他们的主要职责是，在小组长的领导下，就不同的业务方面，协助小组长进行具体的管理工作，例如，检查和指导工人生产，汇总自己所负责的统计资料，等等。

根据一些工业企业的经验，在设置工人管理员的时候，应当注意以下几个问题：

（1）要明确认识，工人的主要任务是生产劳动，他们所负担的管理工作，不应当过分复杂，否则，就会妨碍工人的生产劳动，或者过多地侵占他们的业余时间。

（2）应当根据小组管理工作的需要和工人的管理水平，来设置工人管理员，不应贪多求全。

（3）工人管理员的分工，应当考虑到每个工人的特长。例如，由技术较高的老工人担任技术员和质量检查员，由文化程度高的工人担任经济核算员、统计员，等等。同时，还要考虑到工人生产岗位的特点。

（4）加强对工人管理员的业务指导。工人管理员要把工作做好，需要不断地提高有关专业的技术、业务知识。小组长以及职能科室的专职管理人员，应当经常了解工人管理员的工作情况，帮助他们克服工作上的困难，提高业务能力。这样，才能提高工人管理员的工作效率，不断地提高小组的管理水平。

　　为了做好小组的工作，还需要建立一套小组管理的制度。小组管理的制度，主要有交接班制度，班前、班后会议制度和经济活动分析制度，等等。

　　交接班制度，是加强上一班和下一班之间的衔接的制度。现代化大生产，生产连续程度很高。为了保证生产连续不断地进行，许多在工艺上不允许生产中断的工业企业，要实行三班制生产，一般的工业企业，也多是两班制生产。做好了交接班，就便于保证生产连续的、正常的进行。在交接班制度中，具体规定上一班应当为下一班做好的生产准备工作，应当向下一班交代生产情况和应当注意的事项，例如，设备运转情况，原料、材料的情况、产品的质量和规格，等等。工人在交接班的时候，除按上述规定，把生产情况交代清楚以外，还要把三班共用的工具，按件交代清楚。

　　班前、班后会，是当班生产的会议制度。在班前会上，组长根据车间主任的指示，结合上一班交代的情况和本组的实际情况，布置本班的生产任务和注意事项。在班后会上，进行各项指标的核算，分析本班的生产情况，进行总结评比，并且提出次日上班时应当注意的问题。工人管理员的许多活动，也要在召开班前、班后会议时进行。

　　定期的经济活动分析会，是小组的重要会议制度。在这种会议上，要仔细地分析一定时期小组生产任务完成的情况，各项消耗指标变化的情况，挖掘小组生产潜力，提出改进工作的办法。

　　也有一些先进的生产小组，在总结生产经验的基础上，制定了小组公约。在小组公约中，具体规定每个工人班前应做好哪些生产准备工作，班中应抓紧贯彻执行哪几项规章制度，注意些什么事项，班后应做好哪些收尾工作，总结哪几项经验，等等。小组公约的主要优点，在于使每个工人明确自己在当天生产活动中，应当做些什么事情，从而更有成效地进行劳动。

　　小组的各项管理制度和业务报表，都应当适应工人的文化水平，力求内容切合实际，简练明确，文字通俗易懂。小组会议，也应当是议题明确，内容扼要，时间不长。

第 六 章
社会主义工业企业生产过程的组织

前面说过，社会主义工业企业的根本任务，是全面完成和超额完成国家计划，增加社会产品，扩大社会主义积累。为了实现这个任务，每个工业企业都需要经常地进行一系列的生产活动。对于这些生产活动所进行的各项组织和管理工作，都属于工业企业生产过程组织工作的范畴。在这本书的各个专业章节中，将分别地讨论与工业企业生产过程组织工作有关的各项问题。在这一章里，先就工业企业生产过程组织的基本原理，进行一些讨论。下面分六节来说明：

一、工业企业生产的专业化和企业的规模；

二、工业企业的生产过程；

三、工业企业生产过程的空间组织——企业内部生产单位的组织；

四、工业企业生产过程的时间组织——工序在时间上的结合方式；

五、工业企业生产过程的组织形式；

六、工业产品的生产周期。

第一节　工业企业生产的专业化和企业的规模

工业企业生产过程的组织，是同企业生产专业化程度和企业规模的大小密切联系的。具有不同专业化程度和不同规模的企业，在设置企业内部生产单位和组织企业内部生产的时候，需要采用不同的方法和形式。必须从企业生产专业化程度和企业规模的大小出发，来组织产品的生产过程，才能更好地促进生产的发展。因此，在讨论生产过程组织的具体工作以前，先要说一说有关企业生产的专业化和企业规模的问题。

一　工业企业生产的专业化

工业企业生产的专业化，是社会分工发展的结果。社会分工的具体形式很多。马克思在分析社会分工的时候，把它们分成三类，即一般分工、特殊分工和个别分工。他说：只把劳动自身放在眼里，我们可以把社会生产分为农业工业等诸大类的分工，看为是一般的分工，而把这些大类分为种或亚种的分工，看为是特殊的分工，把一个工场内部的分工，看为是个别的分工[①]。

工业企业生产专业化的问题，是属于特殊分工方面的问题。按照上述的马克思的定义，特殊分工就是把工业划分为机械、冶金、化工、石油、煤炭、电力、纺织、食品，等等不同行业（或部门）的分工。所以，工业企业的专业化，首先表现为行业的划分。

工业企业生产的专业化，除了表现为行业的不同以外，还表现为，在同一行业的工业企业里，生产的产品种类的不同。我们知道，各个行业生产的产品的种类，都是很多的，任何一个企业，也不可能生产本行业的全部产品，而必须按产品进行分工。因此，同行业的工业企业，所生产的产品品种也是各不相同的。有的生产这些品种，有的生产那些品种；有的品种多些，有的品种少些；有的生产完整的产品，有的只生产某种产品的一个部分或者几个部分。工业企业生产的专业文化程度，正是按照它所生产的产品的种类多少来判断的。工业企业生产产品或者部件的种类越少，专业化程度就越高。

一般来说，企业生产产品的品种越少，每种产品的产量就可能比较大，所以，就生产的专业化程度来说，可以把工业企业分为以下三类：

一类是大量地、大批地生产某一种或者少数几种工业产品或者部件的

---

① 　马克思：《资本论》第一卷，人民出版社 1953 年版，第 422—423 页。

企业。这种企业，由于担负的产品种类少、生产的批量大。所以生产的专业化程度最高。

另一类是成批地、轮番地生产某几种工业产品或者部件的企业。这种企业生产的产品种类比前一种企业多，生产的批量也比较小，所以生产的专业化程度比前一种企业低。

还有一类是单件地、小批地生产许多种工业产品或者部件的企业。这种企业担负的产品种类就更多了，生产的批量也更小了，所以生产的专业化程度更低。

工业企业生产专业化程度的高低不同，所获得的经济效果也不同。随着科学技术的新发展，随着工业的新发展，要求工业企业的生产，不断地提高专业化程度，实现合理的专业化和分工协作。

工业企业根据可能的条件，实现生产的专业化，有许多好处。在专业化程度比较高的企业里，产品种类少，便于采用专用的设备，便于采用先进的生产组织方法，便于工人积累经验，而且管理力量也比较集中。由于这些，工业企业采取专业化的生产，一般可以带来以下一些好处：

（1）它可能不断地采用新工艺，增加产品品种，提高产品质量；

（2）它可能在比较短的时间内，突破新技术；

（3）它可能在比较短的时间内，培养出掌握新技术的新队伍；

（4）它可能及时地吸收世界先进技术；

（5）它可能促进产品部件、零件标准化；

（6）最重要的，是它可能比较迅速地提高劳动生产率，更多地节约原料、材料、降低成本。

生产的专业化和协作，是不可分割的。生产越是专业化，就越需要加强企业之间的协作。关于工业企业生产的协作，将在本书第二十二章里进行讨论。

二 工业企业的联合化

生产的专业化和联合化，也是密切地联系着的。在许多情况下，需要在生产专业化的基础上，实现联合化，即把许多专业化的工厂组织在一起，设立联合公司。

一般来说，工业联合公司有下面几种不同的类型：

（1）包括几个不同行业的联合公司。例如，大型的钢铁公司，不仅包括采矿、炼铁、炼钢、轧钢等钢铁厂，而且还包括有炼焦厂、化肥厂、发电站、大的机修厂，等等。

（2）同一个行业的联合公司。例如，汽车制造公司它包括制造整部汽车的各种工厂：发动机厂、车体厂、各种附件厂，等等。

（3）生产某种成套设备的联合公司。例如，电站设备公司，它包括的工厂有：汽轮机（水轮机）厂、发电机厂、锅炉厂、变压器厂、开关厂，等等，每个工厂，都分担着全套电站设备的某一个或者几个部分的制造任务。

（4）生产同种产品的联合公司。例如，齿轮公司、螺丝公司，等等。

把有关的生产专业化的工厂组织在一个公司里，实行联合化，往往有以下一些好处：（1）便于把大、中、小型工业企业结合起来，组织产品生产，安排专业化生产和协作；（2）便于发挥生产潜力，充分利用设备能力；（3）便于就近、就地组织原料、材料供应；（4）便于资源的综合利用；（5）便于产品就近、就地配套，减少运输费用；（6）便于组织产品销售；（7）便于组织有关行业的科学技术研究和实验，使科学实验研究同生产更好地结合起来。

在不同的社会条件下，联合公司的性质和它所起的作用，是根本不同的。

在资本主义条件下，生产联合化的过程，就是资本集中的过程。资本主义的联合公司，虽然也可能在不同的程度上，得到上述的某些好处，但是，它是垄断资本家剥削本国劳动人民和殖民地劳动人民，牟取高额利润的工具，是在资本主义生产无政府状态下，资本家之间、资本家集团之间进行你死我活的竞争、大鱼吃小鱼的工具。资本家在建立联合公司的时候，不是从发展社会生产的需要出发，而是为了给自己提供更多的利润。因此，资本主义的联合公司，虽然能够使资本家获得较多的利润，但是，它却使资本主义本身固有的对抗性矛盾，更加尖锐起来。

比如说，工业资本家，在建立联合公司的时候，他们要精细地核算，如何才能使自己获得最大的利润。他们会想到，如果从市场上购进全部原料、材料和设备，就等于把生产原料、材料和设备的利润支付给别人。这样做，他们是不甘心的。正像马克思曾经说过的：……如果他不购买原料和机械，却亲自生产它们，则在此情形下必须支付给原料和机械售卖者的剩余劳动，就可以由自己占有了[①]。因此，他们不管自己生产原料和设备，对于整个社会来说是否有利，只要自己生产这些东西能够保证获得更多的利润，他们就宁愿自己生产。这样，就必然加剧生产的无政府状态，加剧资本家之间、资本家集团之间的斗争。

社会主义的工业联合公司，同资本主义的联合公司，在性质上根本不同。在社会主义条件下，不是从个别企业的利润出发，而是从整个社会劳动生产率的提高和全面的经济效果出发，来考虑建立联合企业的问题。这就是说，社会主义的联合公司，是促进社会主义的生产，为人民谋幸福的工具，是在国家统一经济计划下，实行专业化生产和协作的工具。

社会主义的联合公司，是在专业化的基础上，有计划地实现联合化的。也就是说，在组织联合公司的时候，不是把专业化的中、小型工厂，随便地打乱和合并，而是使参加联合企业的各个工厂，都能够保持专业化生产的优点，发挥出各自的特长，把专业化和联合化的优点集中起来，有效地保证联合公司有更高的劳动生产率、更好的经济效果。

社会主义的联合公司，也不是不顾条件，一切都要自己搞，"万事不求人"，也不是把那些不适于参加联合企业的工厂，硬拉进来，而是根据实际的需要和可能，根据经营管理方面最好的经济效果进行联合的。凡是不适于参加到联合公司中去的工厂，还可以同联合公司在供、产、销等方面，建立固定的或者不固定的协作关系。

社会主义的联合公司，在国家统一计划下，在经营管理上，既有全公司统一的计划，又使公司内的每一个工厂有一定的独立性；既有全公司统一的经济核算，又有每一个工厂的独立的经济核算。

这样，社会主义的联合公司，才能充分地发挥出联合生产的优越性，保证提高劳动生产率和获得全面的经济效果。

---

① 马克思：《剩余价值学说史》第 3 卷，生活·读书·新知三联书店 1957 年版，第 255 页。

三 工业企业的规模

工业企业规模的大小，同企业生产专业化程度的高低，是密切联系着的。一般来说，企业生产专业化的程度较高，企业的规模就要小一些；反之，企业的规模就要大一些。

就工业企业的规模来说，可以分为大型、中型和小型三类。

大型、中型和小型企业，各有不同的优点，都是国民经济发展所不可缺少的。

现代化的大型工业企业的产量大，技术水平高，能够解决国民经济中有决定意义的关键问题，并且成为带动全国工业发展的骨干，在国民经济中具有重要的地位，起着重要的作用。

现代化的中型企业、小型企业，也具有许多优点，这些优点主要是：（1）投资少、建设时间短、发挥效果快；（2）便于实现生产专业化，因而有利于职工精通技术，提高劳动生产率、提高产品质量和降低生产成本；（3）机动灵活，适应性强，便于根据需要不断革新技术，改变产品品种；（4）管理层次少，管理人员少，经营管理比较方便；（5）便于领导干部学习和掌握业务，接近群众，克服官僚主义；（6）可以使生产接近原料和市场，灵活地利用资源，节约运输费用；（7）多建现代中小型企业，可以比较快地实现工业的合理分布，促进各地区经济的合理发展，并且有利于国防的巩固。

由此可见，更多地建立现代化的中小型企业，是多快好省地发展工业生产的一种办法，是掌握新技术，使新技术容易过关的一种办法。

因此，我们应当全面地发挥现代化大型企业和现代化中、小型企业的优点和作用，应当认真贯彻执行大型企业同中、小型企业同时并举的方针。毛泽东同志说："我们必须逐步地建设一批规模大的现代化的企业以为骨干，没有这个骨干就不能使我国在几十年内变为现代化的工业强国。但是多数企业不应当这样做，应当更多地建立中小型企业，并且应当充分利用旧社会遗留下来的工业基础，力求节省，用较少的钱办较多的事。"[1]

---

[1] 毛泽东：《关于正确处理人民内部矛盾的问题》，人民出版社 1957 年版，第 36 页。

　　工业企业规模的大小，主要是按照企业出产产品的多少来划分的；在某些情况下，也参照职工人数和固定资产价值等条件。

　　在确定企业规模的时候，不能千篇一律。必须区分不同的行业，特别是要考虑资源条件，考虑采掘工业和加工工业不同的特点，考虑企业的工艺过程，考虑产品需要量的大小，以及考虑经济上的合理性，等等。

　　那么，在怎样的条件下适宜建设中小型企业，在怎样的条件下适宜建设大型企业呢？

　　一般来说，在下面一些条件下，适宜建设中小型企业。

　　（1）产品结构比较复杂，品种规格比较多。在这种条件下，建设中小型企业，进行专业化生产，比较经济合理。例如，机械工业就属于这种类型。

　　（2）产品的市场需要变化快，花色品种要求多。在这样的条件下，由中小型企业进行生产，就比较适合。因为它机动灵活、适应性强。例如，生产日用轻工业产品的企业，就属于这种类型。

　　（3）产品各个零件、部件的加工，不一定在一个企业里进行，而可以组织企业间协作生产的。例如，纺织工业的纺纱、织布、针织、印染，机械工业的铸造、锻压、金属切削、各种零件、部件的加工，都可以由几个企业或者许多企业分工协作生产。在这种条件下，多建些中小型企业，有利于劳动生产率的提高和经济效果的改善。

　　（4）原料分散，成品运输不便。例如，以草类为原料的造纸工业，以及陶瓷工业、饮料工业，等等，都属于这种类型。

　　在下面一些条件下，一般地适宜建设大型企业。

　　（1）产品品种比较单一，或者同一种规格的产品需要量很大。例如，一般的金属材料、建筑材料、基本化工原料、新闻纸，等等。在产品品种单一，需要量又大的条件下，如果原料有保证，以大型企业进行集中的生产，可以提高劳动生产率、降低成本。

　　（2）产品制造的各个工序，必须在一个企业里连续进行，而资源条件又比较好，就适于建设大型企业。例如，钢铁冶炼、石油、化工工业，都具有这种特点。

（3）必须使用大型设备，才能够采用先进技术。例如，采用大型电站设备、大型冶炼设备，就更便于利用各种新技术，提高生产经济效果。

当然，上述条件，只是从一般原理出发提出来的。在确定每个工业企业具体的规模的时候，必须考虑当地的自然资源条件，从我国工业基础、技术水平、市场容量等实际情况出发，根据国家的技术政策，来合理地确定企业的规模。

前面讨论了有关工业企业生产的专业化、联合化和企业规模的问题。这三个方面的问题是有密切联系的，是进行企业管理，特别是进行生产组织工作必须考虑的重要条件。它们对于工业企业的生产、技术和经济等方面的工作，都有很大的影响。例如，在生产专业化程度比较高、产品生产批量比较大的企业里，便于采用先进的工艺方法和专用的、高效率的技术装备，便于采用先进的生产过程组织形式，便于采用先进的质量检验工具和检验方法，便于获得良好的经济效果，等等。而在专业化程度比较低、产品生产批量比较小的企业里，就不具备上述条件。因此，正确地解决这些问题，对于管好企业具有重要的意义。工业的管理机关和企业的负责人员，都应当很好地研究这些问题，做出合理的安排，在这个基础上，把工业企业的生产组织好。

四　工作地的专业化

工作地的专业化，同企业的专业化和企业的规模，也是密切地联系着的。企业专业化程度的高低和企业规模的大小，对于工作地专业化水平，具有直接的影响。企业专业化的程度和企业规模的大小，对手工业企业生产、技术和经济工作的影响，往往也要通过工作地的专业化表现出来。因此，工作地的专业化，同企业的专业化一样，也是在进行工业企业生产过程组织工作的时候，必须要考虑的重要条件。

什么是衡量工业企业工作地专业化程度的标志呢？

衡量工业企业工作地专业化程度的标志，是在同一个工作地上加工的工序数目的多少。在同一个工作地上加工的工序数目越少，这个工作地的专业化程度也就越高。

按照这样的标志，可以把工作地划分成几种不同的生产类型。以机械加工车间的工作地为例，通常可以按照下面的表（见表 6－1）来划分。

表 6－1　　　　　　　　　　　　工作地的分类

工作地生产类型	加工的工序数目（个）	工作地生产类型	加工的工序数目（个）
大量生产	1—2	小批生产	20—40
大批生产	2—10	单件生产	40 以上
中批生产	10—20		

　　工作地的专业化程度越高，经济效果越好。这是因为，工作地专业化程度越高，在这个工作地上加工的劳动对象的种类以及生产操作的内容变化就越少，相同劳动的重复次数就越多。由于这些，就决定了专业化程度高的工作地，具有下面一些优点：便于采用高效率的设备和专用的工艺装备；便于采用先进的组织生产的方法；便于工人积累经验和提高技术熟练程度；便于减少辅助时间的消耗；便于提高技术工作和管理工作的细致程度和精确程度，等等。这样，在工业企业内部，工作地专业化程度越高，就越有利于企业提高劳动生产率，提高产品质量，降低生产成本，取得良好的经济效果。

　　因此，工业企业在组织生产的时候，应当仔细地分析和研究影响工作地专业化程度的各种因素，努力提高工作地的专业化程度。一般来说，影响工作地专业化程度的因素，主要有以下几个方面：（1）工业企业产品品种的多少，以及每种产品的产量。在其他条件不变的情况下，企业产品品种越少，工作地的专业化程度就越高。（2）产品的零件和工序数目的多少。在其他条件不变的情况下，企业产品的零件和工序数目越少，工作地的专业化程度就越高。（3）全厂工作地数目的多少。在其他条件不变的情况下，企业里工作地的数目越多，工作地的专业化程度越高。（4）工序劳动量的大小。一般来说，工作地担负的工序的劳动量越大，它的专业化程度也越高。

上面这些因素，是交错在一起发生作用的。例如，在产品品种数目相同的企业里，工作地的专业化程度并不一定相同。如果其中一个企业产品的产量比较多，工作地数目比较多，并且它担负的每种产品的结构比较简单，零件和工序数目比较少，在这种条件下，这个企业的工作地的专业化程度，就比另一个具有相反条件的企业工作地的专业化程度要高。

工业企业应当努力为提高工作地专业化程度创造有利的条件。但是，必须肯定，工业企业产品的品种和数量，是由国家规定的，每个企业都应当保证完成，并且要努力扩大品种、增加产量，来满足国民经济的需要。不能够为了追求生产的专业化，不顾国家计划的要求，减少产品的品种。工业企业应当在保证全面完成国家计划的前提下，来提高工作地的专业化程度。

工业企业提高工作地专业化程度的主要措施，有以下几个方面：(1) 在上级行政主管机关的统一计划和组织下，扩大同其他工业企业的生产协作，减少本企业制造的零件、部件数目。(2) 加强标准化工作，在经济上、技术上合理和可能的条件下，扩大采用标准件和通用件。(3) 组织同类型零件的集中生产，实行工艺的典型化。(4) 加强计划工作，在保证按期交货的前提下，减少同期生产的产品品种。(5) 加强日常调度工作，合理地分配任务，改进劳动组织工作，实行"定人、定机、定活"。

第二节 工业企业的生产过程

任何一种工业产品的生产，都要有一定的生产过程。工业产品的生产过程，就是指从准备生产这种工业产品开始，到把它生产出来为止的全部过程。

这个过程包括的基本内容是什么呢？

大家知道，任何工业产品都是劳动创造的，都是劳动过程的产物。劳动者使用劳动手段，经过一定的劳动过程，直接或者间接地作用于劳动对象，才能按照预定的目的，生产出工业产品。人们的有目的的生产活动，是生产过程的决定因素。离开了人们的劳动，任何产品的生产过程都无法进行。因此，劳动过程是工业产品生产过程的基本内容。

许多工业产品生产过程的进行，往往还要借助于自然力的作用。比如：机械工业和冶金工业的产品，要有金属自然冷却的过程；许多木制的工业产品，要有木材、胶合剂和油漆涂料的自然干燥过程；纺织工业产品，要有原棉的自然松解、毛纱的定抷过程；某些食品工业产品，要有自然发酵的过程，等等。这些自然过程，对于许多工业产品生产的进行，是不可缺少的。在这种情况下，工业产品的生产过程，就不仅仅是劳动过程，同时还包括着自然过程，是劳动过程和自然过程的结合。

在工业产品的生产过程中，劳动过程和自然过程是互相交错地进行的。在进行自然过程的时候，劳动过程就要全部地或者部分地中断。所以，在组织工业产品生产过程的时候，一定要充分地认识和考虑到自然过程的要求。否则，工业产品就不能生产出来，即使生产出来，质量也无法保证。

每个工业企业，一般都生产一种或者几种工业产品。也有的工业企业，只生产某种产品的一个或者几个部件。这些工业产品或者部件，都有自己特定的生产过程，工业企业需要把生产这些产品或者部件的各道工序、各个阶段组织起来，纳入一个统一的生产过程。这种统一的生产过程，就是工业企业的生产过程。

一　工业企业生产过程的组成

工业企业的生产过程，包括着工业企业为出产各种工业产品而进行的，全部的生产活动。这些生产活动的具体内容很丰富，概括起来，可以分成下面几个部分：

（一）技术准备过程

技术准备过程，是指各种工业产品在投入生产以前要进行的全部技术准备工作。例如，采掘工业企业，在进行开采（回采）之前，先要做掘进（剥离）等准备工作；机械、冶金、化工、纺织以及其他轻工业企业，要出产任何一种新产品，或者是要改进任何一种老产品，都要做产品设计（配方）、工艺设计、工艺装备设计和制造等准备工作。

在不同行业，不同规模的工业企业中，技术准备工作的复杂程度是不同的。有的企业，产品设计和工艺设计不是由本企业而是委托有关的设计单位完成的。

（二）基本生产过程

基本生产过程，是指直接对劳动对象进行加工，把劳动对象变为产品的过程。例如，钢铁工业企业的炼铁、炼钢、轧钢；机械工业企业的铸造、锻造、机械加工和装配；纺织工业企业的纺纱、织布，等等，都属于基本生产过程。

（三）辅助生产过程

辅助生产过程，是指为了保证基本生产过程的正常进行所必需的各种辅助生产活动。不论什么工业企业，要保证生产的正常进行，都需要一定的动力、工具，都需要经常地维修设备。这些动力的生产、工具的制造和设备的维修工作，凡是由工业企业自己进行的，都属于企业的辅助生产过程。

（四）生产服务过程

生产服务过程，是指为基本生产和辅助生产服务的各种生产服务活动。例如，原料、材料、半成品和工具的供应和运送工作，等等。

上述工业企业生产过程的每一个部分，都包括着许多具体的内容。在这些生产过程的内部，特别是在基本生产过程的内部，又按照生产活动具体内容的不同，划分成若干个生产阶段。每一个生产阶段，又进而划分成更为细小的单位，这就是一般常说的工序。每种工业产品，以至工业产品的各个部分（零件），都要经过一定的生产阶段和一定的工序以后，才能完成。

生产阶段，是在工业产品生产过程中，按照使用的生产手段的差别和工艺加工性质的差别来划分的局部生产过程。例如，生产一件机械产品，要经过毛坯制造、切削加工和装配等过程，这些，都是一个个的生产阶段。

工序，是指一个工人或者一组工人，在一个工作地上，对同一个劳动对象连续进行的生产活动。

不同工业产品的生产工序，有不同的特点。

有些工业产品的生产，是工人固定在工作地上，劳动对象（产品或者零件）逐次地经过许多工作地。这时，每一个工作地上的工人，对这个劳动对象连续进行的全部生产活动，算作一个工序。不管劳动对象在这个工作地上，经过多少件不同工具的加工，以及经过怎样的加工步骤，都只算是一个工序。

有些工业产品的生产，是劳动对象固定在工作地上，由不同的工人逐次地在这个工作地上进行生产活动。在这种情况下，每一个（或者一组）工人，在这个工作地上连续进行的生产活动，也构成一个工序。例如，造船业和采掘工业企业的生产过程中，就有许多这种类型的工序。

工业产品生产过程的全部工序，通常可以分为下面的几类：

一是工艺工序，就是使劳动对象发生物理的或者化学的变化的工序。

二是检验工序，就是对原料、材料、半成品和成品的质量进行检验的工序。

三是运输工序，就是在工艺工序之间、工艺工序同检验工序之间运送劳动对象的工序。

工序是组织工业产品生产过程的最小的单位。把工业产品的生产过程划分为工序，按工序来组织生产，能够更好地利用设备和劳动力，保证达到更高的劳动生产率。

二　组织工业企业生产过程的要求

上面我们提到的各个生产部分、生产阶段和工序，都是由许多具体的生产活动构成的。在进行这些生产活动的时候，需要占用一定的空间和时间，需要从空间上和时间上进行一系列的组织工作。这种组织工作，就是工业企业生产过程的组织工作。

进行工业企业生产过程的组织工作的目的，就是为了使产品在生产过程中行程最短、时间最省、生产周期最短，保证人力、物力充分合理的利用，获得最好的经济效果，从而多快好省地完成和超额完成国家计划任务。

为此，工业企业生产过程的组织工作，要符合下面几个要求：

（一）连续性

现代工业企业的生产过程，应当具有一定的连续性。提高工业产品生产过程的连续程度，是对生产过程组织工作的一个重要的要求。

产品生产过程的连续性，是指产品生产过程的各个阶段、各个工序的进行，是衔接的、连续的。这种连续性，表现为劳动对象在整个生产过程中，不是在进行加工、检验，就是处在运输途中，没有或者很少有不必要的停顿和等待时间。

工业产品生产过程的连续程度，同工业企业的生产技术水平，即同工业企业的机械化、自动化的水平，有密切的关系。在现代工业生产的条件下，产品的加工和传递一般地都实现了机械化，这是使产品生产过程保持一定的连续性的客观的物质基础。特别是在生产自动化的条件下，更能够实现产品生产过程高度的连续性。

工业产品生产过程的连续程度，同组织工作水平，即同工业企业生产过程组织工作的好坏，也有密切的关系。在一定的生产技术水平的条件下，采用先进的生产过程组织方法，可以消除和减少劳动对象在各个工序之间的停顿时间，提高生产过程的连续程度。

提高工业产品生产过程的连续程度，有很大的经济意义。在连续进行的生产过程中，劳动对象在各工序之间的中断时间最短，这样就可以缩短产品的生产周期，加快资金周转，减少产品在停放中可能引起的损失，有利于降低原料、材料、燃料的消耗，并且有助于保证和提高产品的质量。

因此，每个企业，都应当根据现代化大生产的客观需要，从技术上和组织上采取措施，保证工业产品生产过程连续程度的不断提高。

（二）比例性

现代工业企业的生产过程，应当具有一定的比例性。经常保持工业产品生产过程各个部分的比例协调，是对生产过程组织工作的另一个重要要求，也是实现生产过程连续性的一个重要条件。

工业产品生产过程的比例性，是指产品生产过程的各个部分、各个阶段、各个工序的生产能力，必须根据产品生产的要求，保持一定的比例关系，也就是说，各个生产环节的工人人数，生产效率、机器设备数量，等等，都必须互相协调、互相适应。只有这样，才能保证工业企业的各个生产阶段顺利地进行生产活动，充分地利用整个生产过程中的人力和设备，避免产品在各个生产阶段和工序之间的停顿和等待，从而缩短生产周期。

工业企业产品生产过程的各个部分之间的比例，特别是各个生产环节之间的设备生产能力的比例，在设计和建设工业企业的时候，就要做出正确的安排。但是，在工业企业生产发展的过程中，由于产品品种、数量的变化，原料、材料、工艺方法的改变，会使产品生产过程的各个环节所需要的劳动力和设备的比例发生变化；同时，由于生产技术的革新，劳动者熟练程度的提高，生产协作的发展，也会使生产过程各个环节的实际生产能力的比例发生变化。这就必须在工业企业产品生产过程中，加强组织工作，及时发现并且调整各种比例不协调的现象。

（三）节奏性

现代工业企业的生产活动，应当有节奏地进行。提高工业企业产品生产过程的节奏性，是对生产过程组织工作的又一个重要的要求。

工业产品生产过程的节奏性，是指产品的投入生产和最后完成，都能够有节奏地进行，保证在相等的一段时间内，出产相等（或递增）的产品，使每个工作地在不同时间内的负荷程度相近，避免前松后紧、时松时紧的现象，保证在每一段时间内，都能完成计划任务。

有节奏地进行生产，能够充分地利用设备和工时；防止突击赶工，有利于保证和提高产品质量；并且，可以缩短产品的生产周期。因此，提高工业产品生产过程的节奏性，也有很大的经济意义。

要实现生产的节奏性，必须从投料的环节抓起。例如，在机械工业企业里，应当按套、按台份投料和组织生产。使每台产品的各个零件平行地进行加工，从而保证产品的出产节奏性。如果不按台份投料，不按台份组织生产，而是片面地生产某几种零件，使产品在很长的时间里不能配套，那就必然要等到全部零件都加工出来以后，再来突击装配，这样做，既延长了生产周期，又容易降低产品质量。这是应当竭力避免的。

实现上述生产过程连续性、比例性、节奏性的要求，才能够有效地保证产品质量，缩短生产周期，充分利用设备，提高劳动生产率，使工业企业生产活动取得最大的经济效果。

第三节　工业企业生产过程的空间组织
——企业内部生产单位的组织

工业产品的生产过程，需要在一定的空间里进行。也就是说，需要在一定的场所，一定的生产单位里进行。因此，工业企业应当按照生产的需要，开辟一定的场所，组成一定的生产单位——车间、工段和小组，等等，来进行生产活动。

工业企业生产过程的空间组织，主要是要解决在工业企业内部，怎样合理地组织生产单位的问题。具体地说，主要是要解决下面几个问题：在工业企业内部应当设置哪些生产单位，以及它们之间的关系如何；这些生产单位，应当按照怎样的专业化形式来组织；连接这些生产单位的运输路线应当怎样布置，等等。下面，分别地说一说这些问题。

一　工业企业内部生产单位的设置

工业企业内部的生产单位，要按照生产过程的各个组成部分来设置。

前面已经说过，工业企业的生产过程，主要包括技术准备、基本生产、辅助生产和生产服务四个部分。除了技术准备过程，分别由有关的技术准备科室和有关的辅助生产单位进行以外，其他三个部分，都要相应地设置生产单位，即分别设置若干个基本生产单位、辅助生产单位和生产服务单位，由这些生产单位来进行。有一些工业企业，还根据生产的需要，设有为本企业生产或者加工辅助材料的附属生产单位。

不同的工业企业内部，各类生产单位包括的具体内容，是各不相同的。在工业企业内部，应当具体地设置哪些生产单位，以及这些生产单位应当具有怎样的规模，这同工业企业的专业化和企业的规模，有极为密切的联系。

首先，工业企业的专业化方向，对于企业内部生产单位的设置，有直接的影响。这是因为，专业方向不同的工业企业，生产不同种类的产品，具有不同的工艺特点，需要建立不同的生产单位。例如，机械工业企业需要建立铸造、金属切削加工和装配车间；煤炭工业企业，就不需要建立上述这些车间，而需要建立掘进、回采等区、段。在机械工业内部，车辆制造厂除了需要建立各种加工和装配车间以外，还需要建立木材加工车间，而一般的机床厂，则不一定需要建立这样的车间。

其次，工业企业的规模，对于企业内部生产单位的设置，也有直接的影响。一般来说，企业规模越大，企业内部的生产单位就越大、越多，生产单位之间的分工也就越细。例如，大型的机械制造厂，往往需要分别建立铸铁、铸钢、有色金属铸造等若干个铸造车间，而在中小型机械制造厂，则只需要建立一个综合性的铸造车间，或者根本不需要建立专门的铸造车间，而由专业的铸造厂协作生产；大型钢铁厂，往往需要建立几个相同的炼铁车间（分厂）、炼钢车间（分厂），而中小型钢铁厂，就不需要建立那样多的炼铁车间、炼钢车间，等等。

除了工业企业生产的专业化程度和企业的规模大小以外，还有许多其他因素，诸如：企业外部协作条件、地理环境、厂区的集中与分散，等等，也同企业内部生产单位的设置，有一定的联系。

下面，以机械和煤炭工业企业为例，列表说明各类生产单位（车间）包括的具体内容见表6-2。

无论是基本生产单位或者是辅助生产和生产服务单位，都是工业企业所不能缺少的。它们之间的关系，是相互依存、相互支援的。工业企业出产的产品，是直接由各个基本生产单位提供的，没有基本生产单位，工业企业的产品就不能生产出来。但是，基本生产单位所用的各种动力、工具和其他工艺装备，等等，要辅助生产单位提供，设备要辅助生产单位维修，原料、材料要生产服务部门准备和保管。所以，如果没有这些辅助车间和生产服务部门，基本生产单位也不可能很好地进行生产。

这里，特别要提出的是联络各个生产单位的运输系统问题。厂内运输系统，是企业生产的脉络。正像人需要通过身上的无数血管，不断地输送血液一样，企业也需要通过厂内运输系统，来保证源源不断地把各种原料、

表 6 - 2　　　　　　　　　　　　企业内部生产单位设置

生产部分	机器制造厂	煤矿
基本生产	1. 铸工车间 2. 锻工车间 3. 热处理车间 4. 机械加工车间 5. 装配车间，等等	1. 采煤 2. 选煤 3. 洗煤场 4. 碎煤场 5. 运输车间，等等
辅助生产	1. 动力车间 2. 机修车间 3. 工具车间，等等	1. 动力车间 2. 维护车间 3. 机修车间 4. 矿灯房，等等
服务与供应部门	1. 运输队 2. 仓库，等等	1. 铁路运输车间 2. 仓库，等等
附属生产	1. 模型车间 2. 包装材料制造车间 3. 配砂间，等等	1. 锯木场 2. 充填材料采掘场，等等

材料、半成品送到各个生产单位，再把半成品、成品以及废料和垃圾从各个生产单位运输出来。如果没有健全的厂内运输系统，就不能把企业内部各个生产环节联结在一起，也不能同厂外建立联系，把企业生产需要的各种物资运进来，把企业生产的产品运出去。因此，所有的工业企业，特别是那些厂内运输量很大的工业企业，都应当合理地安排厂内运输路线，妥善地处理厂内运输问题。

由此可见，工业企业在设置生产单位的时候，首先应当正确地处理基本生产同辅助生产、生产服务部门的比例关系。应当根据基本生产的需要，相应地设置辅助生产和生产服务单位，保证这些单位的人员、设备充实和专业方向稳定。特别是要注意配置相应的运输系统，保证运输路线布置合理，保证运输线路的畅通。如果不处理好这种比例关系，顾此失彼，就不可能保证生产的稳定上升。

二 工业企业内部生产单位的专业化形式

工业企业内部生产单位——车间、工段和小组的设置，通常采取两种不同的专业化形式。一种是工艺专业化，另一种是对象专业化。

工业企业在运用这两种专业化形式划分生产单位的时候，应当分别以下两种不同的情况。

一种是不同生产阶段之间车间的划分。在这种情况下，通常只能采用工艺专业化的形式。大家知道，工业产品的各个生产阶段的工艺性质有比较大的差别，它们需要的厂房、场地、设备等生产条件也有显著的区别。因此，工业企业首先要分别按照各个生产阶段的工艺性质来设置车间，不能按产品划分，把各个生产阶段的生产活动混在一个车间里。例如，机械厂的铸造和机械加工，钢铁厂的炼铁、炼钢，等等，都要分别地建立车间。

另一种是相同生产阶段内部车间的划分，以及车间内部工段和小组的划分。在这种情况下，往往是既可以采用工艺专业化的形式，也可以采用对象专业化的形式。

（一）工艺专业化

工艺专业化，是按生产工艺性质的不同，来设置生产单位的方法和形式。在工艺专业化的生产单位里，集中着同种类型的工艺设备，对企业的产品，进行相同工艺的加工。

按照工艺专业化形式组成的生产单位，由于同类的生产工艺设备和相同的工艺加工集中在一起，从而带来了下面的一些优点：（1）便于充分利用机器设备的生产能力和生产面积；（2）在生产单位内部，便于进行专业化的技术管理，便于进行指导和组织同工种工人之间的学习和竞赛；（3）对于产品品种变化的适应能力比较强。

另一方面，工艺专业化的生产单位，由于不能独立地完成产品（或者零件）的全部加工工序，每件产品和零件，要逐次地通过许多生产单位，所以它也有下面的一些缺点：（1）产品在生产过程中，经过的路线长，消耗于运送原料、材料、半成品的劳动量较大；（2）产品在生产过程中，停顿和等待的时间多，生产周期长，占用的流动资金多；（3）生产单位之间协作关系复杂，在健全生产技术责任制度方面，困难比较多。

（二）对象专业化

对象专业化，是按照产品（部件、零件）的不同，来设置生产单位的方法和形式。在对象专业化的生产单位里，集中着加工同种产品或者零件、部件所需要的各种设备，对相同的劳动对象，进行不同工艺的加工。

对象专业化的生产单位，可以分为三种类型：（1）以产品为对象建立的生产单位；（2）以部件为对象建立的生产单位；（3）以零件为对象建立的生产单位。

在对象专业化的生产单位里，由于相同的劳动对象集中在一起，连续进行许多工序的加工，所以具有以下优点：（1）可以大大缩短产品在生产过程中经过的路线，节省辅助劳动量；（2）便于采用先进的方法组织生产，减少产品在生产过程中的停顿、等待等中断时间，缩短生产周期，减少流动资金占用量；（3）可以简化生产单位之间的协作关系；（4）可以更好地加强产品质量责任制度，有利于保证按质、按量、按期、成套地完成生产任务。

同样，对象专业化的生产单位，也有一定的缺点，这些缺点恰恰正是工艺专业化的优点。例如：在对象专业化的生产单位内部，生产技术不如工艺专业化单纯，不便于进行组织和管理工作，对于产品品种变化的适应能力比较差，不便于充分利用设备生产能力和生产面积，等等。

工艺专业化和对象专业化，各有优缺点。一般来说，在生产的专业化程度比较高，规模比较大的加工装配性的工业企业里，采用对象专业化的形式比较好。当然，这也是有条件的。如果不从工业企业的具体条件出发，不加分析地采用对象专业化的形式，也会造成相反的结果。

那么，采用对象专业化形式的主要条件是什么呢？

第一，工业企业要有比较稳定的专业方向。产品品种不过分庞杂，主要品种的产量也比较多。如果企业产品的品种很多，并且品种的变化比较频繁，每种产品的产量又比较少，就不适宜按对象专业化方法建立生产单位。

第二，工业企业要有比较齐全的机器设备，特别是要有一定数量的同种的关键设备。每一个按对象专业化方法组织的生产单位，都要按工艺顺序安排各种各样的机器设备，也就是说，同一种设备必须分散到每个生产单位。因此，同种设备的需要数量就比较多。

上述两种专业化形式，是结合在一起运用的。绝对地按照某一种方法来建立生产单位的工业企业是没有的。一般的工业企业，都有一些车间是按对象专业化方法建立的，另一些车间是按工艺专业化方法建立的。车间内部，也往往有一些工段和小组是对象专业化的，另一些是工艺专业化的。

三　厂内运输路线的合理安排

前面说过，厂内运输，是工业企业生产过程中不可缺少的重要环节，是连接企业内部各个生产单位的纽带，是企业内部生产活动顺利进行的重要保证。

厂内运输系统包括的内容很多。就主要的来说，有各种运输线路、运送管道；各种运输、起重设备和工具，以及堆料场地、停车站，等等。

厂内运输系统所担负的任务，大体可以分为三个部分：（1）原料、材料和其他物资入厂、入库和对各个车间的供应；（2）半成品在各个车间、工作地之间的传送；（3）成品入库和出厂。

要完成这些任务，必须做好一系列的组织和管理工作，首先是要合理地安排运输路线。

运输路线的合理安排，是生产过程空间组织工作中的一个重要问题。对于这项工作，有一个基本的要求，就是要尽量地缩短原料、材料、在制品、成品以及其他物资的运输距离，避免相向运输。

实现这个要求，有助于使产品在生产过程中行程最短、时间最省，对于节省运输力量，减少运输费用，缩短产品生产周期和提高企业劳动生产率，具有非常重要的作用。

为了能够实现这个要求，一方面，在新建、扩建企业的时候，要对厂内运输系统做出全面规划，合理布置生产单位，使生产单位之间的运输工作便于进行；另一方面，在现有的企业里，也要随着生产的发展，对生产单位的布置，以及对原有的运输路线，及时地进行调整，使不合理的运输路线及时得到改进。

　　有了合理的运输路线，还必须经常保持它的畅通无阻。只有保证运输路线畅通无阻，才能保证上述三个方面的运输任务的完成，保证生产顺利地进行。为此，工业企业必须配备适当的运输设备和工具，加强厂内、厂外运输的协作，并且要做好厂内运输的组织工作，例如，正确地配备运输力量和装卸力量，加强厂内运输的调度，以及做好运输设备的管理工作，等等。关于这些问题，在以后物资供应的章节内，再做详细的讨论。

第四节　工业企业生产过程的时间组织
——工序在时间上的结合方式

　　工业产品生产过程的进行，需要经历一定的时间。经历的时间越短，越有利于提高企业的经济效果。因此，工业企业对于产品生产过程的各个环节，应当在时间上进行合理的组织和安排，在保证充分利用工时和设备的条件下，使产品生产过程所需要的时间尽量节省，以便不断地缩短产品的生产周期。

　　工业企业生产过程在时间组织方面的问题，包括的内容很多，涉及的范围很广。它同生产进度的安排、作业计划工作和日常生产调度工作，等等，都有密切的联系。这些问题，将在本书有关的章节中进行讨论。这里，先着重地说一说生产过程时间组织形式方面的一个基本问题，即：工序在时间上的结合方式问题。

　　所谓工序在时间上的结合方式，也就是指生产产品的各道工序，在时间上如何衔接和安排的问题。

　　我们知道，工业产品的生产，是分成许多道工序来完成的。这些工序，有的是可以平行进行的，即前后两道工序在同一段时间内平行地进行加工；有的是顺序进行的，即完成一道工序以后，再开始进行下一道工序。显然，如果产品生产的各道工序，能够最大限度地平行进行，那么，各道工序占用的时间，就会有很大的一部分交叉起来，产品的生产周期就会缩短；相反，如果各道工序都顺序地进行，那么，产品的生产周期就会拉得很长。

正确地选择工序在时间上结合的方式，可以使各道工序合理交叉，提高平行作业的程度，求得生产周期的缩短。

在不同的工业企业，由于产品生产过程的特点不同，它们的工序结合方式，也就各不相同。

采掘、建筑、造船等工业企业，在它们的生产过程中，有许多环节，劳动对象是固定不动的，在这种情况下，工序在时间上的结合方式，常常表现为工人的顺序移动。例如，在采掘工业企业的巷道掘进工作中，打眼、装药和放炮工序是顺序进行的，在进行这些工序的时候，并不是劳动对象顺序的移动，而是工人顺序地到一定的地点去进行操作。

加工—装配性的工业企业，特别是机械制造厂，情况就完全不同了。在这些工业企业里，工人固定在各个工作地，劳动对象顺次地到各个工作地上被加工。在这种情况下，工序在时间上的结合方式，就表现为劳动对象的移动方式。

现在，着重说一说劳动对象在工序之间的移动方式的问题。

劳动对象在工序之间的移动方式，是指零件从一个工作地到另一个工作地之间的运送形式。这种运送形式，不是指运输工具、运输路线的形式，而是指一批相同的零件，是集中在一起同时送往下道工序呢，还是分批、逐件地送往下道工序。

如果某种产品只生产一件，那么，就只能在加工完一道工序之后，再把零件送到下一个工作地去加工下一道工序。如果同时制造一批相同的产品，那么，就可以采用三种不同的移动方式。

（一）顺序移动方式

是一批零件全部完成了某道工序以后，一起运往下道工序。零件在工作地之间整批地运输。

采用这种移动方式，组织工作比较简便。但是，大多数零件，都有长短不等的、由于等待运输和等待加工而使劳动过程中断的时间，零件的生产周期最长（见图6-1）。

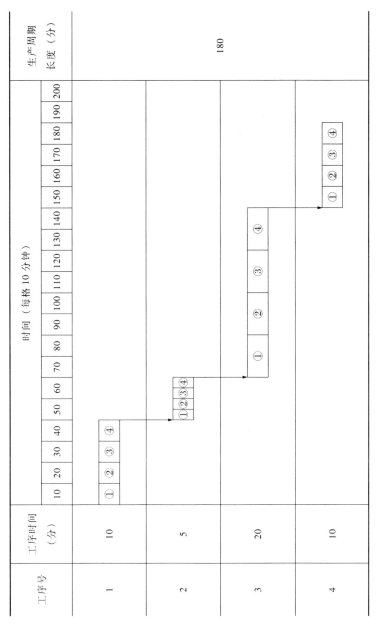

图 6-1　顺序移动方式（①②③④是零件号）

（二）平行移动方式

是每一个零件加工完了某道工序以后，立即转入下道工序。零件在工作地之间逐件地运输。

采用这种移动方式，没有由于等待运输和等待加工而使劳动过程中断的时间，零件的生产周期最短。但是，采用这种移动方式的时候，工人和设备的工作时间不能充分利用。这是因为，零件加工的各道工序的劳动量往往是不相等的，如果后道工序的劳动量小于前道工序，那么，后道工序的工作地在加工完每一个零件以后，要相隔一段时间才能接到上道工序转来的第二个零件。这样，就会出现一些空闲时间。这些空闲时间，往往比较零散，不便于利用，容易造成工人和设备的停工（见图6-2）。

（三）平行顺序移动方式

是平行移动方式和顺序移动方式的结合。零件在工作地之间有一部分是单件运输，也有一部分是集中起来运输。

采用这种移动方式，劳动过程中断时间比顺序移动方式少，并且工人和设备的空闲时间也集中了起来，便于用来做其他工作（见图6-3）。

通过上面的分析，可以看出，这三种移动方式各有优缺点。在运用的时候，应当结合本企业的具体条件，做全面的比较，不能单纯地从某一个角度来肯定或者否定某一种移动方式。如果只是注意组织工作的简便而不考虑生产周期的长短，或者只是注意缩短生产周期而不顾工人和设备工作时间的充分利用，都不利于生产的发展。

那么，工业企业在选择移动方式的时候，应当考虑哪些因素呢？

（一）企业内部生产单位的设置方法

在按工艺专业化方法设置车间、工段和小组的时候，由于零件各个加工工序是在不同的生产单位里进行的，零件在上下工序之间的移动，也就是在生产单位之间的移动。在这种情况下，运输路线比较长，不便于逐件地运送零件，适于采用顺序移动方式。

在按对象专业化方法设置车间、工段和小组的时候，就便于采用平行移动方式或者平行顺序移动方式。

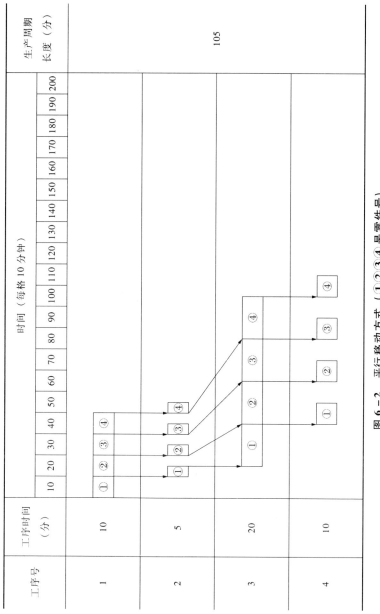

图 6－2　平行移动方式（①②③④是零件号）

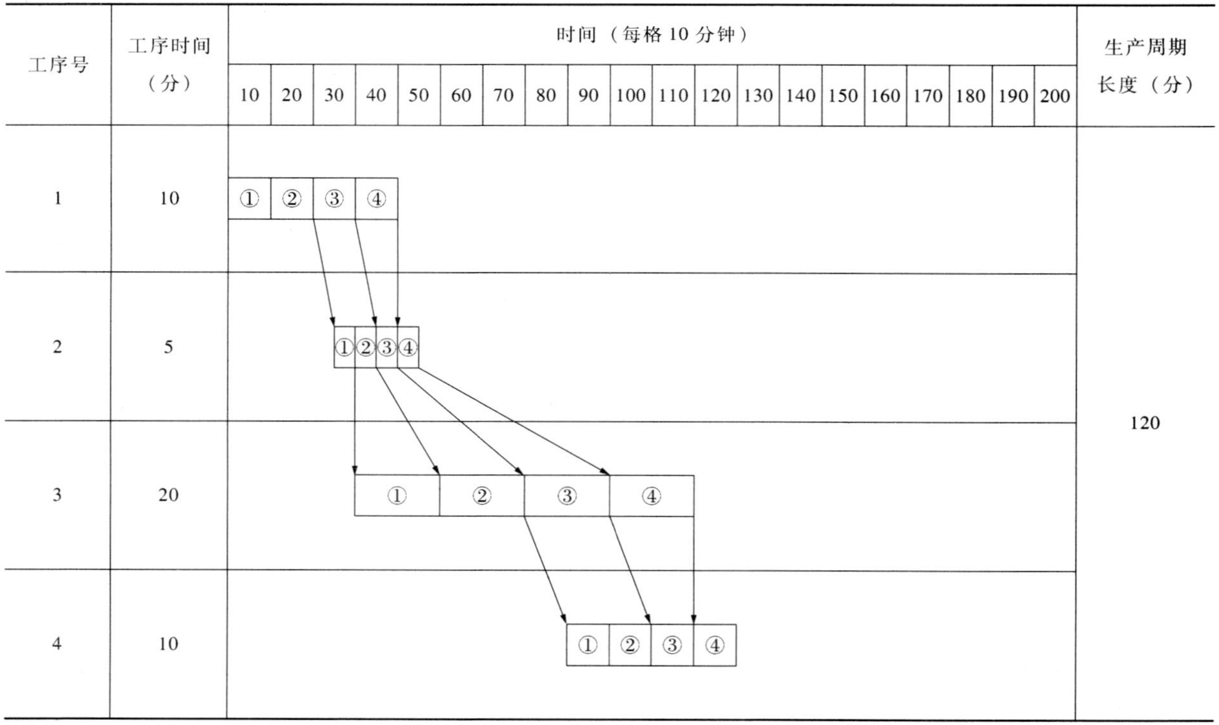

工序号	工序时间（分）	时间（每格10分钟）	生产周期长度（分）
1	10		
2	5		120
3	20		
4	10		

时间刻度：10　20　30　40　50　60　70　80　90　100　110　120　130　140　150　160　170　180　190　200

图6-3　平行顺序移动方式（①②③④是零件号）

（二）工序劳动量的大小和零件的重量

工序劳动量比较小，零件重量比较轻，逐件运输花费劳动力过多的，除有连续运输装置（传送带）的以外，一般都适于采用顺序移动方式。反之，如果工序劳动量比较大，零件又比较重，一般适于采用逐件运输的平行移动方式或者采用平行顺序移动方式。

（三）改变加工对象的时候，用在调整设备上的劳动量的大小

前面说过，在采用平行移动方式和平行顺序移动方式的时候，由于各工序劳动量的不同，常常使某些工作地出现一些零散的空闲时间。为了利用这些时间，需要安排另外一些加工对象在这些工作地的空闲时间里进行加工。如果这种加工对象的改变需要用很长的时间和很大的劳动量去调整设备，那就不适于采用平行移动或者平行顺序移动方式。

（四）产品生产任务的缓急情况

对于那些迫切需要的急件，一般需要采用平行移动方式，或者平行顺序移动方式。

第五节　工业企业生产过程的组织形式

前面分别讨论了工业企业生产过程的空间组织和时间组织问题。空间与时间，是任何事物存在的基本形式。为了从空间上和时间上合理地组织生产过程，工业企业必须根据具体的生产条件，选择合理的生产过程的组织形式。

我们知道，不同行业的工业企业，由于它们生产的产品、使用的设备和采用的生产方法各不相同，所以，在生产上也各有不同的特点。它们之间，生产工艺性质的差别是很大的。例如，有的属于加工装配的性质，有的属于采掘运输的性质；有的是露天生产，有的是在厂房里生产，也有的是在地下进行生产；在生产进行的过程中，有的可以间断，有的绝对不允许间断；有的是单独地进行生产，有的是组成联合企业进行生产，等等。

所有这些特点，对于生产过程组织工作，都有很直接的影响。因此，在进行生产过程组织工作，采用生产过程组织形式的时候，一定要注意到

这些特点。毛泽东同志曾经说过：对于物质的每一种运动形式，必须注意它和其他各种运动形式的共同点。但是，尤其重要的，成为我们认识事物的基础的东西，则是必须注意它的特殊点，就是说，注意它和其他运动形式的质的区别①。他还说：用不同的方法去解决不同的矛盾，这是马克思列宁主义者必须严格地遵守的一个原则②。只有适应不同企业的生产特点，采用不同的方法和组织形式，来组织产品的生产过程，才能够把工业企业的生产组织好。

工业生产的行业和部门是很多的。在这本书里，不可能讨论每一个行业（部门）的企业生产过程的组织方法和组织形式，而只能就工业生产部门的两大类——加工工业的企业和采掘工业的企业，来说一说生产过程的组织形式问题。

在加工工业中，机械工业最为复杂，并且在加工工业中具有一定的代表性；在采掘工业中，煤炭工业也具有一定的代表性。所以，我们就以这两个工业部门的企业为代表，来讨论生产过程的组织问题。

一　机械工业企业生产过程的组织形式

机械工业企业生产过程的组织工作，必须根据机械工业生产的特点来进行。

机械工业企业的生产过程，有哪些特点呢？

其一，机械工业产品的结构比较复杂。机械工业，是一种加工—装配性的工业。机械工业产品，是由许许多多的零件、部件组成的，结构一般比较复杂。

由于机械产品的结构比较复杂，并且可以解体和装配，所以对产品的各个组成部分——部件、零件，可以分别进行加工，最后集中起来进行装配。这就决定了这些零件在精度上，在出产时间上，有比较复杂的配合关系。只有在精度上、时间上使它们严格地配合和衔接起来，才能顺利地、及时地把机械产品生产出来。

---

① 毛泽东：《矛盾论》，《毛泽东选集》第一卷，人民出版社1952年第2版，第296—297页。
② 同上书，第299页。

其二，机械工业产品的工序比较多，并且这些工序，要分别在许多不同的工作地上进行。机械工业产品的每一个零件，都要经过许多道工序才能加工出来，稍微复杂一些的、零件多一些的机械产品，就要有成千甚至上万道工序。这些工序，是分别由分布在不同车间、固定在不同工作地上的许多工人共同完成的，所以劳动对象必须经过许多车间和工作地，逐道工序地进行加工。这就决定了产品在生产过程中，有比较复杂的运输路线和工序结合方式。

其三，机械工业企业出产的产品种类一般比较多。机械工业企业，一般都出产几种，甚至几十种机械产品。这些产品，都有自己特定的生产过程，必须把它们统一地组织到一起，纳入一个统一的生产过程，否则，就很难保证生产的顺利进行。这些不同的产品，都要在同一段时间内，在同一些车间和工作地进行加工；每种产品的各个零件，在出产的时间上，又都必须配合得好，必须成套；并且，每个零件，又都要求不间断地处在加工、运输或者检验的过程中。所有这些，都决定了机械工业企业的生产过程，具有很大的复杂性。

下面，着重地说一说机械工业企业通常采用的两种生产过程组织形式。

（一）流水生产

流水生产是一种先进的生产组织形式，采用这种生产组织形式，能使劳动对象在工序之间具有合理的移动方式，有效地缩短生产时间，充分地利用设备和工时。

什么是流水生产，它具有哪些主要特征呢？

（1）产品的各道工序，在时间上相等或者成倍比。

（2）各道工序时间的比例，同担负各道工序的工作地数量的比例相一致。例如，相邻的三道工序的时间是：10分、20分、10分，那么，这三道工序的工作地比例就是：1：2：1。

（3）各道工序，都由固定的工作地进行加工，这些工作地，按照加工的顺序排列，劳动对象，按单向运输路线流动。

（4）按照节拍进行生产，也就是说，按照一定的间隔时间（节拍），一件一件地出产产品。

采用流水生产方法，可以提高企业产品生产过程的连续性、比例性和节奏性；便于采用先进的工艺和高效率的技术装备；便于采用高效率的运输工具，缩短产品和零件的运输路线；便于实现高度的平行作业，缩短生产周期；便于充分利用机器设备，贯彻执行工艺纪律，提高劳动生产率。总之，采用流水生产的方法，可能取得全面的经济效果。

但是，并不是在任何条件下，都可以采用流水生产的方法。采用这种方法，需要有一定的条件，例如：产品结构和工艺要比较稳定；产品数量要比较多，生产任务要比较稳定；工作地专业化程度要比较高，等等。

怎样根据不同的条件，具体地运用流水生产的方法呢？

首先，必须根据不同的生产条件，来选用不同种类的流水生产线。流水生产线，是实现流水生产的组织形式。流水生产线的种类很多，通常可以从以下几个方面进行分类：

第一，从生产的产品品种的固定程度来看，有不变流水线和可变流水线。不变流水线，固定地生产一种产品。工作地专业化程度最高，一般只是在大量生产某种产品的条件下，才能采用，因而又叫大量流水。可变流水线，轮番地生产几种产品，适合于在成批地轮番地生产某几种产品的时候采用，所以也叫成批流水。在成批流水线上生产的几个品种，必须有相似的工艺过程，各道工序的时间比例，也必须近似。否则，变换品种以后，就不能充分利用机器设备和工时。

第二，从生产过程的连续程度来看，有连续流水线和间断流水线。在连续流水线上，劳动对象始终处在加工或者运输过程中，没有等待的现象。在间断流水线上，由于各工序的劳动量不完全相等或者不完全成倍比关系，所以劳动对象就有停放和等待的现象。

第三，从劳动对象移动的情况来看，有劳动对象固定不动的流水生产线和劳动对象流动的流水生产线。前者，在劳动对象特别笨重，或者由于其他原因，无法移动的条件下，比较适用，例如，造船企业采用的船台装配流水生产线，就是劳动对象固定不动的流水线。后者，在劳动对象可以移动的条件下，适宜采用，例如，一般的机械加工企业中的流水线，都是劳动对象流动的流水生产线。

第四，从流水生产线所涉及的范围大小来看，有工段（小组）流水生产线、车间流水生产线和贯穿全厂的大流水作业线。最常见的是工段流水生产线。

第五，从流水生产线的机械化程度来看，有手工流水生产线，机械化流水生产线和自动化流水生产线。自动流水生产线，是最完善的流水生产组织形式，它的特点，是把各种机器设备和运输装置，结成统一整体，对劳动对象的加工、检验和运输，都自动地进行。

其次，要做好组织流水生产线的准备工作。在运用上述各种流水生产线的时候，一定要分析不同工业企业生产的特点，并且，要做好一系列的准备工作，为流水生产线的采用创造条件。组织流水生产线的准备工作，包括以下几个方面的内容：

第一，在组织流水生产线之前，要仔细地分析是否具备采用流水线的条件，分析采用流水生产线，在技术上的可能性和经济上的合理性。

进行这种分析的主要目的，是为了选择和确定所采用的流水生产线的具体形式。

在分析的时候，先要考虑这种产品生产任务的大小和生产时间的长短。如果产量大、生产期限长，就能保证流水线比较稳定；再考虑产品结构和工艺的稳定程度。如果产品结构和工艺不稳定，流水线也就不能够稳定。

流水生产线的稳定程度，同它的经济效果有直接的联系。如果流水生产线很不稳定，经常需要调整，或者重新组织，那么，用在这上面的劳动量就会增多，甚至采用流水线带来的节约，也补偿不了这方面的支出。在这种情况下，采用流水线，当然是不经济的。

第二，要进行以下的设计和计算工作。

（1）计算和确定流水生产线的节拍。在组织流水生产的时候，必须先计算和确定节拍。

节拍，就是为流水生产线规定的生产两件产品之间的间隔时间。节拍的计算公式是：

$$平均节拍 = \frac{计划期有效工作时间}{计划期产量}$$

计划期有效工作时间，是从制度工作时间里扣除修理机器设备、调整机器设备、更换工具和工人休息时间以后的全部时间。

计划期产量，包括计划产量、计划期预计废品量和计划期储备量的增减数。

（2）组织工序的同期化。前面说过，在流水生产线中，各道工序的加工时间，应当和流水线的节拍相同，或者成倍比关系。这种比例关系的实现，称为工序的同期化。

实现工序的同期化，需要从多方面采取措施，其中一个很重要的方法，就是通过工序的集中和工序的分散来调整工序的长短。

工序的集中，是把几道比较小的工序，合并为一道工序；工序的分散，是从一道比较长的工序中，分出部分作业，合并到比较小的工序中去。通过工序的集中和分散，可以把各个同节拍不成比例的工序，调整为和节拍相等或者成倍比的关系。

除了用工序集中和工序分散的办法，来调整工序以外，还可以通过采用先进工艺，合理设置工作地和配备工人，改善设备状况等多方面的办法，来调整工序时间的长短，实现工序的同期化。

（3）确定工作地数量。产品各道工序的加工时间的长短，是不相同的。为了适应流水生产的节拍，就要正确地计算和确定各道工序需要的工作地数目。可以采用下列公式来计算：

$$某工序需要工作地数（或机器设备数） = \frac{工序单件时间定额}{节拍}$$

需要工作地数不一定是整数，而实际工作地数则都是整数；并且，即使需要工作地数也是整数，但也不一定同实际可能提供的工作地数完全相等。因此，需要计算工作地（或机器设备）负荷率，用以考察工作地负荷程度的高低。它的计算公式是：

$$工作地（或机器设备）负荷 = \frac{需用工作地（设备）数}{实际采用工作地（设备）数}$$

对负荷过大的工作地，必须采取措施来压缩工序劳动量。对负荷不足的工作地，可以实行工人兼管多台机器设备，或者采用一台机器设备兼做多道工序的方法来进行调节。在超负荷或者负荷不足的幅度不大的时候，也可以用配备不同熟练程度工人的办法，来进行调节。

（4）确定工作地（或设备）的排列方式。在排列工作地（或机器设备）的时候，应当使产品从一个工作地，送到另一个工作地的运输距离最短，消耗时间最少，生产面积利用得最好。还应当注意，既要保证生产工人操作的方便，又要考虑到辅助部门工作的方便。

除了上述准备工作以外，还应当做好流水生产线的各项供应工作和服务工作。

（二）生产线

流水生产，是先进的生产过程组织形式。但是，并不是每个企业，在任何时候，都能够采用这种组织形式的。在不能采用流水生产的条件下，企业可以通过一定的努力，采用生产线的组织形式。这样做，也能取得良好的效果。

生产线，是按对象专业化形式组织起来的多品种的生产单位。它拥有或者基本上拥有完成某几种产品的一定的加工阶段的机器设备。这些机器设备，是按照生产线上多数产品或者主要产品的工艺路线和工序劳动量比例，来排列和配备的。

生产线，是在加工—装配性的工业企业里，比较广泛地采用的一种生产组织形式。它同流水生产线相比较，主要的区别点在于：它不能像流水生产线那样，严格按照节拍生产产品；不适于像流水生产线那样，较多地采用专用的、高效率的技术装备；不能保证产品生产过程的高度的连续性。因而，它的生产效率，要比流水生产线低一些。

但是，在每一条生产线上可以生产的产品品种，要比流水线上可以生产的产品品种多，所以，它具有更大的灵活性，更能够适应多品种生产的需要。例如，在那些产品的品种规格复杂，产品零部件数目很多，而每种产品的产量又不大，企业的设备也不多的加工工业企业里，就不适于采用流水生产线。在这种情况下，采用生产线的组织形式，可以取得良好的经济效果。这是因为，在具有上述条件的企业里，如果全部零件的生产，都采用流水线的组织形式，其结果，一方面，会使流水线的数目增多，即使是组织多品种的可变流水线，往往也要组织几十条，甚至上百条，方才够用，而这样做，一般是不可能、也是不必要的；另一方面，由于每种产品的数量不够大，这些流水线的负荷，就不会充分，流水生产的优点，也就不可能充分地发挥，势必会随着品种的变换，不得不频繁地改组流水线，大大增加开支。

为了使生产线的组织形式，能够更好地发挥出它的优越性，在组织生产线的时候，需要注意下面几个问题：

第一，进行经济效果的分析。也就是说，要考虑到组织生产线所带来的节约，是否能够大于改组生产线时所支出的费用。例如，在把工艺专业化的生产工段，改组为生产线的时候，要仔细地考虑，这样改组以后，设备能不能充分利用，改组时搬动设备所支出的费用和停工损失，是不是能够从改组以后运输费用的节省和劳动生产率的提高等方面得到补偿，等等。

第二，保证生产线具有一定的灵活性。所谓灵活性，是指生产线对于产品品种的变化，要有比较强的适应能力。适应能力越强，能够生产的产品品种就越多；在变换品种的时候，用在调整机器设备方面的费用就越少，用于调整产品设计和工艺的劳动量也越少。因此，提高生产线的灵活性，也是使生产线取得良好经济效果的一个重要条件。

第三，处理好技术不断改进同生产线要求产品在结构上、工艺上的稳定两者之间的矛盾。我们知道，生产线的采用，要求产品的结构和工艺具有一定的稳定性。但是，随着科学技术的进步，产品的结构、工艺方法和工艺路线，是需要不断改进的。这两者之间，存在着一定的矛盾，需要正确地处理。解决这一矛盾的办法，主要有以下几个方面：

（1）扩大零件、部件的标准化与通用化程度，减少不必要的零件、部件的类型。

（2）通过工艺典型化，减少工艺方法的不统一和不必要的多样性。

（3）使生产线的组成，有比较宽的加工范围。

（4）在配置设备、组织生产线的时候，要做好必要的准备，以便将来生产线的调整和改组，能够以最少的费用和最短的时间完成。

总之，生产线是一种适应面更广的生产过程组织方法。它既适合于在成批生产条件下采用，也可以在大量生产的条件下采用，并且，在单件小批生产的条件下，通过某些技术组织措施（比如，零件的标准化、通用化、工艺过程典型化和组织同类型零件集中生产，等等），也可以采用生产线的组织形式。

二　煤炭工业企业生产过程的组织形式

煤炭工业企业生产过程的组织工作，也必须根据煤炭工业生产的特点来进行。

煤炭工业企业的生产过程，有哪些特点呢？

第一，劳动对象是固定不动的，工人和设备，要随工作面的推进而不断移动。煤炭工业生产的劳动对象，是自然生成的煤炭资源。煤炭工业产品的生产过程，就是把埋藏在地下或者山岳中的煤炭，开发出来的过程。在生产过程中，这些地下资源，是不能移动的，只有经过开采以后，才能通过运输使它们改变位置。因此，在煤炭工业企业的生产过程中，不是工人和设备固定在工作地，劳动对象顺序地被送到各个工作地去加工，而是工人和设备要常常随工作面的推进而移动，并且逐次地从开采完毕的工作面，转移到新的工作面。这是一个周而复始、循环不已的过程。在这里，加工工业企业里存在着的，劳动对象在工序之间如何移动的问题，不存在了，新旧工作面如何接替的问题，以及如何按照工作面向前推进的要求，组织正规循环作业的问题，就成了突出的问题。

第二，生产准备工作非常繁重。煤炭工业企业同各种加工工业企业一样，为了保证生产正常地进行，也需要准备好生产所需的各种设备、工具、材料和技术文件。同时，它还必须进行掘进和剥离工程，为回采准备新的采区和工作面。这是采掘工业所特有的生产准备工作。这项生产准备工作非常繁重，需要在企业内部组织专门的队伍，设置专门的生产单位，经常进行。做好了掘进、剥离工作，保持掘进、剥离同回采的正确比例，及时地为回采准备好新的工作面，才能够保证生产顺利地进行。

第三，厂内运输工作特别重要。在煤炭工业企业里，运输在生产过程中占有特别重要的地位。大家知道，煤炭是一种产量比较大，并且相当笨重的工业产品。要把它从几百公尺深的矿井里提升出来、集中到煤仓，并且还要及时地发往各地，如果离开了强大的运输力量，是不可想象的。

第四，受自然地质条件的影响比较大。煤炭生产，绝大多数是在矿井里进行的。在井下进行的各种生产活动，受自然地质条件的影响十分显著。例如，井下的工作地一般比较窄小，地下水、瓦斯、煤尘、岩尘、地层压力等自然条件的影响，对于劳动条件的改善，对于生产安全地、顺利地进行，都是很不利的。这就要求，煤炭工业企业在组织生产的时候，要充分考虑地下作业的特点和各种自然条件的影响，并且要特别注意加强安全技术工作，严格地贯彻执行保安规程。

上述这些特点，都是在组织煤炭工业生产的时候，需要特别注意的问题。其中，同生产过程组织形式的选择问题关系最为直接的第一个特点，即煤炭工业生产的劳动对象固定不动，工人和设备要随工作面的推进而移动。适应着这一特点，在采掘工作面，需要采用循环作业的组织形式。

什么是循环作业的组织形式呢？

循环作业的组织形式，是目前煤炭工业企业里广泛采用的一种生产过程组织形式。前面说过，在煤炭的生产过程中，工作地点随采掘工作面的推进而移动，每向前移动一次，都要重新执行在上一个工作地执行过的各个工序。这是一个周而复始的工作过程，本身就具有循环性。按照这种循环性的规律去组织生产，就是循环作业。

由于循环作业的组织形式，反映了采掘工业所具有的循环性的客观要求，按照这种方法去组织生产，就能够使各个工作班每天的工作内容不变。例如，在一昼夜（三班）一个循环的条件下，每天都是有两个班出煤，一个班做修理和准备工作，从而使每个工作班每天的工作内容、工作量，都同样地重复着。这样，就便于工人积累经验和掌握技术，从而能够加快采掘工作进度，保持正常生产秩序，保证安全生产。因此，它是煤炭工业企业，组织产品生产过程的一种先进而有效的方法和形式。

循环作业的每一个循环，都具有三个要素：（1）循环进度，它表明采掘工作面在经过一个循环之后，在空间上位置的移动；（2）循环时间，即全部工作重复进行一遍所需要的时间；（3）循环的工作内容，即循环所包括的工序组成。

完成一个正规循环，必须是全面地完成上述三个要素所包含的指标。如果只规定循环进度，不规定循环时间，每个循环可能是三班完成，也可能是两班半完成，就不能保证每班工作内容的固定。因此，这也就不是一般所需求的正规循环。

循环作业的组织工作，通常采用图表来进行。循环作业图表包括以下三个方面的内容：（1）工作计划图表；（2）工人出勤图表；（3）技术经济指标图表。

在回采工作面或者在掘进工作面采用循环作业的时候，都要包括上述三部分内容。为了便于说明问题，这里以回采工作面为例，来具体谈谈这三部分内容。

（1）工作计划图表，是指导回采工作面安全地、协调地进行各项工作的具体计划，是循环作业图表中最主要的组成部分。工作计划图表，是根据技术经济指标图表中所指明的，矿山地质条件和技术条件等已知因素来编制的。它的主要内容，是说明一个工作面，在一个循环中，各项工作程序在什么时间和地点内进行，以及进行的顺序和相互的关系。

（2）工人出勤图表，是表明在完成工作计划图表的各项要求的过程中劳动组织状况的图表。它表明，工作计划图表中的各项工作，需要由哪些工种的工人和用多少工人来完成。它是根据矿山地质条件、技术条件等已知因素和工作计划图表来制定的。它确定着每个轮班内各种工人的需用量、一昼夜工人总数，以及各种工人的作业时间。

（3）技术经济指标图表，包括两部分内容，一部分是已知条件，是制定前两个图表的基础；另一部分是工作要求，表明按前两个图表进行工作应当达到的生产的经济效果，所以它也是班组工作的指标。

上面谈到的这三个图表，是有机地联系在一起的，它们结合在一起，构成了回采工作面的完整的循环图表。

回采工作面的循环图表，是怎样编制的呢？

简单地说，它是按照下述程序编制的：

第一，先要分析矿山的地质条件，例如，要分析煤层厚度、倾斜度、煤层构造、煤的硬度、瓦斯喷出量，以及顶板岩石的种类和性质，等等。

第二，根据矿山的地质条件，确定采矿的技术条件，例如，确定采煤方法、采高、顶板管理方法、工作面长度、工作面使用的机械和工具的类型及其生产能力，等等。同时，根据已定的开采方法和使用的机械，确定工作面循环进度。

第三，根据已知的地质条件和技术条件，决定工作面在一个循环中，有哪些工作程序，进而确定各项工作程序的作业规程。

第四，根据上面的已知条件，确定工作面在一个循环内，各项工作程序的顺序，以及在时间上和空间上的安排，同时，计算各项工作程序的工作量。在正确地解决了这些问题之后，就可以编制工作计划图表。

第五，根据计算出来的各项工作程序的工作量，以及相应的工种工人的计划劳动生产率，来计算一个循环内，需要各工种工人的人数，编出工人出勤表。

第六，最后，计算出一系列的技术经济指标，例如，产量、材料消耗定额、每个循环的工资支出，以及每吨煤的工作面成本，等等。把这些指标，同前面提到的那些技术经济条件合到一起，编出技术经济指标图表。

按照上面的程序编制的循环作业见表6-3。

第六节　工业产品的生产周期

缩短工业产品的生产周期，是生产过程组织工作的基本要求之一。

什么是工业产品的生产周期呢？

工业产品的生产周期，也称为生产循环期，是指从原料、材料投入生产开始，直到生产出成品为止，所经历的全部时间。

使用截煤机—昼夜—循环的循环表

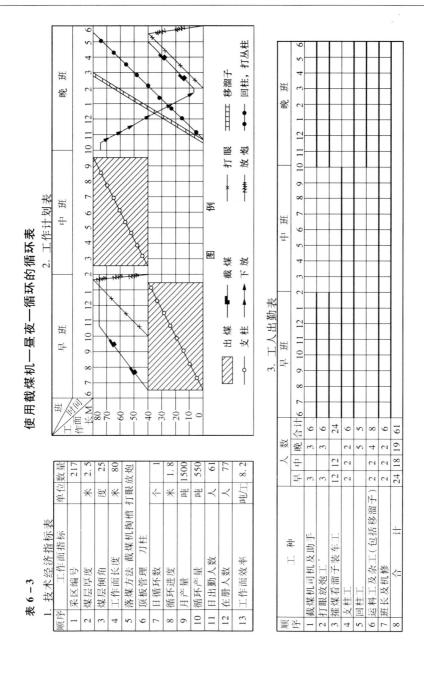

1. 技术经济指标表

表6-3

顺序	工作面指标	单位	数量
1	采区编号		217
2	煤层厚度	米	2.5
3	煤层倾角	度	25
4	工作面长度	米	80
5	落煤方法　截煤机掏槽　打眼　放炮		
6	顶板管理　刀柱		
7	日循环次数	个	1
8	循环进度	米	1.8
9	月产量	吨	1500
10	循环产量	吨	550
11	日出勤人数	人	61
12	任册出勤人数	人	77
13	工作面效率	吨/工	8.2

2. 工作计划表

图例：出煤　支柱　截煤　下放　打眼　放炮　移溜子　回柱，打丛柱

3. 工人出勤表

顺序	工种	人数 早	中	晚	合计
1	截煤机司机及助手	3		3	6
2	打眼放炮工	3		3	6
3	攉煤看溜子装车工	12	12		24
4	支柱工	2	2	2	6
5	回柱工			5	5
6	运料工及杂工(包括移溜子)	2	2	4	8
7	班长及机修	2	2	2	6
8	合计	24	18	19	61

工业产品的生产周期，包括两部分内容：劳动过程时间和劳动过程中断时间。

劳动过程时间，是劳动者对于劳动对象进行工艺加工、检验、运输等工序所占用的时间，所以也称为工序时间。

劳动过程中断时间，是劳动对象在工序之间停顿和等待的时间。

劳动过程的中断，有两种不同的情况：一种是技术性中断，即由于生产技术上的需要，而引起的劳动过程中断，例如，劳动对象的自然干燥和冷却，等等。另一种是组织性中断，即由于生产过程组织条件的影响和组织工作的缺陷，而引起的劳动过程中断，例如，劳动对象等待加工、等待装配和等待运输，等等。

生产周期，是制订作业计划和组织生产的一个重要数据。例如，按日历时间计算出产品或者零件的生产周期以后，就可以用来确定产品或者零件应当在产品出产期之前多少天投入生产。为了便于对生产进行计划和组织工作，工业企业应当正确地计算产品的生产周期。

不同工业产品的生产周期，各有不同的计算方法。比如说：

（1）结构简单，不能分解成零件，并且是单件生产的产品，计算生产周期的方法，就比较简单。在这种情况下，各道工序占用的时间和各种中断时间相加，就是产品的生产周期。

（2）结构比较复杂，并且是成批生产的产品，计算生产周期的方法，就比较复杂。

大家知道，结构比较复杂的产品，一般都是由许许多多的零件装配成的。这样，就需要先计算出零件的生产周期，然后才能算出整个产品的生产周期。由于产品的零件通常不是加工完一件以后，再开始加工另一件，而是平行交叉地进行的。因此，产品的生产周期，并不是各个零件生产周期的简单相加，而是把交叉重叠的时间扣除以后的各个零件生产周期的总和。

如果成批地生产这些结构比较复杂的产品，情况就更加复杂。这时，由于零件是一批批地加工的，所以首先必须计算出每一批零件的生产周期，然后再扣除重叠时间，算出产品的生产周期。

工业企业不但要计算产品生产周期，更重要的，是要设法缩短产品的生产周期。缩短工业产品生产周期的意义是很大的，它可以加快生产进度，增加生产数量，及时地为国民经济提供更多的工业产品；它可以充分地利用设备和劳动力，提高劳动生产率；它可以减少在制品占用数量，加速资金周转，降低生产成本，等等。

那么，怎样才能有效地缩短产品的生产周期呢？

缩短工业产品的生产周期，需要从工业企业技术工作和组织工作的各个方面采取措施，最主要的措施，有以下几个方面：

第一，通过革新技术，减少工业产品的劳动消耗量。诸如：改进产品的结构，消除产品的某些不必要的组成部分（零件或者部件）；采用先进的工艺方法；提高企业技术水平，采用高效率的机器设备；提高工人的技术熟练程度，等等。

第二，缩短运输和检验等辅助工序时间。诸如：改进运输工具和检验工具；改善运输和检验工作的组织；改善运输和检验方法，等等。

第三，改进生产准备和辅助业务的组织工作。诸如：认真实行机器设备的计划预防修理制度；组织好原料、材料和各种工具的供应，等等。

第四，改进计划调度工作。诸如：合理地安排产品品种，减少同时生产的品种；采取合理的投料方式，保证产品加工的成套性；改进作业计划工作和正确地进行调度工作，等等。

第五，改进生产过程的组织方法。诸如：合理地设置生产单位，组织对象专业化的生产单位；采用流水生产线等先进的生产过程组织形式；正确地选择劳动对象的移动方式，等等。

除此之外，确定合理的工作轮班制度，改善劳动组织工作，等等，对于缩短产品生产周期，也都有重要的作用。

第 七 章
社会主义工业企业计划
管理的任务和内容

生产，是工业企业一切活动的中心。社会主义工业企业的生产，是按计划进行的。因此，在说了工业企业生产过程的组织以后，需要接着来说一说工业企业的计划管理问题。

社会主义工业企业的计划管理工作，内容很丰富，从这一章开始，准备分三章来讨论其中的一些主要问题。这一章，先说一说工业企业计划管理中的一些综合性的问题；在下面两章里，再分别地说一说生产计划和生产作业计划。至于工业企业中其他各种计划的具体内容、编制方法等问题，将在以后各有关的章节中再做详细的讨论。

这一章，分以下六节来说明：

一、社会主义工业企业计划的特点；

二、计划管理的任务；

三、计划的内容；

四、定额、原始记录和统计；

五、计划的编制；

六、计划的组织实现和检查。

第一节 社会主义工业企业计划的特点

在第二章"社会主义国营工业企业管理概论"中曾经指出，计划性是社会主义工业企业管理的一个基本原则。要实现这个原则，就必须认真地做好工业企业的计划管理工作。

一 计划管理的重要性

计划管理的重要性，首先是由现代工业企业本身的特点决定的。前面已经说过，现代工业企业的生产过程是十分复杂的，它要由成千上万个劳动者一起来完成。劳动者使用着现代化设备，他们之间的分工，十分精细，协作关系十分严密。同时，在工业企业里，除了直接的生产工作以外，还有技术、劳动、供销、财务等许多不可缺少的工作。这些工作，都是为生产服务的，同生产有着密切的联系。在这种情形下，要把工业企业里成千上万个劳动者的活动，按照大机器生产的要求，合理地组织起来，要把工业企业里的各项工作，以生产为中心有机地结合起来，从而保证生产正常地、协调地进行，就必须有统一的计划，必须有严格的计划管理。否则，要正常地进行生产，是不可能的。这就好像一个乐队，如果没有统一的乐谱，就不能演奏出和谐悦耳的乐曲一样。一个乐队，没有统一的指挥，是不能共同演奏的，而没有统一的乐谱，就不可能进行统一的指挥。现代工业生产的进行更是这样，没有高度集中的统一领导和统一指挥，现代工业生产，是不可能顺利进行的，而没有统一的计划，就不可能对现代工业生产实行统一领导和统一指挥。这个道理，是十分清楚的。

在社会主义制度下，严格的计划管理，不仅是现代工业企业生产本身的要求，而且，更重要的，它是整个国民经济有计划、按比例发展的客观要求。社会主义经济是计划经济。每一个工业企业的计划，都是国民经济计划的有机组成部分。只有每一个工业企业都严格地按计划办事，全面完成和超额完成国家规定的计划任务，整个国民经济计划才能顺利地实现，国民经济才能够多快好省地向前发展。相反的，如果每个工业企业的生产不是有计划地进行的，而是无政府状态的，那么，整个国民经济也就不可能有计划地、顺利地发展。所以，社会主义工业企业的计划管理问题，是一个直接关系到国民经济能不能有计划、按比例发展的重大问题。毛泽东同志说：人类的发展有了几十万年，在中国这个地方，直到现在方才取得了按照计划发展自己的经济和文化的条件。自从取得了这个条件，我国的面目就将一年一年地起变化①。我们要充分利用有计划地发展经济和文化的条件，充分发挥计划经济的优越性，迅速地改变我国"一穷二白"的面貌，就必须做许多工作，而其中重要的一环，是要切实地加强每一个工业企业的计划管理工作。

在社会主义工业企业里，一切工作都是为全面完成和超额完成国家计划服务的；一切工作都是有计划地进行的。因此，企业计划管理工作的好坏，不仅直接影响到企业生产活动的进行，而且也影响到企业其他各项管理工作的开展。计划是企业经济核算的依据。计划指标确定得是否合理，是否层层落实，对于巩固企业的经济核算，有重大的作用。只有有一个多快好省的计划，才能指导企业取得良好的经济效果，而一个少、慢、差、费的计划，就会给企业造成人力、物力、财力的浪费和损失。企业的计划管理工作，和健全企业的责任制也有密切的关系。如果计划指标确定得过高，就会挫伤群众的积极性，不能使他们对工作真正负责；如果计划指标确定得过低，就不能充分调动群众的积极性，也会削弱他们的责任感。同样，企业的计划管理工作和技术管理、物资供应、劳动管理等各项工作，也都有密切的关系。所以，计划管理就好像是整个企业管理工作的纲，抓住这条纲，纲举目张，才能够促使其他各项管理工作走上正常的轨道；相反，如果放松了计划管理，那么，工业企业的其他各项管理工作，就不能有明确的方向，就不能很好地协调配合。我们要加强工业企业管理，首先就要加强工业企业的计划管理。

二　社会主义工业企业计划的特点

没有计划，现代工业企业的生产就不可能进行，就会陷入混乱状态。

---

① 毛泽东：《红星集体农庄的远景规划》一文按语，《中国农村的社会主义高潮》上册，人民出版社1956年版，第311页。

不但社会主义工业企业的生产要有计划，资本主义工业企业的生产也是有计划的。但是，社会主义工业企业的计划，同资本主义工业企业的计划，是有根本区别的。

同资本主义工业企业的计划比较起来，社会主义工业企业的计划有哪些特点呢？

（一）国家性

社会主义工业企业的计划，是在国家的集中领导和统一计划下制定和实现的，企业的计划，必须服从国家的计划。

我们知道，资本主义工业企业是资本家的私有财产。企业的一切活动，都是服从资本家个人的意志和利益的。因此，在资本主义社会里，尽管在个别企业内是有计划地组织生产的，但是，整个社会生产却不可能按照统一的计划进行，只能是无政府状态的。恩格斯说：社会的生产与资本主义的占有之间的矛盾，表现为个别工厂中生产的组织性与全社会中生产的无政府状态之间的对立[1]。这就是说，在资本主义制度下，社会生产的无政府状态同个别企业有组织、有计划生产之间，存在着尖锐的矛盾。这种矛盾，严重地束缚着资本主义企业和资本主义社会生产的发展。

在社会主义社会里，情形就根本不同了。社会主义国营工业企业，是全民所有制的经济组织。它的生产活动，要服从全社会的利益，服从国家的集中领导和统一计划。因此，不但在工业企业内部，生产是有组织、有计划地进行的，而且，整个国民经济的发展，也是有计划、有组织的；不但企业内部的各个环节、各个方面、各个人，要服从企业的统一计划，而且，各个企业的活动也都要服从国家的统一计划。社会主义的工业企业，不能够、不允许无计划地进行工作，更不能够、不允许按照同国家计划相抵触的另一种计划进行工作。社会主义工业企业计划的这种国家性，保证了工业企业内部的高度组织性和计划性，同整个国民经济的高度组织性和计划性之间的统一。企业生产的有计划进行，可以保证整个国民经济有计

---

[1]　恩格斯：《反杜林论》，人民出版社1956年版，第286页。

划、按比例地发展，而国民经济的有计划、按比例地发展，反过来又为企业有计划地组织生产，提供了前提条件。

（二）群众性

社会主义工业企业的计划，是在职工群众的积极参加下制定和实现的，企业计划具有广泛的群众基础。

在资本主义工业企业里，广大职工群众和资本家之间存在着不可调和的阶级矛盾。资本主义企业的计划，是资本家投机取巧、相互竞争的计划，是资本家压迫和剥削工人，榨取利润的计划，它同广大职工群众的利益是根本对立的。因而，广大职工对企业的计划不仅不关心，而且会进行强烈的抵制和反抗。

在社会主义工业企业里，情形就根本相反了。在这里，工人群众是企业的主人。工人和管理人员的社会地位是平等的，他们之间结成了同志式的互助合作关系。社会主义工业企业的计划，是增加社会产品、扩大社会主义积累的计划，是为全体劳动人民的利益服务的计划。它同职工群众的切身利益息息相关，因而是全体职工所十分关心的事情。社会主义工业企业的计划，必须依靠群众，采取"从群众中来，到群众中去"的方法来制订，必须正确地体现全体劳动人民的利益和要求，集中广大职工的经验和智慧；同时，必须依靠群众的力量来组织计划的实现。只有这样，计划才能真正成为职工群众的行动纲领。如果不是这样做，而是由少数人主观主义地制订计划，并且用单纯的行政命令来贯彻执行计划，那么，这种计划必然是脱离实际的，它不能正确地指导生产，也不能调动群众的积极性。

（三）现实性

社会主义工业企业的计划，是在自觉地运用客观规律的基础上，经过全面的、科学的计算制订出来的。计划中规定生产的产品，是符合社会需要的，生产这些产品，又是有物质保证的，因而，它是必须实现也是完全可以实现的。

在资本主义制度下，社会生产是无政府状态的。就每个资本家来说，社会的需要对他是一个未知数，无论在质的方面即所需要的物品的种类方面或在量的方面都一样[①]。因此，资本家只能根据对市场行情的主观臆测来制订计划。这种计划，是没有科学根据的，是极不稳定的，它必然要被市场行情的自发波动经常打乱，给企业的人力、物力、财力造成极大的浪费。

社会主义工业企业的计划，与资本主义根本不同。它是在国家的集中领导和统一计划下制订的。计划中规定要生产的产品，是有销路的，生产这些产品所需要的原料、材料、燃料及劳动力，等等，也是在国家统一计划下，有计划地供应的。在国家的领导下，社会主义工业企业必须从实际出发，进行深入的、周密的调查研究，精确地计算自己的生产能力，计算产品的销路，计算原料、材料、燃料和劳动力等的需要量，经过反复的平衡，然后拟订自己的计划。这样的计划，是有科学根据的，是有可靠保证的，是相当稳定的。因而它可以正确地指导生产的进行，有效地利用一切人力、物力和财力。

上面说的社会主义工业企业计划的这些特点，是相互联系的。它们都是由社会主义国营工业企业的全民所有制决定的。这些特点，也正是社会主义工业企业的计划根本优越于资本主义工业企业计划的表现。它为社会主义工业企业建立和健全科学的计划管理提供了可能。我们必须正确地认识社会主义工业企业计划的特点，并且，严格地按照这些特点来进行工作，充分地发挥社会主义计划经济的优越性。

第二节　计划管理的任务

前一节说过，社会主义工业企业的计划管理工作有很重要的意义，那么，它所要解决的是什么问题呢？或者说，社会主义工业企业计划工作的任务是什么呢？

总的来说，社会主义工业企业计划工作的任务，就是要通过编制计划，组织计划的执行，以及对计划的执行情况进行检查，把工业企业内的

---

① 恩格斯：《哲学的贫困》的序言，《哲学的贫困》，人民出版社1953年版，第17—18页。

各种力量、各项工作，科学地组织起来，指导企业生产协调地发展，保证全面完成和超额完成国家计划。具体地说，有以下三个方面：

一　根据国家下达的计划，编制企业的计划，把企业的生产经营活动纳入统一的计划

前面说过，社会主义工业企业的计划工作，是在国家的集中领导和统一计划下进行的。国家根据社会的需要和可能，根据各个工业企业的生产条件，在全面安排、综合平衡的基础上，给每个企业下达计划任务。国家下达的计划任务，是每个工业企业必须完成的。社会主义工业企业的计划，必须严格根据国家下达的计划任务来编制，必须保证全面完成和超额完成国家的计划任务。只有这样，才能把工业企业的生产经营活动纳入国家的统一计划，才能保证国民经济的顺利发展。如果工业企业的计划同国家的统一计划脱节，用这样的计划来指导企业的生产，就会使企业的活动离开国家统一计划的轨道，破坏国家的统一计划，这是绝对不能允许的。

国家给工业企业下达的计划任务，只包括企业所必须完成的主要指标，例如，产品的品种、质量、数量，劳动生产率，成本降低率，利润，等等。工业企业还必须根据国家下达的各项指标，具体地编制本企业全面的生产技术财务计划，以便把企业内部的各个车间、各个小组、各个职能机构和各个人的生产经营活动，把企业内的生产、技术和经济等各项工作，都纳入全厂的统一计划。只有这样，才能把企业的生产经营活动，按照国家统一计划的要求组织起来，保证全面完成和超额完成国家计划。相反，如果工业企业不根据国家下达的计划任务，具体地编制本企业的计划，或者，企业虽然编制了计划，但是这种计划是不全面的，没有把企业内部各个环节、各项工作都纳入计划，那么，企业的生产经营活动是不可能协调地进行的，国家下达给企业的计划任务，也是不可能完成的。

二　使企业内部的各个生产环节的活动、各项工作，在企业的统一计划下协调地进行

工业企业内部各个生产环节的活动、各项工作，必须在企业统一计划下协调地进行，这是企业顺利地进行生产的客观要求。我们知道，工业企业要生产一定品种、一定质量和数量的产品，就需要有一定种类和一定数量的原料、材料、燃料等物质资料，要有一定的劳动力，等等，在这些方面，客观上存在着一定的比例关系。产品的生产，要经过许多加工阶段和加工工序，这些加工阶段和加工工序，是分别由企业内部各个车间、各个小组来完成的，在各个车间和小组的生产能力之间，客观上也存在着一定的比例关系。企业要进行生产，还需要有供应动力、维修设备等辅助生产单位，这些辅助生产单位的能力，同直接制造产品的基本生产单位的能力，也有一定的比例关系。企业要进行生产，还需要做好各种生产准备工作，例如，产品的设计和试制，工艺装备的制造，等等，在生产准备的力量同生产任务之间，也有一定的比例关系，如此等等。企业的生产要能够正常地进行，就必须自觉地协调上述各种比例关系，即保持企业内部各个环节、各项工作之间一定的平衡。

但是，客观事物的发展，经常会出现不平衡，这是一种规律。毛泽东同志在《矛盾论》中明确地说过：无论什么矛盾，矛盾的诸方面，其发展是不平衡的。有时候似乎势均力敌，然而这只是暂时的和相对的情形，基本的形态则是不平衡①。在工业企业里，情形也是这样。各个生产环节的发展，总是有快有慢；各项工作的开展，也总是有的比较顺利，有的比较困难；有的方面很快取得了成效，有的方面则在比较长的时期内得不到显著的成效，如此等等。因而必然经常出现不平衡的现象。这是不以人们的意志为转移的客观规律。

一方面生产的发展，要求工业企业内部各个环节、各个方面保持一定的比例关系，要求有一定的、相对的平衡；另一方面，生产的发展，又必然会产生各种各样的不平衡。这是一个矛盾。社会主义工业企业计划工作的任务，就是要自觉地、正确地处理这个矛盾，在生产发展的绝对的不平衡的过程中，不断地、积极地组织相对的平衡和统一，促进企业的生产协调地发展。列宁说过：经常的、自觉地保持的平衡，实际上就是计划性②。毛泽东同志也说过：我国每年作一次经济计划，安排积累和消费的

---

① 毛泽东：《矛盾论》，《毛泽东选集》第一卷，人民出版社1952年第2版，第310页。
② 《列宁全集》第3卷，人民出版社1952年版，第566页。

适当比例，求得生产和需要之间的平衡。所谓平衡，就是矛盾的暂时的相对的统一。过了一年，就整个说来，这种平衡就被矛盾的斗争所打破了，这种统一就变化了，平衡成为不平衡，统一成为不统一，又需要作第二年的平衡和统一。这就是我们计划经济的优越性。事实上，每月每季都在局部地打破这种平衡和统一，需要作出局部的调整。有时因为主观安排不符合客观情况，发生矛盾，破坏平衡，这就叫做犯错误。矛盾不断出现，又不断解决，就是事物发展的辩证规律[①]。毛泽东同志在这里说得很明白，国民经济的发展，每年、每季、每月都会出现不平衡，而我们的计划工作，正是要安排适当的比例，正确处理国民经济发展中的各种矛盾，求得一定的平衡。

有人认为，既然不平衡是绝对的，平衡是相对的，因此计划工作就可以不必努力去安排适当的比例，求得相对的平衡。这种看法是不对的。他们不了解，客观事物的发展，既会经常地出现不平衡，又要求有相对的平衡。平衡虽然是相对的、暂时的，但它是事物的发展所不可缺少的。当工业企业生产的发展出现了各种不平衡的时候，如果企业的计划工作，不采取切实的措施，组织新的、相对的平衡，那么，企业内部各种必要的比例关系，就会遭到破坏，生产就不能向前发展，而计划工作本身，也就完全失去了自己应有的作用。这显然是不能允许的。

三　合理地利用企业一切人力、物力、财力，发挥它们最大的经济效果

社会主义工业企业，必须坚持经济核算的原则，用尽可能少的人力、物力、财力的消耗，取得最大的经济效果。社会主义工业企业是完全可以做到这一点的。除了其他的原因之外，一个重要的原因，就是，社会主义工业企业的生产经营活动，是在国家的领导下有计划地进行的。它不会像资本主义工业企业那样，由于受整个社会生产的无政府状态和周期性经济危机的影响，造成人力、物力、财力的大量浪费，而完全有可能合理地利用人力、物力、财力，使自己的生产经营活动取得最大的经济效果。

---

① 毛泽东：《关于正确处理人民内部矛盾的问题》，人民出版社 1957 年版，第 12—13 页。

但是，并不是任何一种计划，都能够使工业企业获得良好的经济效果。同时，工业企业即使有了一个好的计划，如果不能够很好地组织它的贯彻执行，要取得良好的经济效果，也是不可能的。所以，工业企业计划工作的好坏，对于企业能不能全面地贯彻经济核算的原则，能不能取得良好的经济效果，具有重大的作用。而工业企业计划工作的任务，就是要千方百计地保证企业的人力、物力、财力得到合理的利用，保证企业获得良好的经济效果。

为了做到这一点，工业企业的计划，必须既是先进、积极的，又是切实、可靠的计划；必须既是多快又是好省的计划。工业企业在编制计划的过程中，一方面要切实考虑到各种物质技术条件的可能，另一方面，也要充分估计到广大职工群众的主观能动作用；一方面要努力增加产品产量，另一方面又要千方百计扩大产品品种，提高产品质量、降低产品成本。只有这样的计划，才能指导企业取得良好的经济效果。相反地，如果企业的计划是保守的计划，或者是脱离现实可能的计划，是只顾片面追求产量，而不顾扩大品种、提高质量、降低成本的计划，那么，用这种计划指导企业的生产，就必然会造成人力、物力、财力的浪费，降低企业的经济效果。

为了做到这一点，工业企业的计划工作，还必须很好地组织计划的实现，加强对计划执行情况的检查，以便及时地发现生产中各种新的潜力，并且，引导职工群众充分地、合理地利用这些潜力。

上面所说的，是社会主义工业企业计划工作的几个主要任务。社会主义工业企业要做好计划工作，要保证全面完成和超额完成国家规定的计划，就必须全面地完成这些任务，偏废任何一个方面，都是不行的。

第三节　计划的内容

前一节说过，社会主义工业企业计划工作的任务，概括地说，就是要根据国家统一计划的要求，把企业内部的各种力量、各项工作科学地组织起来，指导企业生产协调地发展，保证全面完成和超额完成国家计划。那么，工业企业应当编制哪些计划，才能把企业整个的生产经营活动组织起来呢？这些计划相互之间的关系又是怎样的呢？现在，就来讨论这个问题。

工业企业的计划，按时间来划分，有长期计划、年度计划和作业计划三种。

工业企业的长期计划，是超过一年的、较长时期的计划。它是根据国民经济长期计划对企业提出的任务来制定的。工业企业的长期计划规定了企业较长时期的发展方向和任务。

工业企业的年度计划，又叫生产技术财务计划，它是根据上级行政主管机关对企业提出的当年的任务和企业的长期计划来编制的。工业企业的年度计划，规定了企业在本年度应当完成的任务，它是包括了企业的生产、技术、财务等各种指标的计划。分车间制订的年度计划中，只包括一些主要的生产技术经济指标。

工业企业的作业计划，是企业年度计划的具体化，它将年度和季度的计划任务，分配到各个生产环节（车间、小组、工作地），分配到较短的时间（月、旬、周、昼夜、轮班，甚至小时）。它是保证工业企业按品种、按质、按量、按期地均衡地完成年度计划的具体执行计划。

工业企业的长期计划、年度计划和作业计划，是相互密切联系的。长期计划是年度计划的依据；年度计划又是作业计划的依据。反过来，年度计划是长期计划的具体化和补充；作业计划又是年度计划的具体化和补充。有了好的长期计划，才可能有好的年度计划；有了好的年度计划，才可能有好的作业计划。而有了好的作业计划，年度计划才能落实，它的实现才有保证；有了好的年度计划，长期计划才可能顺利实现。企业计划随着客观条件的变化，在一定程度和范围内，经过一定的审批程序，是可以做适当地调整和修改的，不这样做，就不能使计划经常符合客观实际，正确地指导生产的进行。但是，这绝不是说，可以不注意长期计划、年度计划和作业计划客观上存在的衔接和联系。如果脱离长期计划去编制年度计划，脱离年度计划去编制作业计划，这实际上就等于取消了计划，使计划失去对生产的指导作用。

应当指出，现代工业企业的生产是有连续性的。计划期的划分，主要是为了便于组织生产，便于检查生产，而不是要人为地把连续不断的生产在时间上割裂开来。因此，工业企业的计划工作应当很好地注意各个计划期之间的衔接，以保证企业生产连续不断地进行。如果我们忽视计划期的交替过程，在两个计划期之间，生产任务变化很大，产品品种变化很多，而计划任务又下达很晚，在这种情况下，各种生产准备工作就来不及做，或者不能做好。这样，就会造成年初、月初松，甚至大量停工；而年末、月末紧，又匆忙赶工的情况，以致造成人力、物力的浪费，造成产品质量的下降，造成人身和设备的事故。这当然是必须避免的。

下面，分别说一说工业企业的长期计划、年度计划和作业计划的内容。年度计划，是工业企业中最主要的计划，它的内容比较丰富，比较复杂，因此，准备着重地讲一讲年度计划的内容。

一　长期计划

在社会主义工业企业中，编制长期计划有重要的意义。列宁曾经说过：没有一个长期的旨在取得重大成就的计划，就不能进行工作[1]。毛泽东同志在《黄安坨农林牧生产合作社的远景规划》一文按语中，也明确地指出了长期计划的重要意义。他说：这是一个十三年的长远计划……这种计划的用处，是有一个长远的目标，使人们的眼光不被限制在眼前走出的一步[2]。工业企业的长期计划同样具有这种作用。它规定企业在一定时期内的发展方向、发展规模和主要技术经济指标所要达到的水平，可以使企业的工作有远见，使广大职工有明确的奋斗目标，成为推动工作的动力。在产品的生产周期比较长，或者产品的品种比较多和比较复杂的工业企业里，有了长期计划，就更有利于安排新产品的试制和各项生产准备工作。随着我国社会主义建设事业的不断发展，对工业企业计划性的要求将越来越高，长期计划的作用也就会越来越重要。

工业企业的长期计划是企业简要的、纲领性的计划，它所包括的内

---

[1]　列宁：《全俄苏维埃第八次代表大会》，《列宁全集》第 31 卷，第 463—464 页。

[2]　《黄安坨农林牧生产合作社的远景规划》一文按语，《中国农村的社会主义高潮》上册，人民出版社 1956 年版，第 301 页。

容，都是有关企业生产发展的重大问题。一般地说，有以下几个主要方面：

（1）工业企业的产品方向，例如，主要产品名目、企业的专业化、协作化程度，等等；

（2）工业企业的生产发展规模，例如，企业生产能力的变化、固定资产的增减、扩建和改建任务、职工人数和企业机构的变化，等等；

（3）工业企业的技术发展水平，例如，新产品的发展纲要、新产品的试制、尖端技术的推广、提高生产机械化、自动化的措施、推行标准化、系列化的措施、科学研究项目，等等；

（4）工业企业主要技术经济指标要达到的水平，例如，单位产品消耗的工时、设备单位时间的产量、设备利用率、单位产品的材料消耗量、产品的成本水平，等等；

（5）职工技术水平和熟练程度的提高，以及有关职工文化、生活福利方面的主要设施；

（6）工业企业某些重要的、专门问题的规划。

编制工业企业长期计划的主要依据是，国民经济长期计划中对企业提出的任务和要求，以及企业的产品发展方向和其他的生产技术条件。在编制企业长期计划的时候，还要充分考虑到科学技术的最新成就和发展趋势，考虑到先进的生产组织和劳动组织形式的采用，以及职工文化技术水平的提高所能提供的潜力，等等。

由于工业企业长期计划牵涉面很广，涉及的问题很多，并且，其中有些问题（如产品发展方向、生产发展规模等）的决定，属于工业部门管理的范围，因此，工业企业的长期计划，一般是由上级行政主管机关主持，同有关的企业和单位一起，先做通盘考虑，规定好企业长期计划的任务以后，再由企业具体编制。

工业企业根据上级行政主管机关规定的长期计划任务，先要对企业生产发展的可能性进行多方面的调查研究，进行详细的技术上和经济上的计算，然后，编制出长期计划草案，报送上级行政主管机关审核批准。

二　年度计划

年度的生产技术财务计划，是工业企业最主要的计划。它综合全厂各个生产环节的活动，包括生产、技术、财务等各个方面的内容。它是企业全体职工在计划年度内总的行动纲领。

工业企业生产技术财务计划的组成，在不同的工业部门的企业中，是有所不同的。一般来说，它包括以下主要的计划：（1）生产计划；（2）辅助生产计划；（3）设备维修计划；（4）劳动、工资计划；（5）物资供应计划；（6）运输计划；（7）成本计划；（8）财务计划；（9）技术组织措施计划。

有新产品试制任务的工业企业，还应当编制新产品试制计划；有基本建设任务的工业企业，还应当编制基本建设计划，等等。

上面列举的这些计划，它们的主要内容是什么呢？它们相互之间的关系又是怎样的呢？

（一）　生产计划

生产计划是工业企业生产技术财务计划中最重要的部分，是生产技术财务计划的核心。其他各种计划，都是以生产计划为中心，根据生产计划来编制的。在工业企业的生产计划中，规定着企业在计划年度内应当生产的产品的品种、质量和数量，规定着产品出产的期限，以及企业生产能力的利用程度，等等。生产计划要解决的主要问题，就是保证企业按品种、按质量、按数量、按期限完成和超额完成国家为它规定的生产任务。

（二）　辅助生产计划

它是工业企业中各个辅助生产单位的计划，例如，发电车间、锅炉车间、工具车间等单位的计划。工业企业的辅助生产是直接为基本生产服务的，所以，辅助生产计划必须根据生产计划来编制，以保证基本生产正常地、不间断地进行。当然，工业企业在制订生产计划的时候，也要考虑到辅助生产的情况，取得辅助生产的保证。在工业企业的辅助生产计划中，规定着各个辅助生产单位必须生产的电力、蒸汽等的数量，以及其他各种为基本生产服务的项目和完成期限，等等。

（三）设备维修计划

工业企业的设备维修计划，也属于辅助生产计划的范围，不过因为它比较重要而且复杂，所以，在企业的生产技术财务计划中单独列出来。编制设备维修计划的目的，是要使企业所有的机器设备经常处于良好状态，能够正常运转，并且充分地发挥效能，以保证企业生产顺利地进行。在设备维修计划中，规定着计划期内机器设备修理的种类（如大修、中修、小修等）、期限、工作量，以及备品配件的制造任务等。它同生产计划，物资供应计划，劳动、工资计划等都有密切的联系。

（四）劳动、工资计划

它包括劳动生产率计划、职工人数计划、工资计划等部分。在劳动、工资计划中，规定着劳动生产率提高的程度，规定着为了完成生产计划所需要的各类人员的数量，也规定着职工的工资总额和平均工资的水平。劳动、工资计划是根据生产计划来编制的，同时，它也是完成生产计划的一项基本保证。劳动、工资计划还同成本计划有密切的联系，劳动、工资计划中的工资总额，是编制成本计划的重要依据之一。

（五）物资供应计划

在工业企业的物资供应计划中，规定着企业所需要的各种原料、材料、燃料、动力以及设备、工具等数量和供应来源，规定着各种物资的合理储备量，等等。物资供应计划对按品种、质量、数量和期限供应物资，对合理地利用和节约物资，起着保证和促进的作用。物资供应计划，是根据生产计划、辅助生产计划、设备维修计划等对物资的需要量来编制的，它也是完成生产计划的一项基本的保证。同时，物资供应计划的指标，又是计算企业的物资运输量、产品成本和企业流动资金需要量的重要依据之一，因此，它同运输计划、成本计划和财务计划的关系也很密切。

（六）运输计划

工业企业的运输计划，一般分为厂内运输计划和厂外运输计划两种。厂内运输计划规定着厂内各种物资的运输量和运输进度；厂外运输计划规定着各种运输工具、各条运输线路运输物资的品种、数量、运送地点、起运时间、运到时间，等等。运输计划主要是根据生产计划、物资供应计划以及产品销售部门所签订的合同等要求来编制的，它的目的，是要及时地、合理地运输厂内外的物资，保证生产的顺利进行。

（七）成本计划

在工业企业成本计划中，规定着企业为了完成生产计划需要支出的全部生产费用，规定着每种产品的计划成本，还规定着降低成本的任务。成本计划同其他各种计划都有密切关系。以上各种计划的经济结果，都要从成本计划中反映出来。生产计划中产品的品种、质量和数量，物资供应计划中的材料消耗量，劳动、工资计划中的工资数量，等等，都会影响成本的高低。但是，成本计划不是消极地反映它们的活动，而是要积极地给它们以影响，促使它们更加合理，促使企业不断地提高劳动生产率，节省物资消耗，更经济地完成国家任务。

（八）财务计划

工业企业的财务计划，包括着流动资金计划、产品销售和利润计划，以及财务收支表。财务计划中规定着企业在计划年度内的全部财务收入和支出，规定着每项支出的费用来源，规定着每项收入的用途。在财务计划中，也规定着工业企业自有流动资金的定额和流动资金的周转速度。财务计划是以货币形式反映企业全部生产经营活动的动态和成果的计划，它和其他各种计划都有密切的联系。财务计划的编制，是建立在其他各种计划的基础上的；同时，它又反过来积极地影响其他计划的编制。

（九）技术组织措施计划

它包括工业企业在计划年度内改进技术和改进组织的各项措施，规定着这些措施的项目、进度、预期的经济效果，以及负责实现这些措施的单位和人员，等等。工业企业编制技术组织措施计划的目的，就是要通过各种改进技术和改进组织的措施，克服生产中的薄弱环节，扩大产品品种，提高产品质量，增加产品产量，提高劳动生产率，降低产品成本，以保证全面完成和超额完成国家计划。所以，技术组织措施计划同其他各种计划都有密切的关系。它是实现生产计划的技术、组织保证，也是实现其他各种计划的技术、组织保证。

从上面对工业企业生产技术财务计划的几个主要部分的分析中，可以看出，一方面，每一种计划都有自己特定的内容，都用一定的指标规定着企业生产经营活动一个方面的任务；另一方面，各种计划之间又有着密切的联系，一种计划的编制，影响着其他各种计划，其他各种计划的编制，又影响着这种计划。它们相互促进、相互制约，以生产计划为中心构成了一个有机的整体——工业企业的生产技术财务计划。而各种计划中相互联系的一系列指标，则构成了工业企业生产技术财务计划的指标体系。我们在编制工业企业生产技术财务计划的时候，必须充分认识到各种计划、各个指标之间客观存在的相互关系，使它们相互协调、相互配合、相互衔接，只有这样，企业的生产技术财务计划才能指导企业生产协调地发展，全面完成和超额完成国家任务。如果不是这样，而是孤立地、互不联系地来编制各种计划，确定各个指标，那么，在执行这种计划的过程中，必然会产生许多人为的困难，甚至造成生产的混乱，达不到多快好省的全面要求。

上面我们说到工业企业生产技术财务计划中的许多指标，这些指标，归纳起来可以分做两大类：一类是质量指标，另一类是数量指标。

（一）质量指标

质量指标是表示计划期内工业企业生产经营活动应当达到的质量上的要求。它们通常是用相对数，即比例、比值、百分率来表示的。企业生产技术财务计划中最重要的质量指标如下：

在生产方面，有产品的品种、质量等；

在固定资产的利用方面，有单位机器设备的产量、单位生产面积的产量、机器设备使用的平均班数和机器设备的利用率等；

在劳动、工资方面，有平均每名工人的有效工时数和产量、每类工作人员的平均工资等；

在材料利用方面，有单位产品的主要材料消耗量、标准燃料和电力的消耗量等；

在成本方面，有单位产品成本、可比产品的成本降低率等；

在财务方面，有流动资金的周转次数和每次的日数、利润率等。

（二）数量指标

数量指标是表示计划期内工业企业生产经营活动应当达到的数量上的要求。它们通常是用绝对数来表示的。工业企业生产技术财务计划中重要的数量指标如下：

在生产方面，有主要产品产量、商品产值、总产值、净产值等；

在固定资产方面，有年平均生产能力等；

在劳动工资方面，有职工总数、工资总额等；

在物资供应方面，有材料的需用量、供应量等；

在成本方面，有生产费用、总成本等；

在财务方面，有流动资金总额、财务收入与支出总额、利润总额等。

质量指标与数量指标是相互密切联系的。任何事物都有质和量两个方面。它们是相辅相成、相互促进、相互制约的。没有质量，就无所谓数量；没有数量，也就无所谓质量。工业企业计划中的质量指标和数量指标，是对企业生产经营活动的质和量两个方面的反映。同时，数量指标也常常反映着工作质量的变动，而质量指标同样也反映着数量方面的变动。例如，在职工人数不变的情形下，劳动生产率的提高，会表现为生产的增长，而生产的增加，也必然反映劳动生产率的提高。因此，没有好的质量指标，就不会有真正好的数量指标；没有好的数量指标，也很难有好的质量指标。工业企业在编制计划的过程中，必须同时注意这两类指标，不能有所偏废。

三　作业计划

工业企业的生产技术财务计划，只规定每年度（分季的）企业应当完成的任务，在生产技术财务计划里，并没有规定企业中每个车间、小组和工人的任务，也没有规定每一月、每一旬、每一天、每一班应当进行的工作。这些问题，是通过编制作业计划来解决的。作业计划是企业长期计划、年度计划的继续，是企业生产技术财务计划的具体执行计划。

工业企业各方面的工作和活动，都要编制作业计划，如物资供应计划中的月度采购和收发材料计划，财务计划中的月度收支计划，等等。但是，其中最主要的是生产作业计划。企业中通常说的作业计划，就是指生产作业计划。

在生产作业计划里，要规定每个生产环节（车间、工段、班组）和每个人在单位时间内（月、旬、周、日、小时）的计划任务。关于这个问题，将在《生产作业计划》一章中做详细的讨论。

第四节　定额、原始记录和统计

定额、原始记录和统计，是编制计划不可缺少的重要依据。所以，我们在讨论工业企业如何编制计划以前，先要说一说这方面的问题。

定额是用数字来控制工业企业的生产经营活动的手段。原始记录和统计则是用数字来反映工业企业生产活动的结果的。做好定额工作、原始记录和统计工作，对于加强企业的计划管理和其他各项管理工作，具有很重要的作用。因为工业企业要做好计划管理工作和其他各项管理工作，就必须进行系统的调查研究，经常了解企业生产发展的状况和存在的问题，对企业各个方面的情况，做到"胸中有数"。

毛泽东同志曾经说过：……胸中有"数"。这是说，对情况和问题一定要注意到它们的数量方面，要有基本的数量的分析。任何质量都表现为一定的数量，没有数量也就没有质量。我们有许多同志至今不懂得注意事物的数量方面，不懂得注意基本的统计、主要的百分比，不懂得注意决定事物质量的数量界限，一切都是胸中无"数"，结果就不能不犯错误[1]。

就工业企业来说，一切生产技术经济活动，都通过数量表现出来。产值、产量、成本、利润、劳动生产率，都是通过数量来表现的，产品的品种和质量，一般也是通过化学成分和物理性能的数据来规定和检验的。

工业企业的一切生产技术经济活动，在整个过程中，各种因素的变化，都有一定的数量关系，而且都是由数量和数据表现的。炼一吨铁，需要多少焦炭、矿石、动力和劳动力，生产一台机床，需要多少生铁、钢材和工时等，都要有个数。在这些数量、数据之间，也都有一定的联系。其

---

[1]　毛泽东：《党委会的工作方法》，《毛泽东选集》第四卷，人民出版社 1960 年版，第 1443 页。

中任何一项的变化，都会引起一系列的变化。

工业企业的一切生产技术经济活动，也有一定的数量界限。例如，各种机器设备都有一定的极限负荷，各种产品质量都有一定的数量界限，等等。

总之，工业企业的生产技术经济活动，普遍存在着数量、数量关系和数量界限。如果不能全面地、系统地掌握这些"数"，就不可能做好计划管理工作，也不可能做好其他各项管理工作。

怎样全面地、系统地掌握这些"数"呢？重要的一环，就是要加强工业企业的定额工作，加强原始记录和统计工作。下面分别说一说这些问题。

一　定额

什么是定额呢？工业企业的定额，是在一定的生产技术条件下，企业在人力、物力、财力的利用和消耗方面，在质量方面，应当遵守和达到的标准。

定额对于工业企业的计划管理具有重要作用。定额是编制计划的依据。斯大林说过：没有技术定额，就无法进行计划经济[①]。社会主义工业企业的各种计划，都是要经过科学的计算才能制定出来，而进行计算必须有依据，这种依据就是定额。例如，劳动、工资计划中的各类工人人数，要根据工人的产量定额和机器设备的看管定额来计算；物资供应计划中的原料、材料需用量，要根据原料、材料的消耗定额来计算，等等。如果没有定额，计算计划指标就没有根据，要编制正确的计划是不可能的。同时，定额是不是合理，它的正确程度怎样，也直接影响着计划的质量，影响着计划能不能正确地指导生产和动员群众的积极性。因此，要编制一个好的计划，首先就要有正确的定额。

定额不仅对工业企业的计划管理是很重要的，对于其他各项管理工作，也是很重要的。定额是工业企业进行经济核算的依据，是推动企业厉

---

① 斯大林：《在全苏斯达汉诺夫工作者第一次会议上的讲话》，《斯大林文选》（1934—1952），人民出版社 1962 年版，第 56 页。

行节约、提高经济效果的重要手段；定额对于正确地贯彻各尽所能、按劳分配原则，合理地组织企业的工资工作和奖励工作，也具有重要的作用；定额还是组织劳动竞赛的有效工具，"技术定额是一种巨大的调节力量，它能在生产中把广泛工人群众组织在工人阶级先进分子的周围"[①]。

由此可见，定额在工业企业管理中有着多方面的重要作用，它是科学地管理企业的一个不可缺少的手段。我们要做好企业管理工作，就必须做好定额工作。并且，生产越是向前发展，工业企业的组织性、计划性的要求越高，就越要求有科学的定额，定额工作的意义就越重要。

有的人，把定额单纯看做是组织按劳分配的手段，他们认为，随着社会主义生产的不断发展，随着将来社会主义向共产主义的过渡，定额的作用会越来越小，以致最后完全丧失作用。这种看法，是不对的。他们不了解，定额不仅是组织按劳分配的手段，而首先是组织生产的手段，是计划生产的依据。

在将来，社会主义必将过渡到共产主义，到那时候，各尽所能、按劳分配的社会主义分配原则，将为各尽所能、按需分配的共产主义分配原则所代替，劳动定额在组织按劳分配方面的作用，也将消失。但是，这绝不是说，定额到共产主义时代就没有作用了。恰恰相反，只要有生产，有计划，就要有定额。在将来的共产主义时代，生产大大发展了，整个国民经济和各个企业的组织和计划，将更加科学、更加精密，从而，定额的作用不但不会减弱，而且必将更加重要。当然，那时的定额，不会和我们现在的定额完全一样，它也一定会有新的发展，一定会比我们现在的定额更精确、更科学。

还有的人，把定额同发挥职工群众的积极性对立起来。他们说，在社会主义工业企业里，工人阶级已经成为企业的主人，不再需要什么定额管理了。实行定额管理，就会妨碍职工群众积极性的发挥。这种看法，也是不对的。

[①] 斯大林：《在全苏斯达汉诺夫工作者第一次会议上的讲话》，《斯大林文选》（1934—1952），人民出版社 1962 年版，第 56 页。

社会主义革命废除了人剥削人的旧制度，工人阶级成了企业的主人，政治觉悟和生产积极性大大提高，这是发展社会主义生产的最伟大的动力。但是，这并不意味着社会主义的工业企业，可以取消定额。因为在社会主义企业中，先进和落后的矛盾，还是经常存在的，而实行定额管理，是正确地处理这个矛盾的一个重要手段。通过定额管理，可以促使落后的工人努力赶上先进的工人，促使先进的工人更加先进。先进合理的定额，不仅不会束缚群众的积极性，而且正是调动广大职工积极性的工具。职工群众的生产积极性越是高涨，各种旧的定额越是迅速地被突破，工业企业就越是要加强定额工作，适时地用新的更加合理的定额去代替旧的定额。这样，就会给正确地组织群众的积极性，推进生产的发展，创造更好的条件。

既然，定额对于工业企业的各项管理工作，特别是计划管理工作，具有重要的作用，那么，为了做好企业的计划管理工作，工业企业需要有哪些定额呢？

工业企业所应用的定额，是多种多样的。不同的工业企业，应用的定额也不完全一样。一般来说，工业企业所需要的主要定额，有以下几类：

（1）劳动定额，例如，单位产品的时间定额（即工时定额），单位时间的产量定额（即产量定额），基本生产工人对机器设备的看管定额，辅助生产工人的服务定额等；

（2）设备利用定额，例如，机器设备的产量定额，机器设备的利用率等；

（3）原料、材料、燃料、工具、动力等的消耗定额，例如，单位产品的主要材料和辅助材料的消耗定额、工具消耗定额、各种动力消耗定额等；

（4）流动资金利用定额，例如，材料储备资金定额，在制品资金定额，成品储备资金定额等；

（5）管理费用定额，例如，车间费用定额，全厂管理费用定额等。

以上只是几类最主要的定额。除此以外，还有其他各种定额，例如，关于生产批量和生产周期定额，关于生产准备各项工作的时间定额，等等。由于工业企业定额的种类很多，内容很复杂，因此，制定定额的工作也是很复杂的。不仅各种不同的定额有不同的制定方法，同一种定额，在不同的条件下，它的制定方法也是不同的。工业企业制定定额的方法，一般来说，有以下三种。

（1）经验估计法。主要是参加制定定额的有关人员（老工人、技术人员等），根据自己对完成这项工作的经验，或者根据类似的经验，参照某些资料和数据，并对有关因素加以大体分析而制定的。用这种方法制定的定额，通常叫做经验定额。

（2）统计分析法。主要是根据统计和调查所获得的资料，在进行分析比较的基础上确定的。用这种方法制定的定额，通常叫做统计定额。

（3）技术定额法。主要是通过技术测定和技术计算，并且充分考虑到生产实践的经验，和可能采取的技术组织措施以后制定的。用这种方法制定的定额，通常叫做技术定额。

以上说的三种制定定额的方法，各有自己的优点和缺点，因而它们适用的范围也是不同的。

一般来说，用技术定额法制定的定额，由于经过技术测定和技术计算，剔除了不合理的因素，因而比较精确，比较合理；并且由于有相应的技术组织措施，所以实现技术定额也有比较可靠的保证。但是，用这种方法来制定定额，工作量很大，在产品品种多、批量小、同种产品很少重复生产的工业企业里，用这种方法制定定额，常常是不适宜的，有时，甚至是不可能也不必要的。而在大量生产同样产品的工业企业里，采用这种方法来制定定额，就比较适合。在采用这种方法制定定额的时候，要特别注意考虑本企业的具体生产条件和职工群众的实践经验，防止脱离群众，单纯由少数人用数字和公式的计算来确定定额的做法。

统计分析法因为有大量的数据和资料做基础，制定的定额一般也比较能反映实际情况。凡是在有比较系统的统计资料和原始记录的条件下，都可以用这种方法来制定定额。但是，统计分析法也有弱点，因为它所根据的统计资料，都是反映过去的状况的，这就容易受过去生产中的缺点和某些不正常因素的影响，使定额落后、保守。因此，在采用这种方法制定定额的时候，必须对已有的统计资料进行分组，分别先进、中间、落后，进行具体分析，切实考虑到今后生产的改进和对过去一些不正常因素的克服，而绝不能把统计分析法，当做是简单地根据已有的统计资料求平均数的方法。否则，制定出来的定额，必然是脱离实际的。

经验估计法比较简单易行，也便于对定额及时地制定和修改，在产品的品种多、批量小的小批生产或者单件生产条件下，这种方法比较适用。但是，采用这种方法制定定额，容易受参加制定定额的人员的主观因素的影响，使定额不甚符合实际情况。因此，在用经验估计法制定定额的时候，要尽量使这种估计有实际依据，并且，在定额的执行过程中，要经常注意根据原始记录对定额做必要的修订。

总之，制定定额的每一种方法，都有自己的优点和缺点，各个工业企业，应当根据本企业的具体条件，权衡利弊，选择使用。在一定的情况下，也可以把几种方法结合起来使用，取长补短，综合它们的优点，避免它们的缺点，制定正确的定额。无论采用什么方法来制定定额，都必须考虑企业生产的实际情况，考虑广大职工的实践经验；都必须做深入细致的调查研究，进行充分的分析和计算；都必须运用"三结合"的方法，吸收有经验的工人和技术人员参加定额的制定工作，以达到集思广益的目的。

正确地选择制定定额的方法，目的是为了保证定额的正确性。定额制定得正确或者不正确，这是指定额的水平来说的。只有定额的水平定得合理，定额才能在生产中发挥积极作用，才能保证计划的正确性。如果定额的水平定得不合理，定得偏高或者偏低，那么，定额就不能发挥积极的作用。定额的水平偏低，也就是说，绝大多数职工不需要做多少努力，就可以达到，这种定额，当然不能促进生产的发展；反之，定额的水平过高，在当前的条件下，大多数职工经过极大的努力还达不到，这种定额，也会挫伤群众的积极性，同样不能促进生产的发展。因此，定额的水平必须既是先进的，又是切实的；既是比现时大多数工人已经达到的生产水平高一些的，又是采取措施、经过努力可以达到的。这样的定额，通常称做平均先进定额。

怎样使定额的水平既先进又切实呢？

这就要总结和推广先进经验，充分发掘潜力，使定额不是停留在已经达到的水平上；同时，又要使定额同大多数工人已经达到的水平不距离太远。定额必须是有科学根据的，并且有可靠的技术组织措施做保证的。只有这样的定额，才能推动职工踏实地、奋发地一步一步前进。如果不注意定额的先进性，不积极采取措施，而是迁就生产中的落后因素，片面地根据落后的因素来制定定额，这是一种保守的思想，我们必须反对。同样，如果不注意定额的现实性，企图用个别先进人物所创造的新纪录作为定额水平，这也是不对的。因为新纪录开始总是由少数先进人物创造的。广大职工当然应当向这些先进人物学习，不断提高自己的思想政治觉悟和文化技术水平，努力赶上以至超过这些先进人物。但是，要使大多数人都提高到先进人物的水平，总需要一个过程，而且，即使大多数职工经过努力达到了这种水平，那时又必然会有更先进的人物出现，创造出更高的新纪录。所以，根据少数先进人物创造的新纪录来确定定额水平，就必然会使定额脱离实际。如果用这样的定额来编制计划，那当然是不会落实的。计划如果不落实，它就不能很好地指导生产。

定额水平确定以后，并不是一成不变的。工业企业的生产在不断发展，企业的技术水平、生产组织和劳动组织在经常改进，广大职工的文化技术水平和熟练程度在不断提高，由于这样，经过一定时期以后，原来的定额就会显得落后了，不再能够促进生产的发展了，因而需要对原有的定额进行修改，用新的定额来代替旧的定额。当然，这并不是说，定额就没有稳定性了。恰恰相反，定额必须有一定的稳定性。定额的修改，必须在大多数工人达到了原有的定额水平以后，才能进行。许多工业企业往往是经过半年到一年的时间，才修改一次。如果定额没有必要的稳定性，而是经常修改，那就不会起促进生产的作用，定额也就不成其为定额了。

在工业企业里，定额的修改期和计划期常常是不一致的。因此，工业企业在编制计划的时候，就不能简单地运用生产中的现行定额，因为这种定额，没有考虑到计划期内企业工作的改进和职工技术水平的提高，如果根据这种定额来编制计划，那么，计划就会偏低，失去促进生产的作用。

所以，工业企业在编制计划的时候，必须先对现行定额做一定的调整，然后，才能把它们作为编制计划指标的依据。这种调整，一般是以现行定额乘一个超额系数，或者，除了一个压缩系数。这种超额系数和压缩系数，是在对现行定额的执行情况进行分析，并考虑到计划期内各种有关因素的变动的基础上确定的。

例如，现行的产量定额为每小时 6 件，估计到计划期内超额完成定额的种种现实的可能，超额系数确定为 1.1。那么，计划产量定额 = 6 × 1.1 = 6.6 件。

上述例子如果换成工时消耗定额，那么现行的工时消耗定额是 10 分钟 $\left(\dfrac{60}{6}\right)$，工时消耗定额的压缩系数为 0.909，计划工时消耗定额 = 10 × 0.909 = 9.09 分钟。

同时，编制计划时所采用的定额，应当是整个计划期的平均水平。在一般的情况下，计划期初大多数工人能够达到的定额水平，总要比计划期末低一些。如果按计划期初的定额水平编制计划，计划就会保守；反之，如果采用计划期末的定额编制计划，计划又会偏高。只有用计划期内平均的定额水平来编制计划，才能使计划比较正确。

二 原始记录和统计

要编制一个好的计划，需要有正确的定额。而要制定正确的定额，又必须有可靠的原始记录和有科学根据的统计资料。

原始记录是工业企业生产技术经济活动的最初一次的记录，是进行调查研究的第一手材料。它的作用，是及时地反映企业生产技术经济活动的原始动态。

工业企业中的统计，是对企业生产技术经济活动中人力、物力的消耗和取得成果的质量与数量，进行及时的统计和分析。统计比原始记录更进一步，它不是简单地记录企业的生产技术经济活动，而且要进行分类、汇总，等等，从中发现问题，提出措施，以指导企业生产技术经济活动的正常进行。

统计和原始记录有密切的联系。统计资料多半是根据原始记录来编制的，没有正确的原始记录，是不可能编出正确的统计资料来的。从这个意义上来说，原始记录是统计资料的基础。它们在工作任务和要求上，有很多共同的地方。

原始记录和统计，是工业企业编制计划的重要依据，也是检查计划执行的一个重要工具。通过原始记录和统计资料，可以及时掌握计划的执行情况，可以看出生产中的先进经验和薄弱环节，可以分析工作中的缺点和隐患，可以分析取得良好成绩的原因，从而促进企业各方面工作的改进，保证计划全面完成和超额完成。

工业企业原始记录和统计工作的基本任务是：及时提供准确的资料，为企业编制计划和检查计划的执行情况提供依据，为企业的生产工作服务。同时，工业企业的原始记录和统计工作，又是全国统计工作的基层环节，因此，它必须严格按照国家的要求，及时报送准确的统计报表和有关的统计资料。

保证资料的准确性，是原始记录和统计工作的一项特别重要的原则。如果提供的资料不正确，就必然会使工业企业的计划工作发生差错，甚至会影响到整个国民经济计划工作的正确性。因此，实事求是，如实反映情况，这是原始记录和统计工作的一项严格的纪律，任何人都必须遵守，不许违反。我们必须同那种弄虚作假、欺骗隐瞒的行为进行坚决的斗争。

工业企业的原始记录和统计工作，还必须做到提供资料的及时性。因为，企业的生产总是在不断发展和变化的，每时每刻都会出现一些新的问题，产生一些新的不平衡。只有把这些新的问题，新的不平衡，及时地、如实地反映出来，才能对症下药，及时采取措施，解决问题，组织新的平衡，促进生产顺利的发展。否则，就会贻误时机，造成损失。因此，原始记录和统计工作必须保持高度的敏锐性，使下情迅速上达，做好领导的耳目。

为了使原始记录和统计资料能够准确及时，原始记录和统计报表必须尽可能做到规格化、统一化。除了国家统一规定的报表必须按照国家的规定按时填报以外，工业企业自己制定的一些报表，也要根据生产需要，努力做到上下、左右、前后的一致。所谓上下一致，是指工业企业同国家统一的报表，要相互衔接，在企业内部厂部、车间、小组各级的报表要相互衔接；所谓左右一致，是指生产、劳动、技术、财务等方面的报表要相互协调；所谓前后一致，是指不同时期之间（例如月度之间、月旬之间、旬日之间等）的报表，要相互连贯。这样，才能使工业企业的各种原始记录和统计资料，构成一个有机的整体。同时，报表一定要进行精简，不能太多，以免发生文牍主义。做好报表规格化和统一化的工作，可以减少重叠的报表，是精简报表的一项重要措施。

工业企业的原始记录和统计工作部门，应当在经常地、系统地做好基本资料的整理工作的同时，根据不同时期的工作特点，以及工作中的突出问题，有选择地做一些典型的、重点的抽样记录和统计，紧紧抓住活的动态。

工业企业要做好原始记录和统计工作，应当设立必要的机构，或者配备必要的人员，来专门从事这项工作。必须建立和健全原始记录和统计资料的编制、审核、供应、档案、交接等项责任制度，使每一张原始记录，每一个统计报表，都有人负责。上报的报表，除上报人签署以外，还要有本单位的行政负责人和统计负责人共同签署，以明确责任。

工业企业要做好原始记录和统计工作，必须依靠群众，贯彻执行群众路线。有关的原始记录和统计资料，要定期向群众公布，这既便于群众对企业的管理工作进行监督检查，又能促使原始记录和统计工作的改进。记录和统计人员要坚持群众路线的工作方法，防止脱离群众、脱离实际的偏向，使自己的工作真正建立在群众支持的基础上。

第五节　计划的编制

前面说过，工业企业的计划有长期计划、年度计划和作业计划。年度的生产技术财务计划，是企业最主要的计划，它的编制过程也比较复杂，这里准备着重地来讨论这个问题。至于长期计划的编制，同年度计划大致相同，不做重复叙述。作业计划的编制，下面，另有专门的章节来讨论。

社会主义工业企业年度的生产技术财务计划，是怎样编制的呢？

一般来说，工业企业年度的生产技术财务计划，通常是按"两下一上"或者"两下两上"的程序编制的。"两下一上"，是指上级行政主管机关先给企业下达控制数字，然后，由企业编制计划草案上报，经过上级行政主管机关审批后，再下达企业，编制正式的年度计划。至于"两下两上"，是指除了"两下一上"的程序以外，在上级行政主管机关给企业下达控制数字以前，企业要向上级行政主管机关上报一次建议数字。根据上面所说的编制计划的两种程序，工业企业编制计划的过程，大致可以分做下面三个阶段：

一　准备阶段

在上级行政主管机关的控制数字下达到工业企业之前，企业就要着手进行编制计划的准备工作。准备工作的主要内容如下：

第一，做好调查研究工作，充分了解和掌握企业的具体情况。要摸清企业的生产能力、技术条件、劳动力和原料材料供应等方面的情况，找出薄弱环节，查明生产中的潜力。

第二，对上期生产的技术经济活动结果进行分析，通过分析，发现过去工作中的先进成就，揭示过去工作中的缺点和浪费现象。同时，要制定相应的技术组织措施，以克服缺点，推广先进经验。

第三，审定各种技术经济定额。前面说过，定额是编制计划的重要依据之一，没有正确的定额，就不可能编制出好的计划。所以，工业企业在计划编制之前，必须对各种技术经济定额加以审定，特别是要对工时定额、台时（设备利用）定额和原料材料消耗定额进行认真的审定。

第四，收集职工群众提出的技术革新项目和各种合理化建议，研究它们可能采用的程度，可能达到的效果，并且，把那些确实有效并有条件实现的措施，列入技术组织措施计划，作为编制计划的依据之一。

如果要上报建议数字，那么，工业企业在做好上述各项准备工作的基础上，要进行初步的、概略的平衡计算，拟订出建议数字，上报给上级行政主管机关。上级行政主管机关根据国家的要求和企业上报的计划建议数字，拟订给企业下达的控制数字。

二　试算平衡阶段

工业企业在接到上级行政主管机关下达的控制数字以后，就开始进行计划草案的试算平衡工作。试算平衡计划的工作，一般都是在厂长和总工程师的领导下，以计划科（处或组）为主，组织有关科室和车间共同进行的。试算平衡的主要过程如下：

（一）厂部各科室试算控制数字

工业企业在接到上级行政主管机关下达的控制数字以后，即由计划科会同有关科室，在保证完成上级控制数字的基础上，草拟企业各项计划指标，如产品的品种、质量、数量、产值、职工人数、工资总额、劳动生产率、单位产品成本、成本降低率，等等；并且初步审定各科室的定额和费用限额，如工时定额、材料消耗定额，等等。计划指标草案拟订以后经过企业负责人的批准，发给各有关科室。各科室根据这些指标和定额，拟订技术组织措施的初步方案和征求合理化建议的课题，并且提出下达给车间的控制数字和关于控制数字的说明，送交计划科，由计划科进行汇总。

（二）厂部、车间、小组各级，从上到下、从下到上逐级进行平衡

计划科将各科室提出的初步方案，按车间进行汇总，拟出下达给各车间的控制数字，以及技术组织措施的初步方案，和征求合理化建议的课题，经企业的负责人批准以后，下达到车间。

车间接到厂部下达的控制数字以后，就着手研究厂部下发的技术组织措施初步方案，向职工讲形势，讲任务，讲有利条件和存在的困难，公布征求合理化建议的课题，并且在保证完成厂部发下的控制数字的基础上，拟订车间的计划指标，发给小组（或工段）讨论，然后，根据各个小组（工段）讨论的结果，编制车间的计划，包括技术组织措施计划、生产计划、劳动工资计划、成本计划，等等，上报厂长并抄送计划科和有关科室。

车间的计划上报给厂部以后，即由计划科组织有关科室审查车间计划。如果车间上报的计划同原来厂部下达的计划不能平衡，就要进行具体分析，凡是车间的计划不合理的，就由车间修改；凡是厂部原来的方案不合理的，就由厂部修改。

（三）编制生产技术财务计划草案

生产技术财务计划中各个部分的试算控制数字，经过从上到下和从下到上的逐级平衡以后，各科室就开始分别编制企业生产技术财务计划的各个组成部分。编制的次序，一般是根据国家下达的生产指标，先编制技术组织措施计划，编制机器设备的大修理计划，在这个基础上，编制生产计划，然后，编制劳动工资计划、物资技术供应计划、成本计划和财务计划，等等。最后，由计划科综合平衡各部分计划的指标，编成企业的生产技术财务计划草案，经过企业的领导机构批准以后，上报给上级行政主管机关。

上面说的工业企业年度计划的试算平衡过程，只是一个梗概，只是一般的情形，在实际工作中，这个过程比上面所说的要复杂得多。在编制计划的过程中，常常要经过上下左右多次的磋商和研究，才能把企业的计划草案定下来，各个计划的编制次序，也会有相互交叉的情形。这个阶段，是企业编制计划中工作量最大的阶段，也是最重要的阶段。

三　计划的确定阶段

工业企业上报的计划草案，经过上级行政主管机关审批以后，就下达给企业。如果上级行政主管机关批准的计划和原计划草案一致，计划草案就成为企业的正式计划；如果上级行政主管机关批准的计划，和原计划草案不完全一致，企业就要对原计划草案进行必要的调整和修改，编制正式的计划。

上面说的，就是工业企业编制年度生产技术财务计划的大致过程，从这个过程中，可以看到，工业企业计划的编制过程，实际上就是上下左右反复进行综合平衡的过程。

前面说过，在工业企业生产的发展过程中，不平衡是经常会出现的。这种不平衡表现在许多方面。因此，企业计划中的平衡工作，也是多方面的。概括地说，有以下几个主要的方面：

（一）生产任务同设备生产能力、劳动力和原料材料的供应之间的平衡

机器设备、劳动力和原料、材料，是工业企业进行生产的要素，它们

同企业能够完成的生产任务之间，存在着一定的比例关系。在生产发展的进程中，工业企业所担负的生产任务同它们的生产要素之间，常常会出现一些矛盾；在各个生产要素相互之间，也会出现一些矛盾。工业企业的计划，要正确处理这种矛盾，求得生产任务和机器设备、劳动力、原料、材料等生产要素之间的平衡；求得各个生产要素相互之间的平衡。

（二）工业企业内部各个部门、各个生产环节之间的平衡

企业内部各个部门、各个生产环节之间，客观上要求有一定的比例关系。但是，它们在发展中，总是长短不齐，总会有矛盾，总是不平衡的。工业企业的计划，也要处理它们之间的矛盾，求得它们之间的平衡。这里有基本生产和辅助生产之间的平衡，基本生产内部各个车间之间的平衡，辅助生产内部各个环节之间的平衡，以及生产和生产准备之间的平衡，等等。

（三）各项指标之间的平衡

社会主义工业企业的生产，必须全面实现多快好省的要求。在生产发展中，各项指标之间，也经常会出现一些相互矛盾、相互不平衡的情况，例如，有的时候，要完成过高的产量指标，产品的品种和质量指标不能不受一定的影响；有的时候，注重了产品品种的增加和质量的提高，而影响到产品产量的提高和产品成本的降低，或者，规定了过高的降低成本的指标，影响到质量的提高，等等。工业企业的计划也要正确处理这种矛盾，在保证产品质量的前提下，全面地实现多快好省的要求。

（四）计划年度生产的发展和计划年度以后一年和几年生产发展之间的平衡

这就是年度计划和长期计划之间的平衡。现代工业企业的生产，在时间上连续程度很高。计划年度生产的发展，同计划年度以后一年，甚至以后几年生产的发展，有极密切的联系。例如，计划年度的生产水平如果确定得过低，就会影响以后年度的生产任务的安排；如果计划年度的生产任务确定得过高，以致挤掉了机器设备的检修时间，吃掉了必要原料、材料和半成品等的储备，如此等等，就会影响到下一年度生产的正常进行，以至波及以后几年生产的发展。所以，工业企业在编制年度计划的时候，必

须根据长期计划的要求，瞻前顾后，正确处理计划年度和以后年度生产发展的关系，求得它们之间的平衡。

上面说的，只是工业企业计划平衡工作中几个主要的内容，在实际工作中，企业计划平衡的内容，要丰富和复杂得多。工业企业在编制计划的过程中，只有切实做好各方面的综合平衡工作，才能编制出一个好的计划来，才能使计划真正起到指导生产的作用。

在工业企业的计划中，怎样去处理上述各个方面的矛盾，安排好各个方面的平衡呢？

在这个问题上，可以有两种不同的态度，两种不同的方法：一种是积极平衡、综合平衡的方法；另一种是消极平衡、孤立平衡的方法。我们主张采取前一种方法，即积极平衡、综合平衡的方法，而反对后一种方法，即消极平衡、孤立平衡的方法。

什么是消极平衡、孤立平衡的方法呢？这就是在计划平衡工作中，不是从企业的全局出发，而是从企业中某一个生产要素、某一个生产环节、某一个方面出发来组织平衡；不是按照企业内部客观需要的比例关系来组织平衡，而是违反这种比例关系；不是相互联系、瞻前顾后、全面的平衡，而是互不联系、顾此失彼、孤立的平衡。用这种方法进行平衡，或者是只看到薄弱环节，而看不到先进环节，只看到不利条件，而看不到有利条件，不是采取切实的措施，去尽可能地克服薄弱环节，而是要求先进的环节无条件地迁就落后环节；或者是，只看到先进环节，而看下到薄弱环节，不重视薄弱环节，只看到有利条件，而无视或者不正视不利条件，因而同样不去努力地克服薄弱环节，而主观主义地要求各个部分、各个环节都一律向个别最先进的部分、环节看齐。无论是前者或者后者，都不可能消除薄弱环节，使不平衡达到新的、更高一级的平衡，甚至反而会扩大不平衡。如果采取这种消极平衡、孤立平衡的方法，当然不利于企业生产的多快好省地发展。

积极平衡、综合平衡同消极平衡、孤立平衡根本不同，它是从工业企业全局出发的平衡，是符合企业内部各个部分、各个环节、各个方面客观要求的比例关系的平衡，是相互联系、瞻前顾后、全面安排的平衡。这种平衡，既要求看到先进的部分、先进的环节，又要求重视落后的部分、薄弱的环节；既要求充分估计到有利的条件，又要求重视客观上存在的不利条件。它不是无视薄弱环节，回避薄弱环节，而是千方百计地去克服薄弱环节。如果采取了一切措施以后，薄弱环节还是不能克服，或者不能够完全克服，那么，在计划平衡中就要考虑它，而不是回避它。这样，才能使计划工作真正做到积极可靠，留有余地，以便把主动权完全掌握在自己手里。

工业企业在计划平衡过程中，认真地对待薄弱环节，这是不是消极平衡呢？

不是的。应当看到，要使薄弱的环节适应先进的环节，要使中间的、落后的部分赶上先进的部分，是需要有一个过程的，是需要有一定的条件的，是需要经过一系列艰苦工作的。不承认这些，是不对的。认真地对待薄弱环节，从各方面采取措施克服薄弱环节，使之适应先进部分，这正是积极平衡，而不是什么消极平衡。至于在薄弱环节面前，如果不是采取积极的态度，努力克服它，而是采取无能为力的态度，束手无策，或者采取满不在乎的态度，听之任之，那当然是错误的，那才是需要反对的消极平衡。

因此，我们在编制工业企业计划的过程中，必须坚持真正的积极平衡，就是说，坚持综合平衡；反对消极平衡，就是说，反对孤立的平衡。

要做好工业企业计划的综合平衡，就必须系统地、全面地、及时地调查和了解企业的情况，不了解或者不确切地了解企业的情况、企业各种经济现象之间的内在联系，是不可能做好计划的综合平衡的。毛泽东同志说：只有感觉的材料十分丰富（不是零碎不全）和合于实际（不是错觉），才能根据这样的材料造出正确的概念和理论来[1]。毛泽东同志的这句话，对于工业企业的计划工作也是完全适用的。要了解企业的情况，除了系统地搜集全面的资料以外，还必须有重点地对重要问题进行调查研究。所谓重要问题，就是计划中的一些根本问题。这些问题，往往就是我

---

[1]　毛泽东：《实践论》，《毛泽东选集》第一卷，人民出版社1952年第2版，第279页。

们所说的薄弱环节。只有加强对这些问题的调查研究，才能使我们真正摸清情况，更好地克服薄弱环节，才能更好地进行计划平衡工作。

要做好工业企业计划的综合平衡，还必须在编制计划的过程中，认真贯彻群众路线，充分发挥全体职工的积极性和主动性。我们知道，工人群众是直接创造物质财富的人，生产中的问题，他们了解得最具体、最清楚。在编制计划的过程中，只有依靠广大职工群众，倾听他们的意见，发挥他们的积极性，才能真正弄清楚计划中的薄弱环节，并且采取有效的措施加以克服，才能做好综合平衡。

第六节 计划的组织实现和检查

社会主义工业企业计划工作的目的，归根到底，是为了全面完成和超额完成国家计划。因此，编制计划，仅仅是计划工作的开始，更重要、更大量的工作，还在于积极地组织计划的实现。斯大林说过：编制计划不过是计划工作的开始。真正的计划领导只是在计划编制以后，在进行了实地检验以后，在实现计划、修订计划和使计划精确的过程中才展开[①]。

工业企业为了组织计划的实现，需要做的工作是很多的，主要的有以下几个方面：

第一，使计划和广大职工群众见面，层层落实计划。工业企业要把上级行政主管机关批准的计划，及时向全体职工进行传达，要向群众讲清形势，交代任务，并且，指出完成计划的关键问题；要使各个科室、车间、小组以及个人都明确自己的任务，都有具体的奋斗目标。同时，要广泛地组织职工群众讨论计划，发动群众提出保证完成计划的具体措施和各种合理化建议，使计划的执行，真正具有广泛而坚实的群众基础。

第二，正确地编制生产作业计划，做好各项生产前的准备工作，做好生产调度工作，使每一个生产环节在每一个单位时间内，都能完成和超额

① 斯大林：《联共（布）中央委员会向第十六次党代表大会的政治报告》，《斯大林全集》第 12 卷，第 301 页。

完成计划任务，保证全年计划顺利地实现。

第三，组织社会主义劳动竞赛，开展增产节约运动。通过经常的、各种形式的劳动竞赛，充分调动广大职工的劳动积极性，加强劳动纪律，推广先进技术和先进经验，提高劳动生产率，发掘企业的潜在力量，从而保证计划的全面完成和超额完成。

第四，组织实现计划中规定的和在执行计划的过程中补充的各项技术组织措施。各项技术组织措施，是实现计划的重要保证。工业企业必须把纳入计划的各项技术组织措施，具体落实到各个执行的单位和执行人，要经常了解这些措施执行的情况和存在的问题，积极解决问题，以保证措施的实现。同时，在计划执行过程中，还要根据生产发展的需要和职工群众的经验，提出各种新的技术组织措施，并且，切实地组织这些措施的实现。

为了完成和超额完成计划，除了要做好上述各方面的工作以外，还必须经常对计划的执行情况进行检查，以便及时发现计划执行过程中出现的问题和新的潜力，并采取有效措施来解决这些问题和利用这些潜力。

计划执行情况的检查，必须紧紧地围绕计划本身来进行，计划的指标就是检查的指标，离开了计划来进行检查，或者，在检查中只重视某几种指标，而忽视另几种指标，都是不利于计划的全面实现的。

计划检查的方法是多种多样的。例如，有日常的检查和定期的检查，有全面的检查和专题检查，有领导干部、管理人员自上而下的检查和广大职工群众自下而上的检查，等等。一般来说，在工业企业里，各种检查计划执行情况的方法都是结合起来运用的。日常检查是按日或按班进行的经常检查，它通过各种业务核算的资料，采取黑板报、进度表等形式，及时向职工公布检查结果，使职工随时了解每日、每班计划完成的情况。定期检查，通常是在计划期终了时（例如旬终、月终、季终、年终）进行的，对于定期检查的结果要进行比较详细的经济活动分析，以总结经验，揭发缺点，提出克服缺点的办法，以便在下一个计划期内加以改进。

日常检查主要是对生产进度的检查，定期检查则是比较全面的检查，它包括企业生产技术财务计划各个主要部分执行情况的检查。与此同时，企业还需要根据实际情况，不定期地对生产中的先进环节或薄弱环节以及某些重要的问题，进行专题检查。而在所有各种检查计划执行情况的方法中，都应当贯彻领导与群众相结合、自上而下的检查与自下而上的检查相结合的精神。计划检查的结果应当向职工群众公布；计划的检查应当尽量同评比竞赛相结合，通过检查，发现和表扬先进的单位和个人，鼓励他们向更高的水平跃进；同时，也要发现和帮助落后的单位和个人，给他们指出方向，促使他们迎头赶上。从而，使计划执行情况的检查真正成为促进计划实现的有力保证。

计划的编制，特别是计划的组织实现和检查，是要由工业企业中的各个部门分工协作来完成的，但最终要由企业的计划部门汇总完成。企业计划部门在厂长的领导下，负责组织和推动各个部门共同做好上述一系列工作。在工业企业里，应当建立和健全的专职计划机构，给它配备必要的熟悉业务的干部，并且，要建立严格的责任制度。专职的计划机构怎样设置，要根据企业的具体条件来定。有的工业企业，计划工作比较复杂，可以设置计划科（或处）和调度科（或处）两个机构；有的工业企业，计划工作比较简单，也可以只设计划科一个机构。总之，要根据各个工业企业的具体情况，从有利于加强计划工作、加强综合平衡工作出发，来设置企业的专职计划机构，而不应当强求一律。

第 八 章
社会主义工业企业的生产计划工作[*]

生产计划是工业企业生产技术财务计划的核心，是它的最重要的组成部分。在生产计划中，规定着企业计划年度内应当生产的产品品种、质量、数量和出产日期等指标。这些指标，是工业企业计划中最主要的指标。所以，工业企业要做好计划管理工作，首先就要做好生产计划工作。在说过工业企业计划管理工作中一些综合性的问题以后，这一章，将要讨论工业企业生产计划工作的问题。下面分四节来说：

一、工业企业生产能力的核定；

二、工业企业生产指标的确定；

三、产品出产进度的安排；

四、安排车间生产任务的方法。

第一节　工业企业生产能力的核定

要做好工业企业的生产计划工作，首先要清楚地了解工业企业的生产能力。什么是工业企业的生产能力呢？它同生产计划的关系又是怎样的呢？

一　工业企业的生产能力和它同生产计划的关系

这里所说的工业企业的生产能力，是专指企业生产性固定资产的生产能力。具体来说，它是一定时期以内（通常是一年），企业中直接参与生产的固定资产，包括机器、设备、厂房和其他生产性建筑物等，在一定的技术组织条件下，能够生产的一定种类和一定质量的产品的数量，或者能够加工处理的一定原料的数量。

工业企业的生产能力，一般是用企业一年内能够生产的产品数量来表示的。例如，煤矿的生产能力，是用一年内能够采掘的煤炭的吨数来表示的；汽车厂的生产能力，是用一年内能够生产的汽车的辆数来表示的；织布厂的生产能力，是用一年内能够生产的布的公尺数来表示的，等等。但是，有些工业企业，例如，某些以农产品为原料的轻工业企业和选矿企业，因为原料、材料的成分对它们的产品生产量有很大的影响，并且，它们所用的原料、材料的成分，又经常发生变动，因此，为了使企业的生产能力不致因原料、材料成分的变动而经常变动，这些工业企业的生产能力，通常是用一年内能够加工处理的原料、材料的数量来表示的。在绝大部分工业企业里，生产能力用实物单位来计算。在有的工业企业里，生产能力也可以用折合的假定单位来计算。例如，拖拉机厂的生产能力，可以用 15 马力的标准拖拉机的台数来表示。

这里说的工业企业的生产能力，是按照直接参与生产的固定资产来计算的。这当然不是说，劳动人数和原料、材料的供应数量等要素，不影响企业生产能力的利用。劳动力和原料、材料，同机器设备等固定资产一样，是工业企业进行生产所不可缺少的条件。在工业企业拥有一定数量和一定性能的生产性固定资产的条件下，有没有足够的劳动者来利用这些固定资产，原料、材料等物资供应的数量，能不能满足生产的需要，对固定资产能力的发挥，无疑是有重大作用的。但是，为了正确地计算工业企业固定资产的生产能力，应当把劳动人数和原料、材料的供应数量等影响生产能力的要素抽象掉，也就是说，在假定劳动人数和原料、材料的供应，都能符合生产需要的条件下，来确定固定资产的生产能力。

工业企业的生产能力，是企业内部各个生产环节、各种固定资产的综合生产能力。工业企业拥有的生产性固定资产，是多种多样的。这些固定资产，分别配置在企业内部的各个生产环节上，它们在性能、工作能力和设置数量上，都有一定的组成和配合，存在着一定的比例关系。企业产品的生产过程，就是由劳动者运用这些相互联系的全部固定资产来完成的。因此，工业企业的生产能力，是指各个生产环节、各种固定资产在保持生产要求的一定比例关系的条件下，所具有的综合生产能力。例如，一个煤矿的生产能力，是这个煤矿的掘进、回采、提升、运输、通风、维修等各个生产环节的能力，综合平衡以后的结果，而不是孤立地以其中某一个环节来确定的。任何工业企业，都不能够孤立地、片面地只根据企业内部的某一个生产环节、某一种固定资产来确定生产能力。否则，就会违反生产发展所要求的比例关系，因而是不现实的。如果按照这种生产能力来编制生产计划，确定生产任务，就不但不能促进生产多快好省地发展，而且会造成生产过程比例的不协调，给生产带来不良的影响。

工业企业的生产能力，通常有以下三种：

（一）设计能力

这是工业企业设计任务书和技术设计文件中所规定的生产能力，它是按照工厂设计中规定的工业企业的产品方案和各种设计数据来确定的。在工业企业基本建设竣工和投入生产以后，需要有一个熟悉和掌握技术的过程，所以，工业企业的设计能力，一般都要经过一定时期以后，才能达到。

（二）查定能力

这是在没有设计能力，或者，虽有设计能力，但由于工业企业的产品方案和技术组织条件已经发生很大的变化，原有的设计能力已经不适用时，工业企业重新调查核定的生产能力。这种生产能力，是根据企业现有的条件，并且考虑到企业在查定时期内所采取的各种措施的效果来计算的。查定时期的长短，可以根据需要和可能的条件来确定。

（三）现有能力

这是工业企业计划年度内所达到的生产能力。这种生产能力，是根据企业现有的条件，并且考虑到企业在计划年度内所能够实现的各种措施的效果来计算的。

上面说的工业企业的各种生产能力，各有不同的用途。

　　当确定工业企业的生产规模，编制企业的长期计划，安排企业的基本建设计划和采取重大的技术组织措施的时候，应当以工业企业的查定能力为依据。

　　当工业企业编制年度的生产计划，确定生产指标的时候，则应当以企业的现有能力作为依据。因此，现有能力的水平定得是否正确，对于做好生产计划工作，有直接的影响。我们以后所说的工业企业生产能力，就是指这种生产能力。

　　工业企业的生产能力和生产计划有密切的联系，同时，它们又有区别。企业要做好生产计划工作，就必须既要看到它们之间的联系，又要看到它们之间的区别。

　　生产能力是反映工业企业生产可能性的重要指标之一，是企业制订生产计划的一个重要依据。工业企业的生产计划，只有符合企业生产能力的水平，才既能够充分地、合理地利用生产能力，又能够有可靠的、现实的基础。反之，如果工业企业的生产计划确定得过分低于生产能力的水平，那么，生产能力就不能得到充分利用，就会造成浪费；如果工业企业的生产计划超过了生产能力的水平，那么，这种生产计划是没有现实基础的，用这种生产计划来指导企业生产，同样会造成浪费。

　　工业企业的生产能力是编制生产计划的一个重要依据，但并不是它的全部依据。工业企业在按照国家对产品的需要编制生产计划的时候，不但要根据本企业固定资产的生产能力，而且要考虑到企业的劳动力和原料、材料的供应情况，考虑到其他有关的条件和因素。不考虑这些，工业企业也不可能编制出一个好的生产计划。如果把工业企业的生产能力和生产计划混同起来，用生产能力去代替生产计划，或者，用生产计划去代替生产能力，那么，在前一种场合，就会忽视机器设备等固定资产同劳动力和原料、材料等其他生产要素之间的比例关系，给生产带来不良的影响；在后一种场合，就会把由于考虑到劳动人数和原料、材料供应等因素的影响而计算出的生产水平，当做企业固定资产的生产能力，这样做，也不利于促使企业千方百计地挖掘生产潜力。

二　核定工业企业生产能力的方法

既然，工业企业的生产能力是编制生产计划的一个重要依据，因此，正确地核定工业企业的生产能力，对于做好生产计划工作，有极重要的作用。

怎样正确地核定工业企业的生产能力呢？

工业企业固定资产的生产能力，基本上是由三个因素决定的。这三个因素是：（1）参与生产的生产性固定资产的数量；（2）固定资产的工作时间；（3）固定资产的生产效率。

生产性固定资产的数量，是指工业企业在计划期内所拥有的全部能够用于生产的机器设备以及厂房和其他生产用建筑物的面积。

在计算生产能力的时候，工业企业固定资产的数量，应当包括能够用于生产的全部机器设备的数量。其中有正在运转的机器设备、正在修理、装配或者准备修理的机器设备，以及因生产任务变化而暂时停止运用的机器设备。正在修理或者准备修理的机器设备，虽然暂时不能运转，但是经过修复以后，它们仍然是具有生产能力的。至于因生产任务变化而暂时停用的机器设备，它们也没有丧失生产能力。所以，在计算企业的生产能力时，这两部分机器设备都应当计入，否则，就不能如实地反映企业的生产能力和这种生产能力的利用程度。在计算生产能力的时候，因为损坏很严重，已经丧失了原有的生产能力，而在计划期内又不能够修复使用的机器设备，是不应当计入的。工业企业留做备用的机器设备，以及封存待调的机器设备，也不应当列入企业的生产能力。

在计算生产能力的时候，工业企业的固定资产还包括企业的厂房和其他生产用建筑物的面积数量。

固定资产的工作时间，是指按照工业企业现行的工作制度计算的，机器设备的全部有效工作时间和生产面积的全部利用时间。

在不同的工业企业里，由于生产条件和工作制度不同，固定资产的工作时间也是不同的。

在连续生产的工业企业里，机器设备的有效工作时间，一般等于日历时间减去修理机器设备所必需的停工时间。在间断生产的工业企业里，机器设备的有效工作时间，是在日历时间中扣除节日、假日停工的时间以后，按照工业企业规定的工作班次来计算的，其中也要扣除机器设备修理停工的时间。机器设备的修理停工时间，应当根据设备修理计划来确定。为了尽可能地增加机器设备的有效工作时间，应当在做好设备维修工作，保证机器设备经常处于良好状态的前提下，努力减少修理停工时间。除了修理停工时间以外，由于其他各种原因造成的设备停工时间，如停工待料时间、动力供应中断的停工时间，等等，在计算生产能力时，一般是不应当考虑的。

生产面积的利用时间，同机器设备的工作时间不同，在一般情况下，它没有停工修理的时间，因而也不需要扣除工作时间的损失。这是由生产面积和机器设备的性质不同所决定的。

固定资产的生产效率，是指单位机器设备的产量定额或者单位产品的台时定额。在确定工业企业生产能力的时候，必须采用在现有的技术组织条件下比较先进的设备生产率。确定机器设备的生产率，是一件比较复杂和细致的工作。这是因为，影响机器设备生产率的因素很多，除了有机器设备本身的技术条件、工作效率以外，还有产品的品种、质量，原料、材料的质量，企业的生产组织、劳动组织和工艺方法，以及工人的文化技术水平和熟练程度等因素。只有对这些因素进行细致的分析，在已经达到的设备生产率的基础上，充分考虑到企业在计划年度内由于实现各种技术组织措施所取得的成效，并且参照相同条件的先进企业所达到的水平，先提出初步方案，然后，经过群众广泛的讨论，根据各方面的意见和建议，进行调整、修改，才能确定出一个先进的、合理的设备生产率定额。

在计算生产面积的生产能力时，与机器设备生产率相应的定额，是单位产品占用生产面积的大小和时间长短的定额。

根据上面所说的因素，计算生产能力的具体方法如下：

在以机器设备来计算生产能力的情况下，机器设备的生产能力，可以按照下列公式计算：

$$\text{机器设备的生产能力} = \text{机器设备的数量} \times \text{机器设备的工作时间} \times \text{机器设备的生产率}$$

在以生产面积来计算生产能力的情况下，生产面积的生产能力，可以按照下列公式计算：

$$\genfrac{}{}{0pt}{}{生产面积的}{生产能力} = \left(\genfrac{}{}{0pt}{}{生产面}{积数量} \times \genfrac{}{}{0pt}{}{生产面积的}{利用时间}\right) \div \left(\genfrac{}{}{0pt}{}{单位产品占用}{的生产面积} \times \genfrac{}{}{0pt}{}{占用}{时间}\right)$$

在计算机器设备或者生产面积的生产能力时，如果同一设备或者生产面积不是生产一种产品，而是生产许多种产品，要按照各种产品分别进行核算是比较困难的，在这种情况下，可以按照标准产品来计算。例如，拖拉机可以用标准马力来表示，棉纱可以用一种标准支数来表示，酒精可以用一种标准度数来表示，等等。或者，可以选择一种代表产品来计算。例如，在机械工厂，就可以用一种机器作为该类产品中的代表产品，等等。合理地选择代表产品，对于正确计算生产能力，有很大的关系。一般来说，代表产品应当根据国家的需要和企业历年的生产情况来确定，它应当是国家需要的产品，是企业产品方案中主要的产品，并且，在这些产品中，它占用的劳动量最大，制造的数量最多，在工艺上也是具有代表性的。

根据上面所说的计算生产能力的方法，怎样来核定工业企业的生产能力呢？

一般来说，工业企业生产能力的核定，可以分做两个阶段。

首先，分别核定工业企业内部小组、工段、车间等各个生产环节的生产能力。

其次，在综合平衡各个生产环节的能力的基础上，核定企业的生产能力，也就是通常所说的企业的综合生产能力。

在核定工业企业内部小组、工段、车间等生产环节的生产能力时，一般来说，有两种不同的情况。一种情况是，这个生产环节的产品，是由一种机器设备或者一种联动机制构成的，那么，这个生产环节的设备能力，就等于每台机器设备或者每座联动设备的能力。另一种情况是，这个生产环节的产品，是经过许多不同的机器设备相继加工而成的，那么，这个生产环节的设备能力，就等于各种不同的设备的能力综合平衡以后的结果。

在计算各个生产环节的生产能力时，不仅要计算主体设备的能力，而且要计算各种辅助设备和配合部分的能力。一个生产环节的生产能力，不仅是这个生产环节中各种主体设备的能力的综合平衡的结果，而且是主体设备的能力同各种辅助设备的能力综合平衡的结果。例如，计算转炉车间的炼钢生产能力，除了要计算转炉的冶炼能力以外，还要计算化铁炉、炉料预处理、铸锭、出渣以及吊车和其他运输设备等有关部分的能力，并且，要把转炉的冶炼能力同这些部分的能力进行平衡，然后，才能确定转炉车间的炼钢能力。

工业企业内部各个生产环节生产能力的核定，在不同工业企业里，以及在同一企业里的各个不同的生产环节上，都有各自的特点。这些特点，是由它们的工艺过程的性质和其他有关的生产条件决定的。但是，总的来说，都可以应用上面说的一般原理和方法计算出来。有些生产环节，例如，企业主要的基本生产车间，它们的生产能力在很大程度上决定着企业的生产能力，同时，又有比较系统的资料，对于这样的生产环节，一般需要做比较详细的计算。有些生产环节，则可以用比较概略的方法来计算生产能力。例如，企业的某些辅助车间的生产能力，可以参照它们过去同基本生产车间生产能力的比例，并且考虑到各种技术组织条件变化的情况，进行核定。

在各个生产环节的生产能力核定以后，就可以在综合平衡各个生产环节能力的基础上，核定工业企业的生产能力，即综合生产能力。这种平衡的内容，主要有两个方面：一方面是，基本生产各个环节之间能力的平衡；另一方面是，基本生产和辅助生产之间能力的平衡。

在平衡基本生产各个环节的生产能力时，一般可以从在生产中超主导作用的主要生产车间着手，把这种主要生产车间的能力，同其他各个生产车间的能力进行平衡。如果主要生产车间的能力低于其他生产车间的能力，那么，就应当积极采取措施，努力提高主要生产车间的能力，按照采取措施后确实可以提高的主要生产车间的能力来确定。如果主要生产车间的能力高于其他生产车间的能力，那么，就应当尽可能提高其他生产车间的能力，力求使它们同主要生产车间的能力相适应。但是，如果在经过各种努力以后，其他生产车间的能力，还是不能够适应主要生产车间的能力，那么，企业生产能力的确定，就应当考虑到仍然是薄弱的生产车间的能力。在这里，只考虑薄弱的生产车间的能力，而不去努力克服薄弱环节，提高薄弱车间的生产能力，是不对的；反之，只看到较高的主要生产车间的能力，而无视薄弱环节生产车间的能力，也是不对的。

在确定工业企业生产能力的时候，不但基本生产各个环节之间的能力要进行平衡，而且，基本生产和辅助生产之间的能力也要进行平衡。在工业企业的基本生产和辅助生产之间，生产能力必须保持一定的比例关系。如果各个辅助生产车间的生产能力，大于基本生产车间的需要，工业企业就应当根据需要和可能的条件，相应地调整基本生产和辅助生产的比例关系，进一步加强基本生产的力量。如果各个辅助生产车间的能力低于基本生产车间的需要，工业企业就应当根据需要和可能的条件，相应地提高辅助生产车间的能力。在这时，如果它的能力可以从基本生产车间得到补充，也可以按照客观需要的比例，来调整和提高辅助生产车间的能力。但是，如果在采取各种措施以后，辅助生产的能力还是不能适应基本生产的需要，那么，在确定工业企业计划年度的生产能力时，就应当考虑到辅助生产这个薄弱环节。

经过上面所说的程序反复地综合平衡以后，就可以确定出工业企业的生产能力，即综合的生产能力。这样确定的生产能力，是从企业的全局出发的，是符合生产发展所要求的比例关系的。这样的综合平衡，是既注意先进的环节，尽可能地充分发挥先进环节的作用；又是正视薄弱环节，采取有效的措施来克服薄弱环节，而不是对薄弱环节抱消极态度的，因而它是积极的，又是可靠的，而不是消极的，不可靠的。经过这样的综合平衡以后，计算出来的生产能力，才能根据它来正确地编制生产计划，确定生产指标。

第二节　工业企业生产指标的确定

一　生产计划中的主要指标和它们的相互关系

生产指标，就是生产计划中所包括的各种指标。编制工业企业的生产计划，主要的就是要正确地确定各种生产指标。

在工业企业的生产计划中，主要有哪些指标呢？

（一）产品品种

它是计划年度内工业企业应当生产的产品品种的指标。例如，在钢铁厂，有各种不同的钢种，有各种不同规格的钢材；在纺纱厂，有各种不同支数的棉纱；在机床厂，有各种不同型号的机床；等等。产品品种指标，是一个很重要的指标。它反映着工业企业在产品品种方面满足社会需要的情况，也反映着企业技术水平和管理水平提高的情况；它同国家的新品种发展规划有直接的联系。

（二）产品质量

它是工业企业在计划年度内提高产品质量方面所应当达到的指标。在不同的工业企业里，表示产品质量的指标是不同的。例如，钢铁厂的钢材质量，是用钢材的合格品率来表示的；煤矿的原煤质量，是用原煤的灰分率和含矸率来表示的；纺织厂的纱和布的质量，是用纱和布的一级品率来表示的。产品质量指标，是反映企业的产品能不能适合社会需要的一个重要指标，也是反映企业技术水平和工作成绩的一个重要指标。

（三）商品产量

它是工业企业在计划年度内应当生产的可供销售的产品和工业性劳务的数量。商品产量，包括企业出售的一切合格产品和完成的工业性劳务。不合格产品、外售废料、对外的非工业性劳务和为本企业基本建设和房屋修理进行的建筑性劳务，不能列入商品产量以内。在商品产量中，绝大部分是企业的主要产品，它们应当按品种、按规格列入计划。商品产量应当同时用实物单位和货币单位计算。用货币单位计算的，叫做商品产值。在商品产值中，不应当列入工业性劳务对象的价值（例如，在计算维修机器设备的工业性劳务的价值时，不应当包括机器设备本身的价值）和订货者自备材料的价值。商品产量指标，是表示企业生产成果的重要指标。它是国家进行物资平衡工作的依据，也是企业进行产销平衡，计算成本和利润，编制作业计划和组织日常生产的重要依据。

（四）总产量

它是工业企业计划年度内应当完成的工作总量。在计划年度内，企业除了要完成商品产量以外，还要为下一年度准备在制品、半成品和自制工具、模型，等等。年末结存的在制品、半成品和自制的工具、模型，等等，是企业在计划年度内完成的生产工作，应当列入计划年度的总产量。同时，企业在计划年度所完成的商品产量中，有一部分是用年初的在制品、半成品继续加工完成的，是消耗年初的自制工具、模型等加工完成的。年初结存的在制品、半成品和自制工具、模型等，是上年度企业完成的，都不应当列入计划年度的总产量中。总产量一般是用货币单位或者定额工时单位来计算的，用货币计算的，叫做总产值。在计算总产值时，已被加工的订货者的来料的价值，没有列入商品产品的某些自用产品的价值，都应当包括在内。总产值指标，也是反映企业工作成果的一个必要的指标，它是计算企业生产的发展速度和劳动生产率等指标的依据。

（五）净产值

它是工业企业在计划年度内应当创造的新价值。净产值是从总产值中扣除各种物资消耗的价值以后的余额。总产值因为包括转移的物资消耗的价值和新创造的价值两个部分，因此，常常受转移价值大小的影响，不能确切地反映企业的工作成果。净产值指标的优点，主要的就是在反映企业工作成果时，可以避免受转移价值变化的影响。

上面说的生产计划中的各个指标，是相互联系的。产品的品种、质量和数量是生产计划中最重要的指标。以实物单位计算的产品品种、质量、数量指标，是以货币计算的各种产值指标的依据。同时，各种产值指标，又能够综合地表示企业生产的成果。在安排生产指标的时候，除了少数由于生产性质的特点，在编制生产计划时不可能具体确定产品的品种、质量和数量的企业以外，大部分工业企业，都应当先安排产品的品种、质量和数量，然后，根据这些指标，再计算出产值指标。只有这样的产值指标，才是落实的，才能真正反映企业的生产成果。

二　生产指标的确定

前面说过，社会主义国营工业企业的生产，是在国家的集中领导和统一计划下进行的。因此，工业企业的生产指标，是由国家确定的。国家在确定工业企业的生产指标的时候，要根据社会的需要和企业的各种具体条件，进行反复的平衡计算；要深入地了解企业的情况，听取企业的意见，同企业的工作人员一道进行商量、研究。所以，企业的生产指标，虽然最后是由国家确定的，但是，国家确定企业生产指标的过程，是一个既有高度的集中又有高度的民主的上下结合的过程，在这个过程中，工业企业必须做好许多工作，以便帮助国家正确地确定企业的生产指标。

为了正确地安排生产指标，工业企业首先要做好调查研究工作，摸清社会需要的情况，摸清原料、材料等物资供应的情况，摸清企业内部各种生产条件的情况。

社会主义工业企业生产什么，生产多少，首先要看社会需要什么，需要多少。因此，摸清社会需要的情况，对于正确安排生产指标，有很重要的作用。

社会对工业产品的需要是多种多样的。不仅不同工业企业的产品，在满足社会需要上有不同的情况，即使同一个企业的产品，也往往要满足各种不同的社会需要。因此，工业企业了解社会需要的方法，也是多种多样的。例如，企业可以组织一定的力量访问使用单位，征求他们对产品的意见；可以通过订货会议主动向有关部门和企业了解情况，调查他们对本企业产品品种、质量的意见和需要，等等。生产配套产品的企业，要主动地了解生产主机的企业的生产情况，掌握他们对配套产品的需要。生产日用工业品的企业，则要通过商业部门和消费者的反映，了解市场的动态和对本企业产品的意见。总之，每个工业企业，都应当根据自己的条件，采取各种切实有效的方法，了解社会的需要，了解客观需要变化的情况。

工业企业不仅要了解社会需要的情况，还要了解原料、材料、燃料等物资供应的情况。工业企业应当根据各类物资供应的情况，采取不同的方法进行调查。例如，对于国家统一分配和国务院各部门管理的物资，可以通过上级行政主管机关和物资供应部门，了解国家对物资分配的可能；对于主要由当地供应的物资，可以通过当地的主管机关，了解供应情况，也可以通过物资调剂会议，了解各种物资调剂的可能；对于实行固定协作、定点供应的物资，可以向固定的供应单位了解情况，等等。工业企业在了解这些物资供应的外部条件之前，必须首先调查清楚自己库存物资的情况。

工业企业还必须摸清楚企业内部各种生产条件的情况。企业要切实掌握生产能力的情况，掌握各工种工人人数的情况，掌握技术力量的情况，以及生产技术准备工作的情况，等等。工业企业既要全面地了解各种生产条件的情况，又要根据不同时期的要求，有重点地了解企业生产中具有关键性的问题的情况。

工业企业经过调查研究，了解了各个方面的情况以后，就要把这些情况联系起来进行分析，进行各种必要的平衡计算，发现矛盾，设法解决矛盾，以便向上级行政主管机关提出生产指标的建议方案。在这里，工业企业需要进行平衡的方面是很多的，但是，最主要的，有以下几个方面的平衡关系：（1）社会对产品的需要同企业生产能力之间的平衡；（2）社会对产品的需要同物资供应的可能之间的平衡；（3）社会对产品的需要同企业劳动力之间的平衡；（4）社会对产品的需要同企业生产技术准备力量之间的平衡，等等。

上面列举的这几种主要的平衡关系，集中到一点，就是社会需要同企业生产可能之间的平衡。在这个平衡过程中，必然会出现这样或者那样的矛盾，存在这种或者那种不平衡。在这里，生产计划工作的任务，就是要正确地处理这些矛盾，求得社会需要与生产可能之间的平衡。毛泽东同志在《关于正确处理人民内部矛盾的问题》这一著名的著作中，曾经这样指出过：在客观上将会长期存在的社会生产和社会需要之间的矛盾，就需要人们时常经过国家计划去调节。我国每年做一次经济计划，安排积累和消费的适当比例，求得生产和需要之间的平衡①。

毛泽东同志所说的社会需要和社会生产的矛盾，在编制企业生产计划时，就表现为社会需要同企业生产可能之间的矛盾，我们应当按照毛泽东同志的指示，很好地处理这种矛盾。

---

① 毛泽东：《关于正确处理人民内部矛盾的问题》，人民出版社1957年版，第12页。

那么，工业企业在进行社会需要和生产可能的平衡过程中，应当正确地处理哪些矛盾呢？

（一）社会对产品的品种、质量和数量的需要，同工业企业的生产能力和生产技术力量之间的矛盾

随着我国社会主义建设事业的发展，社会需要的工业产品的品种越来越多，对产品质量的要求，也越来越高。同时，随着我国工业建设的不断前进，工业企业的技术水平不断提高，每一个工业企业，也越来越能够生产出品种更多、质量更好的产品，来满足社会需要。但是，在这方面，也经常存在着矛盾。工业企业技术水平的提高，往往不能适应社会主义建设事业发展的需要，因此，在一定时期内，在这些或者那些工业企业里，就可能出现这样的情况：社会所需要的产品品种和所要求的产品质量，企业不能生产，不能达到，或者不能大量生产，不能完全达到；而企业能够生产的产品品种和能够达到的产品质量，社会又需要不多，或者不需要。这样，就产生了企业现有的技术力量和技术装备，不能满足社会对产品品种和质量要求的矛盾，也就是通常所说的"吃不饱、又吃不了"的矛盾。解决这个矛盾的关键，在于不断地提高企业的技术水平，加强企业的技术力量，积极进行科学实验研究，努力试制和生产新产品，扩大产品品种，提高产品质量，力求生产更多更好的产品满足社会需要。

在平衡过程中，在社会对产品数量的需要同企业现有生产能力之间，也会常常发生矛盾。社会对于工业产品的需要是不断增加的，因此，社会对产品数量的需要大于企业现有生产能力的矛盾，也是会经常出现的。解决这种矛盾的方法是：一方面要根据社会的需要，鼓足广大职工的革命干劲，深入发掘生产潜力，力求生产更多的产品来满足社会需要；另一方面，也要从实际出发，切实考虑到企业各种生产条件的可能性，以便在生产和需要之间求得一种既积极又可靠的平衡。在有些工业企业里，在有些时候，也会出现现有生产能力大于社会需要的情况，在这种场合，工业企业应当主动地向上级行政主管机关反映情况，同时，也应当积极地了解清楚产品滞销的原因，以便在国家的集中领导和统一计划下，采取切实可行的措施，合理地利用企业的生产能力。

（二）工业企业生产的需要同物资供应的可能之间的矛盾

随着生产的不断发展，工业企业需要的原料、材料、燃料等各种物资，越来越多。而原料、材料、燃料等物资的供应，又往往在品种规格、质量和数量等方面不能完全满足生产发展的需要。因此，在企业生产需要同物资供应可能之间，客观上也经常存在矛盾。为了正确地处理这种矛盾，求得生产需要和物资供应之间的平衡，企业首先要采取措施改进原料、材料、燃料的利用，节约物资消耗，杜绝物资的浪费。同时，企业也应当把物资供应的情况和自己的要求，及时向上级行政主管机关和物资供应部门反映，积极帮助上级做出妥善的安排。对于那些需要从市场采购的零星物资，企业应当积极了解和掌握资源情况，开辟新的货源，力求合理地解决这些物资的供应与企业生产需要之间的矛盾。

（三）工业企业生产的发展同劳动力之间的矛盾

生产的发展，主要应当依靠不断提高劳动生产率来实现。但是，在工业企业劳动生产率的提高同生产发展的需要之间，也会出现矛盾。有的时候，这种矛盾表现为生产需要的劳动力超过了企业现有的劳动力，出现人员不足的情况。有的时候，这种矛盾又表现为企业现有的劳动力超过了生产的需要，出现人员过多的情况。不论哪一种情况，工业企业都要不断地提高劳动生产率，充分发挥职工群众的劳动积极性，合理地组织劳动，积极地进行技术革新和技术革命。在人员不足的时候，应当在提高劳动生产率的基础上，努力做到多增产少增人或增产不增人，甚至既增产，又节约劳动力。在人员过多的时候，也应当在提高劳动生产率的基础上，为国家节约更多的人力，使国家有可能把这些人力用到最迫切需要和最有用的地方去。

（四）社会对产品品种、规格的要求同企业生产的经济效果之间的矛盾

前面说过，社会对产品的品种和规格的要求是多种多样的。对于工业企业来说，有的品种已经生产过，比较熟悉；有的品种没有生产过，要从头做起，有的品种比较简单，生产起来容易些，有的品种比较复杂，生产起来困难些；有的品种要消耗较多的劳动力，生产很费工；有的品种只要

消耗少量的劳动力，比较省工；有的品种，可以使企业获得比较多的利润；有的品种，使企业只能获得比较少的利润；如此等等。这样，在满足社会对产品品种、规格的要求同企业经济核算、企业生产的经济效果之间，就会出现矛盾。应当怎样来处理这种矛盾呢？是不是为了使企业取得较好的经济效果，就可以不顾社会的合理需要，只生产那些自己熟悉的、容易生产的、价高利大的产品，而不生产自己不熟悉的、比较困难的、价低利小的产品呢？

绝对不可以这样做。社会主义工业企业生产的目的，是为了满足社会需要。社会主义工业企业的经济核算，是从国民经济的整体利益出发的，是在国家的集中领导和统一计划下进行的。所以，社会主义的工业企业，在处理上面所说的矛盾的时候，必须从全局出发，必须根据局部利益服从整体利益的原则，首先生产那些为社会所迫切需要的产品。只有这样，才能保证国民经济有计划，按比例地发展，才能使整个国民经济的发展，取得良好的经济效果。对于企业来说，生产那些自己不熟悉的、比较困难的新品种，虽然暂时会遇到一些困难，但是，它可以促进企业技术水平的提高，给企业生产的发展，开辟新的广阔的领域，从长期来看，对企业经济效果的提高，也是有利的。当然，这绝不是说，企业在开始生产新产品的时候，就可以不注意经济效果了，恰恰相反，企业更应当努力提高技术水平，做好细致的组织工作，尽可能地节省一切人力、物力、财力的消耗。

上面说的，只是工业企业在做生产计划，进行平衡工作的时候，应当处理的几个主要的矛盾。除此以外，还会有许多具体矛盾，需要企业来很好地处理。在正确处理了各种矛盾以后，企业就可以根据产、供、销各方面平衡的结果，向上级行政主管机关提出生产指标的建议方案。应当指出，工业企业在这个阶段所进行的平衡计算工作，还是初步的，比较概略的。在上级行政主管机关确定和下达了企业的生产指标以后，工业企业就需要根据这些指标，做更精细的平衡计算工作，并且，要把生产任务具体安排到各个季度、各个月份，安排到各个车间。

第三节　产品出产进度的安排

安排产品出产的进度，就是把上级行政主管机关下达给工业企业的全年生产任务，具体地安排到各个季度、各个月份。这样做，可以使国家规定的生产任务进一步落实，并且便于生产技术准备工作和物资供应、生产组织和劳动组织的进一步具体安排，可以给企业的生产技术准备工作、生产组织工作和物资供应工作提供依据。安排产品出产进度的过程，是工业企业进一步组织各方面平衡的过程。

一般来说，工业企业在合理地安排产品的出产进度时，应当遵守以下几个要求：

（1）必须保证国家计划和订货合同所规定的出产期限和交货期限。

（2）应当尽可能保证全年各季、各月的负荷均匀，均衡地出产产品，使机器设备和劳动力得到合理的利用。

（3）应当保证工业企业的生产技术准备工作同生产安排在时间上密切衔接。在安排这个时期的生产任务时，既要考虑到上一个时期为本期所做的生产技术准备工作，又要考虑到这一时期应当为下一时期做的生产技术准备工作。

（4）在安排产品的出产进度时，还应当考虑各种技术组织措施生效的期限。

工业企业在安排产品的出产进度时，首先由计划部门会同生产部门，根据上述要求，提出草案。计划部门和生产部门在拟订产品出产进度草案的时候，应当根据各种有关资料，进行多方面的平衡计算。这些资料主要有：国家计划和订货合同，上期计划的完成情况和有关的资料，在制品和半成品结存量的统计资料，工时定额和台时定额，机器设备修理计划，生产技术准备力量的状况，物资供应的情况，等等。草案拟定以后，要交给车间和职工群众进行讨论，然后，根据各方面的意见，经过适当的调整、修改，最后定案。

那么，工业企业安排产品出产进度的具体内容和方法，又是怎样的呢？

工业企业安排产品出产进度的内容和方法，同企业的生产特点有密切的联系。在不同的工业企业里，安排产品出产进度的内容和方法，也是不同的。下面，分别三种情况来说一说。

一　大量生产同类产品的工业企业，对产品出产进度的安排

大量生产同类产品的工业企业，例如，煤矿、炼铁厂、大量生产同类机器的机械厂等，产品出产进度安排的主要内容，是确定计划年度内各季、各月的平均日产量。

各季、各月的平均日产量，是要根据各个季度和各个月度的具体条件来确定的。一般来说，随着工业企业的技术水平和工人熟练程度的提高，各季、各月的平均日产量应当是逐步上升的趋势。但是，生产的具体条件是很复杂的，这些条件又在经常发生变化，因此，各季、各月的平均日产量，绝不能笼统地根据抽象的公式和主观的推算来确定，而必须从实际出发，在具体考虑和分析各个时期生产条件的基础上来确定。概括地说，在确定各季、各月的平均日产量时，主要应当考虑以下一些因素：

（1）国民经济对这种产品在各个不同时期的需要量；

（2）工业企业的生产能力，在各个时期的变动情况，包括设备生产率的变化，机器设备的停工修理，以及旧设备退废和新设备投入生产的情况等；

（3）原料、材料、燃料等物资的供应，在不同时期的变化情况，季节性生产的企业，还必须考虑到季节性供应的特点；

（4）工人出勤率在不同时期的变化情况；

（5）新产品投入生产的情况；

（6）自然条件在各个时期的变化，例如，采矿企业要考虑地质条件的变化，冶炼企业要考虑气温的影响，等等。

工业企业在分析和研究上述各种有关因素的基础上，就可以对各个时期的不同情况，进行产、供、销的平衡，确定各季、各月的平均日产量。根据各季、各月的平均日产量和它们的工作天数，就可以计算出各季、各月的产品产量。

二　多品种成批生产产品的工业企业，对产品出产进度的安排

多品种成批生产的工业企业，例如，成批生产的机械厂、轧钢厂、印染厂等，它们在安排产品出产进度时，不仅要按时期分配产品产量，而且，要组织不同时期各种品种的搭配生产。因此，它的内容就比较复杂些。合理地组织各种产品品种的搭配生产，对于按期、按品种完成国家计划和订货合同，有重要的意义，对于合理地组织企业的生产经营活动，提高经济效果，也有重要的意义。

在这些工业企业里，怎样来安排各季、各月的产品品种和产品数量呢？

一般来说，这些工业企业在安排各季、各月的产品品种和数量时，应当考虑到以下几个问题：

（1）对于经常生产、产量比较大的产品，工业企业在符合国家计划和订货合同要求的前提下，要尽可能在全年做比较均衡的安排，使各个季度、各个月度都生产一些这种产品，以保证工业企业生产组织上的一定的稳定性。

（2）在符合国家计划和满足订货合同要求的前提下，对于同类型的产品，尽可能安排在同一个时期进行生产，以便减少企业同一时期生产的产品品种，扩大产品批量，简化生产组织工作，提高经济效果。但是，如果用户的订货要得很急，而几种不同类型规格的产品又必须同时交货，那么，应当首先服从用户的需要，而不应当不顾用户的需要，片面地强调减少同期生产品种的经济效果。

（3）要尽可能保证各种机器设备和工种工人负荷的均衡，合理利用人力、物力，避免在一定时期内，某一种机器设备、某一个工种负荷过重，而另一种机器设备、另一个工种，又负荷不足的现象；避免在这个时期，机器设备的负荷和工人的任务很重，而在另一个时期，又负荷不足、任务不饱满的现象。

（4）新产品生产的安排，要考虑到生产技术准备工作量的均衡负荷，考虑到同老产品的逐渐交替过程，避免"骤上骤下"，使生产技术准备工作时松时紧，产品产量波动过大。因此，各种新产品生产的安排，在保证

满足需要的前提下，尽可能不要过分地集中在一个时期。

（5）要尽可能使各季、各月的产品产量，同这种产品生产的批量成等数、成倍数，以便简化生产组织工作，提高工作效率。

除此以外，这类企业在安排产品的出产进度时，还要考虑到原料、材料、燃料、外购半成品等物资供应的时间，在机械厂里，特别要考虑到配套设备、外购件、协作件等供应的时间。

多品种成批生产的工业企业的产品搭配问题，是一个比较复杂的问题。在这个问题上，经常会出现满足社会需要同提高企业经济效果之间的矛盾。工业企业必须努力使产品搭配在符合国家计划和订货合同要求的前提下，力求提高经济效果。为了达到这个目的，企业的计划部门和生产部门，可以拟订出几个不同的方案，交给车间和广大职工广泛讨论，集思广益，最后，选择其中最好的方案，或者产生新的更好的方案。

表 8－1 是多品种成批生产的工业企业，年度生产任务按季、按月分配的例子。

表 8－1　　　　　　　　　成批生产产品的单位年度计划按月分配

顺序号	产品名称	全年任务	×××年计划											
			月　份											
			1	2	3	4	5	6	7	8	9	10	11	12
1	甲	830	60	60	60	60	70	70	70	70	70	80	80	80
2	乙	555	45	45	45	45	45	45	45	45	45	50	50	50
3	丙$_1$	80	20	20	20	20	—					—		
4	丙$_2$	150					5	10	20	20	20	25	25	25
5	丁$_1$	36	9	9	9	9								
6	丁$_2$	30					6	6	6	6				
7	丁$_3$	27										9	9	9
8	戊$_1$	270	45	45	45		45		45		45			
9	戊$_2$	90				30		30		30				
10	戊$_3$	77		3	5	7					12	15	15	20
			第一时期				第二时期					第三时期		

［注］（1）"甲"和"乙"产品都是企业经常生产和产量比较大的产品；（2）"丙$_1$"和"丙$_2$"，"丁$_1$"、"丁$_2$"和"丁$_3$"，"戊$_1$"、"戊$_2$"和"戊$_3$"，都是同类型的产品。

三 单件生产产品的工业企业，对产品出产进度的安排

单件生产的工业企业，例如，重型机器厂、船舶修造厂、锅炉制造厂等，它们要根据用户的要求，生产一定的产品，或者根据用户的要求，才能确定产品规格和数量。因此，在国家为这类企业规定的年度计划中，有很大一部分生产任务不是具体的产品，而是用概略的计算单位（如吨数、台数、容量、工时等）表示总的生产任务。因此，这类工业企业在安排计划年度生产任务的进度时，也只能是比较概括的。一般来说，它们可以先安排那些已经明确了的生产任务，而对那些还没有明确的生产任务，可以按概略的计算单位做初步安排，并且根据这种安排，规定出各季、各月的任务，其中第一季度的任务要规定得比较具体，以后，随着陆续接到具体的订货合同，再按合同中规定的产品品种、质量、数量和交货期限，对原来的安排进行调整和进一步具体化，并据此编制各个时期具体的生产计划。所以。在这类工业企业里，加强订货的组织工作和编好短期的生产计划，具有特别重要的意义。

第四节 安排车间生产任务的方法

工业企业在安排产品出产进度的同时，要具体安排各个车间的生产任务，以便使企业全年的生产任务，以及对各季、各月产品出产进度的安排，落实到各个车间，使各个车间的生产任务，在品种、质量、数量和时间上相互配合，相互衔接，保证企业生产协调地进行。所以，安排车间生产任务的过程，也就是正确地处理企业内部各个主要的生产环节之间的关系，组织它们之间平衡的过程。

安排车间的生产任务，主要是要安排各个基本生产车间的生产任务，同时，也要相应地安排各个辅助生产车间的任务。

安排各个基本生产车间生产任务的方法，取决于各个基本生产车间在产品生产中相互联系的方式。一般来说，各个基本生产车间之间的联系，有两种不同的方式。与此相适应，安排车间生产任务的方法，也各有不同。

一种方式是：各个基本生产车间平行地完成相同的或者不同的产品生产任务，在各个车间之间，没有依次提供半成品的关系。例如，在纺织厂里，几个织布车间之间的关系，在钢铁厂里，几个炼铁车间之间的关系，等等。在这种情况下，安排车间生产任务的方法比较简单，主要是根据各个车间的生产能力和有关的生产条件，把相同产品或者不同产品的生产任务，分配给各个车间，注意发挥各个车间的专长，提高它们的经济效果。在有些工业企业里，根据各个车间的生产技术条件，固定了它们的生产范围，使各个车间在制造产品上有比较稳定的分工，安排车间生产任务时，就可以根据这种规定的生产范围来进行。当然，根据不同时期的需要，也可以对原有的车间的分工，做某些必要的调整。

另一种方式是：各个基本生产车间之间顺序完成一种产品生产过程的各个阶段，它们相互之间有着依次提供半成品的关系。例如，纺织厂里的粗纱车间和细纱车间之间的关系，机械厂里的毛坯准备车间、加工车间和装配车间之间的关系，等等。在这种情况下，规定车间的生产任务就比较复杂些。并且，由于工业企业的具体生产条件不同，规定车间生产任务的方法，又有不同的特点。下面分别说一说对这类车间规定生产任务的方法。

一　在大量生产同类产品的工业企业和产品的生产周期比较短的工业企业里，规定前后联系的车间的生产任务的方法

在这些工业企业里，由于在同一时期内，前后联系的各个车间都生产同种产品，因此，在同一时间内，各个车间的生产任务，在数量上要保持一定的平衡关系：前一个车间生产的半成品，要能够满足后一个车间加工的需要和库存半成品变化的需要。在这种情况下，规定各个车间生产任务的方法，就是与工艺程序相反的方向进行平衡的方法。首先，根据企业生产计划的要求，规定最后出产成品的车间的生产任务，然后，根据这个车间对加工半成品的需要量和库存半成品的变动情况，规定前一个车间的生产任务。依此类推，逐个规定前面各个车间的生产任务。在这里，半成品的需要量，是根据再加工车间的生产任务和半成品的消耗定额来计算的。同时，在计算半成品需要量时，还要考虑到一部分直接外销的半成品数量。前后车间的这种平衡关系，可以用下面的公式来表示：

$$\begin{matrix}前车间的\\计划产量\end{matrix}=\begin{matrix}后车间的\\计划产量\end{matrix}\times\begin{matrix}后车间的半成\\品消耗定额\end{matrix}+\begin{matrix}半成品\\外销量\end{matrix}+\begin{matrix}期末期初半成品\\库存量的变动\end{matrix}$$

在这类工业企业中，要正确规定车间的生产任务，就必须合理地制定消耗定额和半成品的库存储备定额。如果这项工作做得不好，就会造成前后车间脱节，影响生产协调地进行。

在用上述方法来规定各个车间的生产任务的时候，通常是采用平衡表的方式来进行的。例如，在钢铁厂，就是采用生铁、钢、钢材的平衡表来进行的。在这里，先要计算供给成品加工车间（如钢管车间、冷拔车间等）所需要的钢坯的数量。钢坯的需要量要按轧制的种类、钢材的牌号和断面分别计算。然后，要把钢坯的需要量列入轧制钢坯的轧钢机的计划内，同这些轧钢机的生产能力进行平衡。在它们取得协调以后，就要根据它来编制轧钢机轧制用钢锭需要量的计算与平衡表（见表 8－2）。

表 8－2　　　　　　　　　　钢锭需要量计算与平衡

产品名称	生产量（千吨）	普通碳素钢		优质碳素钢	
		消耗定额（公斤/吨）	需要量（千吨）	消耗定额（公斤/吨）	需要量（千吨）
普通碳素钢坯	200	1100	220		
优质碳素钢坯	400			1300	520
普通碳素板坯	100	1150	115		
优质碳素板坯	100			1250	125
生产消耗量总计			335		645
期初库存量			8		4
期末库存量			16		12
需要量总计			343		653
生产量			343		653
钢锭剩余量或不足量			—		—

生铁的需要量，是根据需要生铁的车间的生产任务和消耗定额，按照炼钢生铁、铸造生铁和其他生铁分别计算的。生铁需要量确定以后，要

计算炼铁车间的生铁生产量，并编制生铁需要量计算与平衡表（见表8-3）。

表 8-3　　　　　　　　　　生铁需要量计算与平衡

车间及产品名称	生产量（千吨）	炼钢生铁		铸造生铁	
		消耗定额（公斤/吨）	需要量（千吨）	消耗定额（公斤/吨）	需要量（千吨）
炼钢车间					
普通碳素钢锭	343	900	308.7		
优质碳素钢锭	653	1000	653		
合计	996		961.7		
铸造车间					
钢锭模	30			7000	21
生铁铸件	15			900	13.5
合计	45				34.5
生铁消耗总计			961.7		34.5
期初库存量			10		5
期末库存量			10		5
需要量总计			961.7		34.5
生产量			1050		70
生铁剩余量或不足量			+88.3		+35.5

上述这些平衡表，应当全年分季进行安排，第一季度还应当分月进行安排。

这种平衡方法的原理，同样适用于化工等企业。在这类工业企业里，由于生产是连续进行的，产品的生产周期又比较短，所以，在制品的结存量是很少的，一般只计算半成品库存量的变化就可以了。

但是，在在制品的数量占总产量的比重比较大的机械厂中，还应当计算期末、期初在制品变动的数量。期初的在制品数量，一般可根据盘存预计的方法来确定，期末在制品的数量，一般可以用平均日产量乘以生产周期计算出来。

二　在多品种成批生产产品的工业企业和产品生产周期比较长的工业企业里，规定前后联系的车间生产任务的方法

在这类工业企业里，前后联系的各个车间，在同一时期内，往往生产不同的产品。前一车间这一时期生产的产品，常常是后一车间下一时期加工所需要的。这样，在同一时期内，各个车间的生产任务之间，并没有必然的联系，它们之间在产品品种、质量和数量上的相互联系，表现在不同的时期上。在这种情况下，规定车间的生产任务，就特别要注意各个车间的生产任务在时期上的衔接平衡，即在出产进度上的配合。这就是说，在规定前面一个车间的生产任务时，要保证后面一个车间的出产进度；在规定各个车间的生产任务时，都要保证最后一个车间成品的出产进度。因此，每一个车间的生产任务，都应当相应地比最后出产成品的车间提前一个时期。这种规定车间生产任务的方法，通常叫做提前期法。

用这种方法来规定车间生产任务的时候，必须合理地确定半成品、在制品的定额和提前的时期。提前期可以根据各车间产品的生产周期和运输时间来计算。这个问题，将在下一章《生产作业计划工作》中，再做详细的讨论。

工业企业在规定基本生产车间的生产任务的同时，也要规定辅助生产车间的生产任务。规定辅助生产车间的任务，应当根据各个辅助生产车间的不同情况，采取不同的方法。有些辅助生产车间，它的任务和基本生产车间的任务，没有明显的、直接的联系，这种车间，应当根据它的服务对象的有关因素来确定任务。例如，机修车间的生产任务，是根据它所服务的全部机器设备的使用程度，按照设备修理计划来确定的。有些辅助生产车间，它的任务同基本生产车间的任务，有着明显的、直接的联系，这些车间，要根据基本生产车间的任务来规定任务。例如，工具车间的任务量，应当根据各基本生产车间的产品加工数量和单位产品的工具消耗定额来规定，同时，要考虑到其他辅助生产车间的工具需要量，为下年度试制新产品准备的工具数量，实施技术组织措施所需要的工具数量，以及工具结存量变化等因素；运输车间的任务，应当根据厂内运输量和由厂外运进工厂及由工厂发出的货物数量来规定；制造包装材料车间的任务，应当根据产品的产量和单位产品消耗包装材料的数量来规定，等等。

一般来说，辅助生产车间的任务，不可能像基本生产车间那样详细地计算，而常常是根据有关资料进行估算的，并且，要同基本生产车间和其他有关车间进行概略的平衡。

工业企业在规定各个车间生产任务的过程中，除了要进行各个车间的衔接平衡工作以外，还必须对各车间的机器设备或生产面积进行核算，把车间的生产任务同车间现有的生产能力进行平衡。通过这种平衡，可以更进一步了解哪些机器设备的能力不足，哪些机器设备的能力有余，从而采取切实有效的措施，克服薄弱环节，充分地、合理地利用生产能力。企业经过以上种种的平衡计算，确定了车间的生产任务以后，各个车间就可以具体编制车间的生产计划。

工业企业接到上级行政主管机关下达的生产指标，经过对产品出产进度的安排，和对车间生产任务的安排，平衡落实以后，就可以填写工业生产计划表，上报上级行政主管机关备案。工业生产计划的表式如见表 8 - 4 和表 8 - 5 所示。

表 8 - 4　　　　　　　　　　1963 年度工业产品产量计划

产品名称 型号及规格	计算 单位	1962 年预计				1963 年 计划	备　注
		全年 预计	1—9 月 实际	年末在制品数量			
				单位	数量		
甲	乙	1	2	3	4	5	6
主要产品							
甲产品	台	550	450	台分	95	609	
乙产品	台	—	—	台分	—	50	
外售维修配件	套	80	60			100	

表 8 – 5　　　　　　　　　　　　　1963 年度工业产值计划

计算单位：万元

项　目	1962 年预计	1963 年计划	1963 年为 1962年的百分比	备注
甲	1	2	3	4
一　工业总产值总计（按 1957 年不变价格计算）	1384. 575	1605. 433	115. 9	
其中：主要产品商品产值	1045	1247. 1	119. 3	
生产维修配件产值	108	135	125. 0	
修理产值	94. 5	105	111. 1	
二　工业商品产值总计（按现行价格计算）	1018. 45	1216. 89	119. 4	
三　工业净产值（按现行价格计算）	347. 325	421. 629	121. 4	

第 九 章
社会主义工业企业的日常生产组织工作
—— 生 产 作 业 计 划 和 调 度 工 作

前一章说过，工业企业的生产计划，是根据国家统一计划的要求编制的，它规定了工业企业全年必须生产的产品品种、质量和数量，也规定了按季、按月的产品出产进度和各个车间的生产任务。为了组织生产计划的执行，保证完成和超额完成国家计划任务，必须做好工业企业日常生产活动的组织工作，其中主要的是，要做好生产作业计划工作和调度工作。

这一章准备讨论工业企业的日常生产组织工作问题，以下分五节来说明：

一、生产作业计划的作用；

二、生产作业计划的编制；

三、日常的生产准备；

四、在制品和半成品管理；

五、生产调度。

第一节　生产作业计划的作用

工业企业的生产作业计划，是生产计划的具体执行计划。它所要解决的问题是：把生产计划进一步具体化，根据工业企业各个时期的主客观条件，把生产计划中规定的生产任务，按照月、旬、周、昼夜、轮班以及小时，具体地、合理地分配到车间、工段、小组以及工作地，从而保证工业企业的生产计划能够按品种、按质量、按数量和按期限全面地完成。

我们在前一章说过，工业企业的生产计划要规定企业全年的生产任务，并且要把生产任务分季、分月、分车间进行安排，这对于企业有效地组织日常生产活动，无疑是很重要的。但是，工业企业在编制生产计划的时候，不可能预见到计划年度内生产的一切变化，因而也不可能对计划年度内生产活动的全部细节，都做出具体的安排。正因为这样，就必须根据企业各个时期的不同条件，编制生产作业计划，把生产计划具体化，以便更好地组织企业的日常生产活动。对于那些在年度和季度生产计划中不可能确定全部产品品种的工业企业来说，生产作业计划对于指导企业生产的进行，就有更加重要的意义。

具体来说，工业企业的生产作业计划，具有哪些作用呢？

一　生产作业计划，是组织职工完成生产计划的一个重要工具

生产作业计划，要给工业企业的各个生产环节规定较短时期内的生产任务，它把生产计划层层落实，变成全体职工日常生产活动的依据。

有了生产作业计划，可以使企业内部的每一个生产环节、每一个职工，在每日、每班以至每个小时，都有明确的奋斗目标，这样，就有利于充分地调动职工群众的积极性，有利于更好地开展社会主义的劳动竞赛，以便把群众的积极性和主动性高度地组织起来，引导到全面完成和超额完成国家计划的目标上来。

有了生产作业计划，也可以使工业企业的各项管理工作，如日常生产准备工作，原料、材料供应工作，劳动力调配工作，设备维修工作，工具管理工作，各种业务核算和统计分析工作，以及财务管理工作，等等，都能更密切地、更有效地为生产服务，保证生产的顺利进行。

有了生产作业计划，还可以使企业领导更有目的地、具体地检查各个生产环节和各个方面的工作，及时发现问题，解决问题，使企业的生产行政工作，做得更加具体，更加细致，更加有效，保证顺利地完成生产计划。

二 生产作业计划，是组织工业企业均衡生产的一个重要工具

生产作业计划，通过给各个生产环节规定较短时期内的生产任务，不但能够保证整个企业完成生产任务，而且能够保证各个车间、工段和小组都完成生产任务；不但能够保证完成全年、全季总的生产任务，而且能够保证按月、按旬、按轮班以至按小时来完成生产任务。这样，通过生产作业计划，就可以使工业企业的生产避免时松时紧、前松后紧的现象，指导生产均衡地、有节奏地进行。

均衡生产对于工业企业提高经济效果，全面地完成国家计划，有重要的作用。如果工业企业的生产能够均衡地、有节奏地进行，那么，企业的人力和设备就能够得到比较充分和合理的使用，就可以提高劳动生产率，改善各项技术经济指标。反之，如果工业企业的生产不能够均衡地、有节奏地进行，而是在这个时期，生产任务很少，工作松闲；在那个时期，生产任务很多，突击赶工；那么，在松闲的时候，企业的人力和设备就不能充分利用；在紧张的时候，却又会使设备的负荷过重，使工人的劳动过分紧张。这不但会缩短机器设备的使用寿命，影响工人的健康和安全，而且会降低产品质量，浪费原料、材料，提高产品成本，积压流动资金。这种情况，对于工业企业全面完成国家计划，当然是很不利的。生产作业计划的作用，就是要力求避免这种时松时紧、前松后紧的现象，组织工业企业的生产均衡地、有节奏地进行。

当然，这绝不是说，工业企业在各时期的生产水平都要一律相同，不能有任何变动。如果这样机械地、绝对地来要求，那是脱离实际的，是不正确的。毛泽东同志说：世界上没有绝对地平衡发展的东西，我们必须反对平衡论，或均衡论[①]。工业企业生产的发展，也绝不会有什么绝对的平衡，绝对的均衡。在不同时期，由于影响生产的各种因素有不同的变化，工业企业的生产水平，也不可能完全一样。机械的、绝对的均衡论，这是违反生产发展的客观规律的。如果用这种观点来指导企业生产，就会阻碍生产的发展。这是我们必须反对的。

---

① 毛泽东：《矛盾论》，《毛泽东选集》第一卷，人民出版社 1952 年第 2 版，第 314 页。

工业企业生产的发展，不会有机械的、绝对的均衡，这不等于说，企业的生产在一定时期内，不需要一定的、相对的均衡。因为在一定时期内，工业企业所拥有的生产条件是一定的，企业的生产组织和劳动组织，也有一定的稳定性，所以，生产的发展，要求在不同时期之间，特别是在各个比较短的时期之间，生产任务不要有很大的变动，否则，对于企业生产的发展，也是不利的。生产作业计划，正是要按照生产发展的这种客观要求，根据不同时期生产发展的具体条件（而不是不顾这些条件），合理地（而不是机械地、一律相等地）规定各个时期的生产任务，在生产发展的各个时期之间，求得客观需要的、有利于生产发展的、相对的均衡，避免不合理的、过大的波动。只有这样，生产作业计划才能促进企业生产多快好省地发展。

三 生产作业计划，是在工业企业日常生产活动中及时地、迅速地组织平衡的一个重要工具

在第七章中说过，任何平衡总是相对的、暂时的；而为了顺利地组织生产，相对的、暂时的平衡又是必须的。工业企业计划工作的重要任务，就是要在企业生产发展的绝对的不平衡过程中，自觉地组织各种必要的、相对的平衡。工业企业在编制生产计划的时候，虽然已经组织了多方面的平衡，但是，一方面，生产计划中的各种平衡，是就整个工业企业和各个车间全年、全季的生产任务来进行的，它还必须通过生产作业计划加以具体化；另一方面，在生产计划中，不可能预见到全年生产活动的一切变化，因此，在执行生产计划的过程中，必然会出现各种新的情况、新的问题、新的矛盾。这样，原来的平衡就会经常被生产的发展所打破，需要及时地根据新的情况，组织新的、相对的平衡。生产作业计划，正是组织这种新的平衡的有力工具。编制生产作业计划的过程，就是把生产计划规定的任务，从长期到短期、从概略到具体的过程，就是不断地发掘生产潜力，积极地组织平衡的过程。

四 生产作业计划，是提高工业企业管理工作水平的一个重要工具

生产作业计划，是具体地、切实地安排企业日常生产活动的计划，它要求企业的各项管理工作，密切结合生产需要，越做越细致，越做越深

入。同时，生产作业计划的制定，也为做到这一点提供了有利的条件。通过生产作业计划，可以促使企业的领导干部和管理人员，经常深入生产实际，深入群众，具体了解生产情况，具体解决问题；可以促使企业对于生产进度和生产成果，及时进行正确的统计、核算和分析；可以促使企业对各个生产环节的活动，经常进行详细的平衡计算，不断挖掘生产潜力；可以促使企业的一切工作，都紧密地围绕生产做出具体的安排，等等。所有这些，无疑都有利于大大提高企业管理的水平。

综上所述，生产作业计划对于工业企业的生产和各项管理工作，都有重要的作用。当然，并不是任何一种生产作业计划，都能够起到这些作用的。为了使生产作业计划真正能够发挥自己的作用，生产作业计划本身必须是正确的，必须是既积极先进又切实可行的计划。这就要求工业企业努力提高生产作业计划工作的水平，正确地编制生产作业计划，并且认真地组织生产作业计划的贯彻执行。

第二节　生产作业计划的编制

一　编制生产作业计划的要求

生产作业计划的具体内容和编制方法，在不同的工业企业里是不完全相同的。但任何工业企业要编制好生产作业计划，都有一些共同的要求。

（一）从实际出发，做好调查研究工作，充分掌握各种有关的资料

编制生产作业计划，不能依靠主观的推测和估计，而应当从实际出发，进行调查研究，掌握充分的、可靠的资料。这样，才能使编制出来的生产作业计划，比较符合实际，起到正确指导生产的作用。

工业企业在编制生产作业计划的时候，需要掌握的情况和资料是多方面的，主要是：上月生产作业计划的预计完成情况，年度和季度生产计划中规定的生产任务及订货合同的要求，产品的技术资料和生产技术准备工作的情况，原料、材料、半成品、工具和备件等的到货情况和储备情况，人员出勤的情况，作业计划的期量标准和生产中各种定额的完成情况，技术组织措施投入生产的情况，等等。只有全面地掌握这些情况和资料，并

且对它们进行详细的分析研究，找出问题，发现矛盾，明确关键，才能为编制生产作业计划提出具体的方向，提供可靠的依据。

（二）制定和贯彻先进合理的作业计划期量标准

生产作业计划是要规定各个生产单位在较短时期内的生产任务。编制生产作业计划的时候，在数量上和时期上都要依据一些标准，这些标准称为"期量标准"，或者称为"作业计划标准"。它们主要有：在制品和半成品定额，标准批量。标准生产周期，等等。这些标准，是由工业企业根据具体的生产技术条件规定出来的。

生产作业计划中规定的生产数量和出产期限，都要根据作业计划标准来计算。作业计划标准是否切合实际，是否先进合理，对于编制出来的生产作业计划的质量好坏，关系极大。工业企业在编制生产作业计划的时候，应当科学地拟订作业计划标准。对于原有的标准，也要进行审订。如果它们不符合当前生产发展的实际情况，就应当做必要的调整和修改，使它们经常保持先进合理的水平。只有这样，才能保证生产作业计划的先进性和现实性。

（三）瞻前顾后，做好各个方面的平衡计算工作

编制生产作业计划，一定要进行精确的、全面的平衡计算，正确地安排生产过程中的比例关系。只有经过综合平衡的、符合客观比例关系的生产作业计划，才能够指导生产协调地、正常地进行。在编制生产作业计划的时候，不仅要做好各个基本生产环节之间的平衡，而且要考虑生产和原料、材料供应之间，生产和机器设备维修之间，生产和运输之间，以及生产和生产技术准备之间的平衡。

编制生产作业计划，还要瞻前顾后，做好各个时期生产发展之间的平衡和衔接。这就是说，今天要看到明天，上期要看到下期，这一步要看到下一步。在编制生产作业计划的时候，既要考虑本期产品的出产，也要考虑为下期产品的及时投入所必须进行的生产准备工作，并且要列入本期的生产作业计划。只有这样全面安排，才能保证生产连续不断地向前发展。

（四）保证合理地利用人力、物力、财力，提高工业企业的经济效果

社会主义工业企业，必须以尽可能少的人力、物力、财力，生产尽可

能多和尽可能好的产品。因此，编制生产作业计划，一定要注意合理地利用人力和设备，节约物资消耗，节约资金，提高工业企业的经济效果。例如，在编制生产作业计划的时候，应当在保证完成国家计划和订货合同的前提下，把各种产品合理地搭配起来生产，以免由于相邻的两个时期产品的品种变化太大，使机器设备的负荷和工人的工作量忽高忽低，造成损失；应当在满足生产需要的条件下，减少在制品、半成品的储备，以免积压资金，等等。只有这样，生产作业计划才能指导企业生产多快好省地发展，取得良好的经济效果。

（五）保证生产作业计划的及时编制和及时下达

生产作业计划是直接指导工人日常生产活动的计划。生产作业计划的及时编制和及时下达，对于充分发挥生产作业计划的作用，有很大的意义。一般来说，月度的生产作业计划，应当在上月二十五日左右下达，周的生产作业计划，应当在本周开始以前的一两天下达，昼夜的生产作业计划，应当在前一昼夜的最后一班制定下达。只有这样，才能使职工群众及时知道下一月、下一周、下一昼夜的计划任务，才能保证在执行计划以前，做好各种必要的生产准备工作。如果生产作业计划不能及时下达，就必然使生产作业计划的执行陷于被动，必然会影响生产的顺利进行。

（六）遵循集中领导、分级管理的原则，使厂部对全厂日常生产活动的高度集中统一指挥同充分发挥各级管理组织的积极性和主动性，正确地结合起来

工业企业的生产是一个统一的整体，各个生产环节之间存在着极其复杂的分工协作关系。为了保证全厂的日常生产活动能够协调地进行，在编制生产作业计划的时候，必须保证厂部的集中统一领导。企业内部的各个生产单位，必须树立全局观点，必须服从厂部的统一安排，加强相互之间的协作。同时，为了充分发挥企业内部各个生产单位在组织生产活动中的作用，发挥各级管理组织和广大职工的积极性和主动性，在厂部的集中统一安排下，又要给车间、工段和小组一定的灵活性，使它们能够在保证完成厂部要求的前提下，结合本身的具体情况，因地制宜地解决生产作业计划中的具体问题。

　　在工业企业里，如何正确地处理生产作业计划工作中集权和分权的关系，这要从实际出发，根据企业的具体情况来决定。例如，在加工装配类型的企业，一般由厂部给车间下达生产作业计划，车间再根据自己的情况，给生产小组或者直接给工作地下达生产作业计划。在产品大量生产的条件下，厂部对于生产作业计划的管理，要比较细一些，在产品单件小批生产的条件下，厂部对于生产作业计划的管理，就要粗一些。在冶金、化工企业中，厂部的生产作业计划，一般要直接安排到各台联动设备，以保证各个工艺阶段在时间上的密切衔接。其他工业企业，也都要根据自己的生产技术条件和管理组织的要求，正确解决生产作业计划工作中集权和分权的关系问题。

　　（七）认真地贯彻执行群众路线

　　生产作业计划同职工群众的日常生产活动有着直接的、密切的联系。因此，在编制生产作业计划的时候，贯彻执行群众路线，更为重要。计划工作人员应当深入群众，听取工人的意见和建议；生产任务和生产进度的安排，各种措施的制订，都要采取"从群众中来，到群众中去"的方法；生产作业计划的表格和编制方法，应当力求简明易懂，便于为广大职工群众所了解和掌握。只有认真地贯彻执行群众路线，正确地集中职工群众的意见和经验，才能使生产作业计划真正成为广大职工的行动准则，起到充分动员和组织职工群众的积极性，促进生产迅速发展的作用。

　　二　生产作业计划的编制方法

　　上面说的是对编制生产作业计划的一些重要的要求。根据这些要求，工业企业怎样具体地编制生产作业计划呢？

　　工业企业生产作业计划的编制工作，主要包括厂级生产作业计划的编制工作和车间生产作业计划的编制工作两个部分。无论是厂级生产作业计划的编制工作和车间生产作业计划的编制工作，在不同的工业企业里，采用的具体方法是有所不同的。下面，就几种主要的方法说一说。

　　（一）厂级生产作业计划的编制工作

　　厂级编制生产作业计划工作的主要内容是：根据年度和季度生产计划中的分月任务，订货合同的要求，以及生产发展的新的情况，为各个车间规定产品投入和出产的任务。一般先由厂部的计划部门和生产部门提出草案，经过工业企业的负责人同意以后，下达给车间；然后，由各个车间编制计划草案；再由厂部的计划部门和生产部门对各个车间的计划草案进行综合平衡，正式确定作业计划，再下达给车间。

在第八章中说过，工业企业里各个生产车间之间的联系，有两种方式：一种方式是，各个车间平行地完成相同或者不同产品的生产任务；另一种方式是，各个生产车间之间是依次加工半成品的关系。在这两种不同的情况下，编制生产作业计划的方法是不同的。在前一种情况下，厂级编制生产作业计划，是要把企业月度的生产任务，按照车间的产品分工、生产能力和各种具体的生产条件，分配给各个车间，它的方法比较简单。在后一种情况下，厂级编制生产作业计划的方法，就要比较复杂一些。在这里，规定各个车间投入生产和出产产品的任务，要按照反工艺的顺序，在各个车间之间进行平衡。而在不同的工业企业里，进行这种平衡的方法，有不同的特点。下面，我们分别按大量生产产品、成批生产产品和单件生产产品等几种不同的情况来说一说。

1. 大量生产同类产品的工业企业编制生产作业计划的方法

在这类工业企业里，各个车间在同一时期内，分工协作地生产同一种产品。它们之间存在着同一种产品的半成品的供应关系。因此，在规定车间生产任务的时候，一般不需要考虑产品品种的问题，而只要解决产品的投入量和出产量的问题。各个车间的产品的出产量和投入量，可以按照下面的公式来计算：

$$\text{某一车间的出产量} = \text{下一车间的投入量} + \text{该车间产品外销量} + \left(\text{中间仓库半成品期末定额} - \text{中间仓库半成品期初预计数量}\right)$$

$$\text{某一车间的投入量} = \text{该车间的出产量} + \text{补偿技术上不可避免的废品和损耗的预加量} + \left(\text{车间在制品期末定额} - \text{车间在制品期初预计数量}\right)$$

上面两个公式中的库存半成品定额和车间在制品定额，可以分别按下列公式计算：

库存半成品定额数量＝每日平均需用量×库存定额日数

车间在制品定额数量＝每日平均出产量×本车间的生产周期日数

按照上述公式计算出来的在制品定额数量，还应当考虑一定的保险储备量。

前面两个公式中的期初半成品和在制品的数量，是根据有关资料预计确定的。至于技术上不可避免的废品和损耗的预加量，可以根据过去的统计资料和考虑到计划期内工作改进的情况来确定。

从上面计算车间出产量和投入量的公式中，可以看出，前一车间的出产量和后一车间投入量的差别，主要是由于中间仓库半成品储备量的变动引起的；同一车间的出产量和投入量的差别，主要是由车间内部在制品数量的变动引起的。这是因为，在这类工业企业里，车间之间的联系，主要表现在提供半成品的数量上，因此，半成品和在制品具有联系和调节前后车间生产的作用。在生产过程中，只要使在制品和半成品的数量，维持在一定的水平上，前后车间的生产即使发生了脱节现象，也可以暂时用在制品和半成品来调节，而不致立刻影响成品的出产量。上面说的确定车间生产任务的方法，正是从这种情况出发的。按照这种方法来确定车间的生产任务，可以保证每个车间的出产量，除了满足后一个车间的投入量和外售的需要以外，还能够将中间仓库半成品的库存数量维持在定额的水平上；可以保证每个车间的投入量，除了满足本车间出产的需要以外，还能够使车间内部的在制品数量，维持在规定的水平上。正因为这种方法是以在制品和半成品的数量为主要依据的，并且要保证在制品和半成品的数量经常维持在定额的水平上，所以称做"在制品定额法"。

采用这种方法制订生产作业计划，必须要有正确的在制品和半成品定额。在制品和半成品的数量如果过少，生产就会中断，如果过多，又会积压流动资金和占用过多的仓库面积及生产面积，影响企业的经济效果。在这里，矛盾是客观存在的。工业企业的生产作业计划工作，一定要正确地处理这种矛盾，把在制品和半成品的定额规定在先进合理的水平上，使它既能保证生产的需要，又能加速流动资金的周转，节约生产场地。

运用这种方法来编制生产作业计划，在不同行业的工业企业里，也各有一些具体的特点。一般来说，在机械制造企业里，车间内部的在制品数量比较多，因此，计算在制品数量的变动是很重要的，它的计算，要更加详细和精确一些。在冶金、化工等企业里，由于生产是连续进行的，产品的生产周期一般也比较短，所以，车间内部在制品的结存数量很少，一般可以不加计算，而只计算半成品库存数量的变动。

2. 多品种成批生产产品的工业企业编制生产作业计划的方法

在这类工业企业里，产品的品种要变换，在各个月份中，甚至在一个月内的各旬中，生产的产品品种也会不同。因此，各个车间之间的联系，就不仅表现在数量上，而且还表现在产品的品种上。并且，由于各个车间往往在不同的时期加工同一种产品，因此，各个车间之间生产同一种产品的协作联系，还突出地表现在时期的相互衔接上。在这种情况下，厂级编制生产作业计划的时候，就要同时解决以下三个问题：（1）规定车间生产的产品品种；（2）规定车间各种产品的投入量和出产量；（3）规定车间各种产品的投入期和出产期。

产品品种是根据国家计划和订货合同的要求规定的。在保证完成国家计划和合同规定的交货期限的前提下，工业企业应当尽可能地把各个品种合理地搭配起来生产，以便充分地、合理地利用人力和设备。

在这类工业企业里，为了及时地满足订货单位对各种产品的需要，每一种产品都是分成几批、一批一批地来生产的，而且在一批生产完毕以后，要间隔一定的时间（在这个时期，企业生产另一种产品，以保证订货单位的需要），再重新生产下一批。因此，在规定各种产品的投入量和出产量的时候，首先要确定产品生产的"批量"。

"批量"就是每批产品的数量。"批量"的确定，首先要保证完成国家计划和订货合同中规定的产品出产期限和成套的要求；同时，也要考虑企业的经济效果。"批量"的大小，对于企业的经济效果有多方面的影响。一方面，"批量"的大小，影响人力和设备的利用，影响劳动生产率的提高。"批量"越大，就越有利于简化生产组织工作，提高劳动生产率；"批量"越小，机器设备的调整次数就越多，就不利于劳动生产率的提高。另一方面，"批量"的大小，又影响企业流动资金的占用量。"批量"越大，在制品和半成品的数量增加，占用的流动资金就越多；"批量"越小，在制品和半成品的数量减少，占用的流动资金就越少。所以，在确定"批量"的时候，必须根据过去的经验和统计资料，全面地分析和考虑它对企业经济效果的影响，以便作出正确的决定。

车间某批产品的出产期和投入期的规定，是这样进行的：对于最后出产成品的车间，它的出产期，应当按照国家计划和订货合同的要求来规定；然后，根据这个车间的标准生产周期，确定它的投入期；其他各个车间的出产期，都要依次保证后一个车间的投入期，而它们的投入期，则可以根据它们的出产期和标准生产周期来确定。这就是说，每一个车间的出产期和投入期，都要比最后一个车间成品的出产期和投入期相应地提前一个时期，以便保证成品的按期出产。通常把这个提前的时期称做"出产提前期"和"投入提前期"。它们可以按照下面的公式来计算：

车间投入提前期 = 本车间出产提前期 + 本车间标准生产周期
车间出产提前期 = 后车间投入提前期 + 保险提前期

在计算车间出产提前期的公式中，包括有一定的保险提前期。这是因为，前一车间的出产时间和后一车间的投入时间，一般不是直接衔接的。半成品在前一车间出产以后，要经过入库出库手续，以及配套和运输，才能投入后一车间，这就需要一定的时间。同时，为了预防前一车间由于各种原因误期出产，而影响后一车间的停工，还必须把前一车间的出产时期比后一车间的投入时期更提早一些，使中间仓库保有一定的半成品储备量。保险提前期，就是因为上述这些原因而需要提前的时期。

从上面所说的方法中可以看出，在多品种成批生产的工业企业里，编制生产作业计划是比较复杂的。为合理地简化生产作业计划的编制工作，保证生产作业计划能够及时地编制和提早下达，在加工装配性的工业企业里，一般是采用产品的"累计编号"法来规定车间的生产任务的。所谓产品的"累计编号"，就是从年初或者从开始生产这种产品起所计算的累计数字。通过对产品的"累计编号"，可以使各个车间在产品出产和投入的数量及期限上，相互平衡和衔接。用这种方法规定车间生产任务的时候，可以采用下列两个计算公式：

车间出产累计数＝最后车间出产累计数＋（该车间出产提前期×最后车间平均每日出产量）

车间投入累计数＝最后车间出产累计数＋（该车间投入提前期×最后车间平均每日出产量）

例如，在机械工业企业里，根据国家计划和订货合同的要求，装配车间在计划月份内某种产品的产量，应当出产到累计号数 106 号，平均每日出产量是 2 台，如果装配车间的投入提前期是 5 天，机械加工车间的出产提前期是 7 天，投入提前期是 12 天，那么，机械加工车间在计划月份的生产任务，可以这样来计算：

装配车间投入累计号数 ＝106 ＋（2 × 5） ＝116 号

机械加工车间出产累计号数 ＝106 ＋（2 × 7） ＝120 号

机械加工车间投入累计号数 ＝106 ＋（2 × 12） ＝130 号

假如，机械加工车间上月份这种产品实际出产到 60 号，那么，它在计划月份内应当出产这种产品的数量便是 60 个单位（120 － 60 ＝60）。如果这种产品的批量规定为 10 个单位，就可以分成 6 批来生产。这样计算出来的车间的生产任务，可以填入计划表（见表 9 － 1），下达给车间。

表 9 － 1　　　　　　　××年×月机械加工车间作业计划任务

零件编号	零件名称	每套件数	装配车间成品出生产任务（号数）	机械加工车间出产任务（号数）	上月实际完成（号数）	计划出产量（套）	机械加工车间投入任务（号数）
52—235	销子	20	106	120	60	60	130

3. 单件生产产品的工业企业编制生产作业计划的方法

在这类工业企业里，产品品种的变化比较多，而每一种产品的产量又比较少，因此，各个车间在数量上的衔接关系比较单纯，组织生产的主要问题是，正确地处理产品品种多变与各个生产环节均匀负荷之间的矛盾，把各项订货妥善地搭配起来生产。为了保证各项订货按期出产，搭配订货，首先要考虑各种产品各个阶段的生产周期，根据生产周期，决定各项订货在各个车间的投入时期和出产时期。所以，通常把这种方法称做"生产周期"法或"订货单"法。

采用这种方法编制生产作业计划的时候，首先要决定各项订货在各个车间出产和投入的时间，然后，再规定各个车间在计划期内应当投入和出产的订货项目。各项订货在车间出产和投入的时间，可以根据订货合同规定的交货日期，参照预先制定的产品生产周期进度表中确定的各个车间制造或装配所需要的时间来规定（产品生产周期进度表的格式见表9－2）。

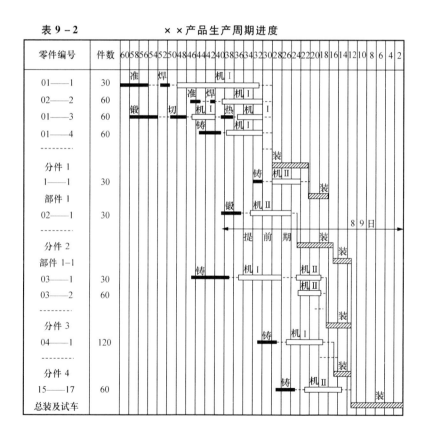

表9－2　　　　　　　　××产品生产周期进度

上面是几种不同的工业企业厂级编制生产作业计划的一般方法。采用这些方法来规定车间生产任务的时候，都要进行车间设备生产能力或者生产面积生产能力的负荷核算，核算的方法和编制生产计划时负荷核算的方法基本相同，不过要做得更加详细一些。

（二）车间生产作业计划的编制工作

车间接到厂部下达的生产作业计划任务以后，要将计划任务进一步分配到工段、小组，并且为工段、小组编制作业计划任务表。车间编制生产作业计划的方法，也是多种多样的，这要看车间的规模大小、工段和小组的专业化程度和专业化形式，以及其他有关的条件来决定。

车间在规定工段或者生产小组月度作业计划任务的时候，如果工段和小组是按照对象原则组成的，那么，车间可以把月度作业计划的任务直接分配给各个工段、各个小组。因为在这种情况下，每一个工段或小组出产的产品，都是车间最后出产的产品。如果工段和小组是按照工艺原则组成的，那么，车间需要按照反工艺的顺序进行平衡计算后，规定它们的生产任务。平衡计算的方法，可以用"在制品定额"法，也可以用"累计编号"法，要看工段和小组生产的稳定性而定。这同厂部向车间分配任务的情况是相似的。在大量生产的条件下，车间一般要按日安排工段和小组的出产进度；在单件小批生产的条件下，车间对工段和小组的出产进度，一般只安排到旬或者周。

为了保证工段或者小组的生产协调地进行，工段或者小组还要为每个工作地或者工人分配任务，编制工作地日历负荷进度表。

在大量生产的工段或者小组中，每一个工作地和每一个工人所执行的工序是固定的。因此，编制生产作业计划的方法比较简单，只需要确定每个工作地和每个工人的产量任务。在这种情况下，各个工作地的计划，可以编制标准计划指示表（或称正常工作计划指示表）。标准计划指示表，是用来表明劳动对象在各个工作地之间的移动方式和投入、出产时间的指示表，根据标准计划指示表，可以预先做好生产前的准备工作，使各生产环节密切衔接，便于安排任务，因而可以大大简化作业计划工作。

例如，在机械制造企业里，为间断流水生产线编制的正常工作计划指示表如表9-3所示。

在其他行业的工业企业里，为了保证大量流水生产不间断地进行，同样要编制正常工作计划指示表。例如，冶金厂的高炉生产，是连续流水生

表 9 - 3　　　　　　　　间断流水生产线正常工作计划指示

生产线名称	轮班次数	每日出产量（件）	每日投入量（件）	节拍	运输批量（件）	生产节奏	看管周期
加工中轴的生产线	2	155	160	6分		6分	2小时

工序号码	计算的轮班任务（件）	时间定额（分）	工作地号码	负荷百分率	工人号码	流道工序完毕后送往何处（工作地号码）	每一看管期间内（2小时）的工作指示表 10 20 30 40 50 60 70 80 90 100 110 120 分钟	每一看管期间的生产能力（件）
1	80	12.0	01	100	1	平行作业		10
			02	100	7			10
2	80	4.0	03	67	2	06		20
3	80	5.2	04	87	3	04 和 05 号工作地平行作业		20
4	80	5.0	05	88	3			20
5	80	8.0	06	33	4	03		5
			07	100	4	—		15
6	80	5.6	0.8	94	5	04,09 或 10 号工作地平行作业		20
7	80	3	09	50	5			20
8	80	3	10	50	5			20
9	80	6	11	100	6	—		20

产，每隔一定的时间要出一次铁。为了保证按时出铁，必须编制高炉炉前工作计划指示表，它的格式如表 9 - 4 所示。

表 9 - 4　　　　　　　　高炉炉前工作计划指示

30' 1 30' 2 30' 3 30' 4 30' 5 30' 6 30' 7 30' 8 30'

打出铁口		40					40	
出铁			40					40
清理铁口铁沟	90			90				
配上渣缶			40					40
烘铁口	65				65			
放渣	140				140			
配铁缶	40				40			
配下铁缶	40				40			
清理渣口渣沟	50		50			50	50	

又如，在煤矿里，为了连续不断地生产煤炭，必须实行循环作业表制。循环作业表清楚地表明一个完整的工作循环中的各项工作，在各个工作面（掌子面）的具体条件下，应当如何进行（循环作业表的格式，见第六章《社会主义工业企业生产过程的组织》附表）。

从上面的举例中可以看出，在大量流水生产中，由于各行业工业企业的生产技术条件不同，标准工作计划指示表的格式是不同的，但是，这些表，都要包括生产过程的全部工序，规定出执行各道工序的日历时间，以及所有工人的工作程序。标准工作计划指示表，是大量生产的工段或者小组中组织生产的重要工具。

在成批生产的工段或者小组中，每一个工作地和每一个工人，要轮番生产好多种零件，轮番执行好多种工序，为了使各道工序能够相互衔接地进行，为了使机器设备能够有充分的负荷，就必须很好地安排加工各种零件和执行各道工序的顺序。在这种情况下，一般是通过编排"零件加工工序进度"和"设备负荷进度表"来解决这个问题的。这种表的格式如表9－5所示。

在单件生产的工段或者小组中，工作地担负加工的零件和工序很复杂，如果编制计划进度，就会使计划工作的劳动量太大，所以，一般采用临时派工的方法，来规定工作地日常的生产任务。

在日常分配生产任务的时候，应当根据每种零件规定的出产期限和加工所需的生产周期，确定它们的投料日期。在投料以前，要填写加工路线单，或者，按零件填写工作票，并且做好生产准备工作；然后，再按工序先后，顺序分配给适当的工作地进行加工。日常分配生产任务，一般采用任务分配箱或者配工板的形式。从配工间上可以看到哪些零件正在加工，已经加工到什么程度；哪些工作已经准备就绪，哪些工作还没有做好准备，哪些工作已经拖期。小组长可以根据这些情况进行调度，不仅使计划和调度能够密切地结合，而且使生产作业计划和生产准备工作也能够密切地结合起来。

工段、小组的生产作业计划，有月度的计划，也有月度以下的旬（周）、轮班、小时的计划。

表9-5

机械加工车间工段（或者小组）零件加工进度和设备负荷进度计划

零件编号	装配每日需用量	批量	工序编号	机床编号或工作地名称	每班产量	每批需要班数	工作日 1-20
0001	70　投入间隔 10天　生产周期 15天	700	1	06号铣床	180	4	
			2	01号车床	70	10	
			3	热处理车间		三日	
			4	15号磨床	70	10	
			5	钳工组	115	6	
0005	100　投入间隔 10天　生产周期 18天	1000	1	01号车床	500	2	
			2	钳工组	165	6	
			3	15号磨床	125	8	
			4	06号铣床	125	8	
			5	07号铇床	100	10	
			6	电镀车间		三日	
			7	X光试验室		三日	
0203	50　投入间隔 10天　生产周期 20天	500	1	06号铣床	70	8	
			2	01号车床	65	8	
			3	钳工组	65	8	
			4	07号铇床	104	6	
			5	热处理车间		三日	
			6	X光试验室		三日	
				06号铣床			
				01号车床			
				15号磨床			
				07号铇床			

旬（周）计划，是月度计划的具体化。编制旬（或者周）的计划，可以更好地促进生产准备工作的进行，保证全面地完成月度生产作业计划。

旬（周）的生产作业计划，是根据月度生产作业计划，并且考虑到上旬（周）计划的实际完成情况和计划旬（周）内生产发展的具体条件，来编制的。它要对生产中出现的新的不协调现象进行及时的调整，使生产中的潜力得到充分的发挥。旬（周）生产任务的日历分配方法，和前面说的月度计划的方法基本相同。

在许多工业企业里，为了更好地组织日常生产活动，还编制昼夜（轮班）的计划指示表。昼夜（轮班）的计划，要规定每个工作地、每个工人在一昼夜（一轮班）内的生产任务，保证一个昼夜（一个轮班）内的工作协调一致，保证旬（周）计划的完成。表9-6是规定轮班生产任务的例子。

表 9 - 6　　　　　　　　　　　　轮班生产任务

工作地编号	工人编号	任务						完成情况			停工	
		工作命令编号	工序编号	批量	工作班任务	工时定额（分）	定额时间（分）	件数	工时	百分率	代号	时间
175	711	126	1	80	80	4	320					
		263	1	200	100	2.6	260					
						合计	580					
181	712	126	2	80	40	9.5	380					
		263	2	200	100	2	200					
						合计	580					

表9-6中规定每个工人在一个工作班内要完成580分钟定额时间，是由于考虑到工人超额完成生产任务的实际可能性的结果。

在不同生产类型的条件下，昼夜（轮班）生产任务表的内容和编制方法，也有所不同。在大量生产的情况下，昼夜（轮班）生产任务表，是用来修正最初拟定的进度计划的，因此，它一般不按所有的工作项目编制，而只是按那些需要改变和补充的工作项目来编制；在成批生产的情况下，昼夜（轮班）生产任务表，一般应当包括工作地负荷日历指示表中规定的全部计划任务；在单件生产产品的情况下，昼夜（轮班）生产任务表，可以根据工作任务分配箱或配工板上反映的情况来编制。

在某些工业企业里，由于生产具有高度的连续性，对各个生产环节在时间上的配合和衔接，要求很严格，因此，还需要编制小时指示表。采用小时指示表，可以更具体地组织各个生产环节的平衡和衔接，及时地发现和解决生产中出现的问题，更好地开展社会主义的劳动竞赛，以及更精确地做好生产前的准备工作，这就更有利于保证生产的顺利进行。

编制小时指示表，要规定每个工作地、每个工人在每个小时的生产任务，要建立每个工作地、每道工序任务完成情况的小时核算和小时汇报制度。小时指示表编好以后，应当悬挂在工作地旁边或者工段的明显的地方。小时指示表的格式，可参见大量生产的标准工作计划指示表（见表9–3和表9–4）。

第三节 日常的生产准备

工业企业要顺利地进行生产，要很好地实现生产作业计划，就必须做好生产准备工作。毛泽东同志教导我们：不打无准备的仗，不打无把握的仗。……要有把握，就要有准备，而且要有充分的准备[1]。他又说过："凡事预则立，不预则废"，没有事先的计划和准备，就不能获得战争的胜利[2]。不论做什么工作，如果事先没有充分的准备，要把工作做好是困难的。进行复杂的现代工业生产，更是这样。

在工业企业里，有比较长期的生产准备工作，也有比较短期的、日常的生产准备工作。这两种生产准备工作，都必须做好。这里要说的，是日常生产准备工作。

① 毛泽东：《关于农业合作化问题》，人民出版社1955年版，第12页。
② 毛泽东：《论持久战》，《毛泽东选集》第二卷，人民出版社1952年第2版，第484页。

日常生产准备工作和生产作业计划有密切的关系。一方面，日常生产准备是为执行生产作业计划创造条件，它是顺利实现生产作业计划的重要保证；另一方面，在编制生产作业计划的时候，也要考虑到日常生产准备工作的情况，使计划中规定的生产任务，在准备工作上是落实的。只有做好了日常生产准备工作，才能保证生产连续地进行，按照生产作业计划的要求生产产品。只有做好了日常生产准备工作，才能掌握生产中的主动权，避免忙乱被动现象，使广大工人群众在生产中得心应手，更好地发挥生产积极性。因此，日常生产准备工作，是工业企业组织生产的一项重要工作，在任何时候，都是不能够忽视的。如果只重视生产，不重视生产准备，只看到当前的生产，不看到下一步的生产，那是片面的，是不能搞好生产的。

工业企业的日常生产准备工作，包括哪些具体内容呢？

一 技术文件的供应和对工人的技术指导

技术文件（设计图纸和工艺文件），是指导工人操作的技术规范，没有正确和完整的技术文件，工人便无法正确地进行生产活动。因此，在生产作业计划制定以前，就应当把技术文件的准备工作做好。生产作业计划制定以后，要按照计划规定的次序，把技术文件及时送到工作地，并且要对工人进行技术"交底"和技术指导；新制定的技术文件，还要组织工人学习，以便使工人在开始生产以前，就熟悉技术文件，掌握产品的技术标准和了解操作规程的要求。

二 机器设备的检修和调整

机器设备是工人的劳动手段。机器设备是否处于良好的状态，能不能顺利地运转，这是保证完成生产作业计划的一个重要条件。生产作业计划的安排，应当考虑到设备修理计划，考虑到机修部门检修设备的情况。生产作业计划确定以后，机修部门就应当按照生产作业计划的要求，提前做好备品、配件、材料和工具等方面的准备，及时把机器设备修理好，保证生产按计划地进行。在生产开始以前，生产工人要根据加工的要求，把机器设备调整好，以保证生产及时地、顺利地进行。

三 劳动力的配备和调整

随着生产任务和生产条件的变化，各个工种之间经常会出现不平衡的现象。这就要求根据生产作业计划的安排，提前做好某些环节的劳动组织的调整，按照完成任务的生产技术要求，适当地配备工人，并且使生产过程的各道工序之间、生产与准备工作之间、生产与设备维修之间，保持适当的比例。

四 原料、材料、半成品和器材、工具的供应和储备

在编制生产作业计划的时候，要考虑到物资供应的数量和先后次序，进行具体的安排。生产作业计划确定以后，物资供应部门应当按照计划的要求，把原料、材料、半成品和工具等及时地供给车间和工作地，并且经常保持合理的储备。物资供应部门要同生产部门取得密切的联系，经常了解生产所需要的物资的品种、数量和时间，事先做好准备。在机械制造企业里，为了保证供应装配所需的成套零件，零件库的有关人员还应当预先做好零件配套的工作。

五 运输和装卸工作的准备

为了使生产所需的物资能够及时地运送到车间、工作地，为了使半成品和成品，能够及时地从车间、工作地运出来，保证生产过程的正常进行，必须按照生产作业计划的要求，提前做好运输工具和装卸工作的准备。在煤矿和冶金企业里，运输、装卸工作的准备，对于组织日常生产活动更有着极其重要的作用。

上面说的，是工业企业日常生产准备工作的一些主要内容。只有认真地做好这些准备工作，企业的生产过程才能很好地进行，生产作业计划才能顺利地实现。

为了做好工业企业的日常生产准备工作，应当注意哪些问题呢？

一 要在全体干部和工人中，加强关于生产准备工作的教育，并且在实际工作中，正确地处理生产和生产准备之间的关系

工业生产是连续地进行的。在同一时期内，既是当前生产进行的阶段，又是为下一步生产做准备的阶段。生产和生产准备工作是辩证统一的两个方面，它们是相互联系、相互促进、相互制约的。一方面，当前生产

的好坏，既取决于当前的措施，也取决于前一时期的准备工作，而做好当前的生产准备工作，就可以为下一时期顺利进行生产创造条件；另一方面，做好生产准备工作的目的，是为了搞好生产，只有在搞好当前生产，力争全面完成和超额完成当前的生产任务的条件下，才能更好地争取时间，做好下一时期生产的准备工作。所以，生产和生产准备工作，在根本上是一致的，是统一的。当然，这并不是说它们之间不会有矛盾。在同一时期内，既要搞好当前的生产，又要为下一步的生产做好准备，这在时间的安排上，在工作的部署上，往往会发生矛盾。但是，只要我们善于安排，正确地处理生产和生产准备工作之间的关系，这种矛盾是完全可以解决的。

为了正确地处理生产和生产准备工作之间的关系，最重要的，是要在全体干部和工人中树立一手抓当前生产、一手抓生产准备工作的思想，经常注意克服忽视生产准备工作的倾向。一方面，安排生产任务，必须切实地考虑前一时期生产准备工作的情况，必须认真地安排为下一期生产进行准备的任务；另一方面，生产准备工作必须密切地为生产服务，使生产准备工作依据当前生产的具体条件和下一时期的生产任务来进行。只有这样，才能使生产和生产准备密切配合，相互促进。

为了正确地处理生产和生产准备工作之间的关系，还要处理好辅助部门与生产部门的关系，充分发挥辅助部门的作用。工业企业的许多日常生产准备工作，是由辅助部门（如工具室、图样间、机修站等）完成的。因此，生产部门与辅助部门的关系，是体现生产与生产准备工作相互关系的一个重要方面。在这个问题上，一方面要加强对辅助部门的领导，在辅助部门和辅助工人中树立为生产服务的思想，使辅助部门经常同生产部门取得密切联系，了解生产需要，做好自己的工作；另一方面，也要求生产部门、生产工人主动地向辅助部门、辅助工人反映情况，听取他们的意见，积极地协助他们做好工作。

为了正确地处理生产和生产准备工作之间的关系，还要处理好生产部门内部这一班的生产指挥人员和工人，同下一班的生产指挥人员和工人的关系。在工业企业里，有不少日常生产准备工作是由生产部门、生产工人自己做的。每一班的生产指挥人员和生产工人，既要完成当班的生产任务，又要为下一班的生产做好准备工作。因此，生产和生产准备工作的关系，也反映在这一班的生产指挥人员和工人，同下一班的生产指挥人员和工人的关系上。在这里，产生这样或者那样的矛盾是难免的，特别是当某些生产指挥人员和工人，只顾局部利益，不顾整体利益，只顾本班生产，不顾为下一班生产做准备工作的时候，这种矛盾便会突出出来，给生产带来不利的影响。所以，正确地处理这种关系，首先要使全体值班的生产指挥人员和工人，树立全局观点，发扬互助协作精神，发扬把困难留给自己、把方便让给别人的共产主义风格。同时，也要在组织上和制度上采取一些必要的措施，例如，把完成生产准备工作任务的好坏，作为考核各班工作成果的一个部分；把执行生产准备工作的情况，作为交接班制度的一个重要内容，等等。

二　要有周密的计划和布置，要有经常的检查，保证日常生产准备工作有计划地进行

生产准备工作必须有计划地进行。日常生产准备工作的内容很多，各项准备工作之间又有密切的联系，为了相互配合地做好这些工作，并且使生产准备工作能够同生产作业计划紧密衔接，没有周密的计划是不行的。每一个工业企业，都要根据自己的特点来做好生产准备的计划工作。在生产准备工作的计划中，要明确地规定对各项生产准备工作的要求、进度，以及负责的部门和人员，并且使它们同生产作业计划相互衔接。

单有计划还是不够的，还要对计划的执行情况，进行经常的检查，以便及时地发现生产准备工作中存在的问题，并且采取措施解决这些问题。对生产准备工作进行检查的方法，是多种多样的。例如，可以召开专门的生产准备工作会议进行检查，也可以在日常的生产调度会议上进行检查，等等。对于检查中发现的问题，应当分别轻重缓急，由各有关部门分头负责，加以解决，以保证确实把一切生产准备工作做好。

三　要建立明确的分工负责制，使各方面协调配合，做好生产准备工作

工业企业的日常生产准备工作是很多的，涉及的方面也是很广的，它要由厂部的有关科室、车间、小组以至每个工人共同来完成。为了使每一项生产准备工作都有专人负责，为了使各个方面能够很好地协调配合，必须在生产准备工作中建立和健全明确的分工负责制。

凡是属于全厂性的生产准备工作，如物资的供应、机器设备的大修和中修、主要运输工具的准备，等等，都应当由厂部负责，集中管理。厂部在拟订各个月度生产作业计划指标的同时，应当在生产副厂长的统一领导下，组织生产、技术、工具、供应、动力、运输等有关科室，为下一步生产做好准备工作。有关的科室，对于各项生产准备工作，要建立明确的责任制。

凡是属于车间范围内的生产准备工作，应当由车间负责。生产作业计划确定以后，车间一方面要根据生产的要求，及时向厂部有关科室和其他有关车间提出需要的原料、材料、半成品、工具等的品种、数量和需用的日期，需要的技术文件和需用的期限，需要的修理工作和运输工作，等等；另一方面，车间要组织本车间负责工艺、修理、工具、材料等方面工作的专业人员，密切结合生产进行准备工作。车间的各项生产准备工作，也要有明确的分工负责制。同时，车间根据月度生产作业计划，还要编制工段（或小组）的作业前的准备工作计划，以便保证把材料、工具和技术文件及时运到工作地。

凡是属于小组范围内的生产准备工作，例如，作业前的材料、工具的准备、机器的调整，等等，应当由小组负责。小组长要教育工人经常注意生产准备工作，并且依靠全组工人做好生产准备工作。生产小组根据轮班计划的安排，要及时向有关部门提出作业前的生产准备工作的要求，要保管好技术文件和工具，要经常注意工作场地的整洁和机器设备的维护，要做好上下道工序的衔接和上下班的交接工作，等等。同时，小组还要结合工人的岗位责任制，明确地规定对每个工人作业准备工作的要求。

第四节　在制品和半成品管理

为了很好地组织日常生产活动，保证顺利地贯彻执行生产作业计划，工业企业还必须做好在制品和半成品的管理工作。

前面说过，许多工业企业车间之间的生产联系，是半成品的供应关系。同时，在不少企业的车间内部，在各个小组和各道工序之间，还存在着在制品的流转关系。因此，掌握一定的在制品和半成品，是调节各个车间、各个小组和各道工序之间的生产，组织各个生产环节之间的平衡的一个重要杠杆。编制生产作业计划，要掌握在制品、半成品数量的变动情况。贯彻执行生产作业计划，也要掌握在制品和半成品的变动情况。正因为这样，做好在制品、半成品管理工作，对于工业企业合理地组织日常生产活动，是十分重要的。

同时，做好在制品和半成品管理工作，还可以合理地控制在制品、半成品的储备量，使它们不受损坏，这对于保证产品质量和节约流动资金，也有重要的作用。

工业企业在制品和半成品管理工作的主要任务，就是要保证各个生产环节和各道工序之间的相互衔接，按计划有节奏地进行生产，并且，在保证满足生产需要的前提下，合理地使用资金，加速流动资金的周转。为了实现这个任务，一方面要切实掌握车间内部各道工序之间在制品的移动情况；另一方面要加强半成品仓库管理工作，做到在生产过程各个阶段上的在制品和半成品质量良好，数字准确，账实相符，周转迅速，交接清楚，处理及时，堆放整齐，占用合理。

为了有效地进行在制品和半成品的管理，工业企业应当认真做好以下几个方面的工作。

一　建立和健全在制品、半成品的收发领用制度

在制品、半成品管理的好坏，在很大程度上取决于有没有一套健全的收发领用制度，以及这种制度能不能很好地贯彻执行。在制品和半成品的收发领用，不仅要有入库单和领料单等不可缺少的手续和制度，而且还要严格地实行按计划限额控制在制品、半成品收发的制度。在制品和半成品的收发，应当遵循先入先出的原则，使库存的半成品经常新旧更迭，以保证质量。车间内部在制品的流转，也要通过加工路线单来加以掌握和控制。

二　正确地、及时地对在制品和半成品进行记账核对

正确地、及时地进行记账核对，是掌握在制品、半成品的变动情况，管理好在制品和半成品的重要手段。半成品的收发数量，必须及时记账，及时结清账存，并且还要建立定期的对账制度，做到上下账单口径一致，以保证核算有正确的依据。为了掌握车间内部在制品的流转情况，应当建立在制品的台账。

三　合理地存放和保管在制品、半成品

在制品和半成品的合理存放和保管，对于充分利用作业面积和仓库面积，以及便利运输、节省运输力量，都有重要的作用。存放的方法，要根据仓库的配置，面积的大小，以及产品的特点和要求等因素来确定。一般采取以产品为对象，按质分类，分区、分片存放的办法。这种存放的办法，既有利于管理，又有利于为生产服务，还可以节约仓库面积。半成品堆放的地点，要竖立标志，注明编号、名称和规格，以便于识别和避免错发现象。半成品的保管，对不同的产品要采取不同的方法。例如，有的要注意轻拿轻放，有的要注意涂油防锈，有的要注意通风防潮，有的要注意防止暴晒，等等。

四　做好在制品和半成品的清点、盘存工作

在制品和半成品在生产过程中不断流动变化，它的数量有增有减，为了确切地掌握它们的数量，除了要经常地记账核对以外，还要做好清点、盘存工作。一般都采取经常盘点和定期盘点相结合的方法，做到账实相符，数字准确。在进行全厂性清点盘存的时候，厂部、车间、小组应当分别做好准备工作，保证清点工作进行得及时而迅速。车间内部的在制品，因流动变化的情况更大，掌握比较困难，因此，盘点工作就要做得更加经常一些。

五　合理地确定在制品、半成品管理工作中的各级分工

要把在制品、半成品管理好，厂部、车间和小组之间要有明确的分工。厂部的生产部门，是全厂在制品、半成品的管理和监督部门，它要负责重点车间之间半成品的衔接和平衡工作。车间的计划调度部门，是车间内部在制品的管理和监督部门，它负责掌握车间内部在制品的数量和流转

情况。为了避免各个工作地积存大量的在制品，可以根据需要在车间内设立中间仓库。工段的有关人员和生产小组长，是工段和小组管理在制品的负责人，他们主要负责掌握在制品在各道工序之间的流转，组织工人做好交接工作。厂部的检验部门、会计部门和车间的检验组织，应当协助生产部门做好在制品、半成品的管理工作。

半成品库的管理方法有两种：一是分别设库、统一管理。这就是按照不同的半成品，分别设立半成品库，它们都属于厂部的生产部门统一管理，由厂部生产部门统一收发、存放、保管半成品。二是分别设库、分级管理。这是按照不同的半成品，分别设立半成品库，它们分别由各个车间负责管理。这两种方法，各有优点。集中管理的优点是：厂部能够全面掌握半成品的情况，便于控制收发，避免发生各个生产环节的脱节。分散管理的优点是，库房和车间联系紧密，可以使车间及时掌握半成品的库存情况。究竟采用哪一种方法为好，这要取决于工业企业的生产特点、车间内部生产单位的设置情况、半成品的性质以及库房的配置等因素。但是，不论半成品仓库采取集中管理或者分散管理，厂部生产部门都必须有全面的作业统计工作，及时地掌握半成品的变化情况，作为编制生产作业计划和进行生产调度工作的依据。

第五节　生产调度

为了实现生产作业计划，保证生产正常地进行，除了要做好生产准备工作，做好在制品和半成品的管理工作以外，还必须做好生产调度工作。

什么是生产调度工作呢？它要解决什么问题呢？

生产调度工作，就是组织执行生产作业计划的工作。做好生产调度工作，要求在日常生产活动中，及时地、全面地了解生产情况，迅速地处理已经产生的问题，并且积极预防可能产生的问题，从而保证顺利地完成和超额完成生产作业计划。

工业企业的生产作业计划，虽然对日常生产活动做了比较具体的安排，但是，即使是编制得很好的生产作业计划，也不可能完全正确地反映客观实际，完全预见到生产发展中的一切变化。因此，在执行生产作业计划的过程中，在工业企业的日常生产活动中，必然会经常地出现一些矛盾，发生一些不平衡的现象。对于这些矛盾、这些不平衡的现象，如果不及时地采取措施加以解决，企业的生产就不能够协调地进行，生产作业计划就不可能顺利地实现。生产调度工作的任务，就是要及时地处理生产中经常产生的矛盾，不断地克服各种不平衡现象，使生产过程中的各个环节、各个方面能够彼此协调地进行工作。所以，生产调度工作，是工业企业合理组织日常生产活动的一个不可缺少的、重要的工具，是实现生产作业计划的重要手段。在有成千上万的人共同活动的现代工业企业里，如果没有生产调度工作来经常地协调人们的活动，切实地解决生产中一个一个的问题，要搞好生产简直是不可能的。有的同志看不到生产调度工作的这种重要作用，以为生产调度工作只是"跑跑腿"，只是"通讯员"，是一种无关紧要的工作。这种看法，显然是不正确的。

在工业企业里，生产调度工作的具体内容是很丰富的；不同行业的工业企业，生产调度工作的具体内容，也不完全相同。但是，一般来说，工业企业生产调度工作的内容，主要包括以下几个方面。

（1）检查生产作业计划的执行情况，及时发现计划执行过程中的问题，找出产生这些问题的原因，并且积极采取措施来解决这些问题。在规定的权限以内，在不影响整个计划的情况下，可以适当地调整或者提请行政负责人调整生产作业计划。

（2）检查生产准备工作进行的情况，帮助和督促有关部门及时做好各项生产准备工作，保证生产的顺利进行。

（3）根据需要调配劳动力，调整劳动组织，保证各个生产环节、各道工序协调地工作。

（4）检查生产设备的运行情况，了解设备的利用情况，督促各个生产单位合理地利用生产设备，做好设备的维护、保养工作；检查和督促机修部门严格执行设备修理计划。如果发生了设备事故，要迅速地组织力量修好设备，恢复生产。

（5）检查和调节生产过程的物资供应情况，通过供应部门和仓库，经常了解和掌握原料、材料、半成品等的储备数量、种类和规格，并且督促供应部门和仓库按照生产作业计划的要求，及时发送到车间和工作地。

（6）检查和调整厂内运输工作，根据生产情况，对运输工作进行日常的调度，防止由于车辆不足影响生产，防止积压车辆，浪费运输力量。

（7）进行轮班、昼夜、周或者旬计划完成情况的记录和统计分析工作，及时地向行政负责人做系统的汇报。

在有些工业企业里，生产调度工作还要掌握煤气、氧气、水、电等供应的平衡工作，并且对它们的供应情况进行调节。

以上是工业企业生产调度工作的一些主要内容。只有把这些方面的工作做好了，生产调度工作才能发挥应有的作用，保证生产过程协调地进行，顺利地实现生产作业计划。

那么，怎样才能做好生产调度工作呢？

（一）要建立以生产技术副厂长为首的、全厂统一的、指挥自如的、强有力的生产调度系统

在现代工业企业里，生产活动必须有厂部高度集中统一的指挥和调度。在生产技术副厂长的领导下，厂部要设立相应的调度机构，负责全厂范围内的生产调度工作。例如，在生产管理部门设立调度室，在动力、机修、供应、运输等部门，根据需要设立专业性的调度员（组），等等。厂部的调度机构，日夜都应当有人值班，及时处理生产中发生的问题。企业内部的各个生产环节，必须服从厂部的统一调度。厂部的调度指示，各单位必须遵照执行。各个生产环节都要接受厂部调度机构对计划执行情况的检查，并且应当及时地，如实地反映情况，提供有关资料，以便使厂部的调度机构能够经常地、迅速地掌握生产发展的动态，了解生产中存在的问题，采取有效的措施来保证生产协调地发展。

强调生产调度工作必须有厂部高度集中统一的领导，这是不是说，在生产调度工作中，可以不要分级管理，不要发挥车间、小组等各级管理组织的积极性呢？

当然不是的。

生产调度工作要及时地、迅速地、有效地解决生产中发生的问题，而

生产中发生的问题是多种多样的，有涉及全厂性的问题，也有车间范围内和小组范围内的问题，有重要的问题，也有次要的问题。如果把这许多问题，不问巨细，不分主次，都由厂部的调度机构统一处理，这不仅会妨碍厂部调度机构集中精力解决全厂性的重要问题，而且，也会妨碍各个生产环节内部各种具体问题的及时处理。因此，在保证厂部统一调度的前提下，还要给车间、小组在生产调度工作上一定的灵活性，使它们能够在一定范围以内，因地制宜、因时制宜地解决日常生产活动中的具体问题。这样，在生产调度工作中，就可以把统一性和灵活性正确地结合起来，整个生产调度工作才能做好。

为了做好车间的生产调度工作，车间应当设立生产调度组（组长一般由生产副主任兼任）或者调度员，协助车间主任做好生产调度工作。在规模比较大、生产比较复杂的工业企业里，还可以根据需要，在工段设立派工员，协助工长进行调度。生产小组的调度工作，则由小组长直接负责。

（二）要明确地规定各级调度机构的职责权限，充分发挥它们的作用

各级调度机构是各级生产行政负责人指挥生产的有力助手，充分发挥它们的作用，对于做好生产调度工作，是很重要的。为此，除了要不断地提高全体调度人员的政治觉悟以外，还要明确地规定他们的职责，给予他们必要的权力。

厂部的调度机构，要负责全厂日常生产活动的调度组织工作。在厂部调度机构中，一般设立总调度员和值班调度员。有时，还可以按照专业性质，分别设立生产调度员、运输调度员、机电设备调度员，等等。在机械制造企业里，厂部的调度人员一般还按照产品或者车间进行分工，或者按照车间和产品相结合进行分工。车间或者工段的调度人员，要负责车间或者工段内部日常生产调度的组织工作。各级调度人员了解到的生产情况，必须随时或者定期地向上级调度机构汇报，向各级生产行政负责人汇报，并根据生产作业计划的要求，和生产行政负责人的指示，采取措施，保持正常的生产。

要使各级调度人员很好地履行自己的职责，应当赋予他们必要的

职权。

各级调度人员，应当根据生产作业计划进行调度，在未经上级行政领导批准以前，他们不能擅自改变作业计划，也没有权力决定在生产作业计划中没有规定的重要事项，如重要设备的非计划检修，改变产品品种、数量等。但是，调度人员有权传达和检查生产行政负责人布置的工作，有权传达调度会议的决议，并且检查它的执行情况；在必要时，经生产行政负责人授权，还可以向生产单位和有关职能部门的工作提出要求，等等。给予生产调度人员这些职权，对于做好生产调度工作是必要的。各级生产行政负责人，在工作中应当尊重调度人员的职权，对于有关生产任务方面的指示或者改变原来的指示，都应当及时通知调度人员。属于调度人员职责范围以内的事，应当放手让调度人员去处理，对于调度人员在工作中碰到的困难和问题，应当积极地帮助他们解决。这样做，不仅使调度人员能够在工作中受到锻炼，提高能力，而且可以增强他们的责任心，使他们的工作做得更好。

（三）要有正确的工作方法

生产调度工作是一件非常细致和复杂的工作，没有正确的工作方法，是不可能做好的。

生产调度工作，要求有高度的统一集中，要求迅速地、正确地解决生产中出现的问题，正因为这样，在生产调度工作中，就要更加注意发扬民主，更加注意贯彻执行群众路线。调度人员，一定要深入群众，倾听群众的意见；在进行调度的时候，一定要做好群众工作，向群众讲清楚采取各种措施的原因，依靠广大职工群众的积极性来解决问题，生产作业计划的执行情况和生产进度，一定要及时地向群众公布，动员职工群众自觉地克服或者防止生产中的脱节现象；对于生产中发生的问题的解决办法，要尽可能地先经过群众的酝酿，然后再做出调度决定，组织群众实施。只有在生产调度工作中认真地运用群众路线的工作方法，才能把调度工作做好，取得出色的成绩。

生产调度工作的特点，是要求迅速地、及时地、有效地解决问题，它常常要求调度人员当机立断，采取措施，以保证生产的正常进行。但越是这样，就越要注意从实际出发，做好调查研究工作，防止脱离实际的主观主义毛病。调度人员一定要深入生产实际，具体地掌握生产情况，并且要对各个方面的情况进行深入细致的分析研究，找出关键的问题，预见发展的趋势。只有这样，生产调度工作才能有预见性，不只是等问题发生以后去及时处理，而且要积极地"防患于未然"，即使出现了问题，也能够迅速地采取有效的措施加以解决。

不论在什么工业企业里，不论在什么时候，调度人员都必须坚持上面说的群众路线的工作方法和踏踏实实的工作作风。在生产调度工作中所采用的各种具体方法，也必须很好地体现这种精神。

下面谈几种主要的调度工作方法。

定期召开调度会议，是进行生产调度工作的一种重要方法。在调度会议上，生产行政负责人听取各个方面对执行上次调度会议决议的情况和生产任务完成情况的汇报，对于存在的问题，进行充分的研究和讨论，然后做出决定，由有关部门分别贯彻执行。在调度会议上，应当集中力量讨论和解决当前生产中关键性的、急需解决的问题，而不要事无巨细地都提到调度会议上来讨论。

现场调度，是到车间的生产现场去讨论和解决问题的调度方法。采用这种调度方法的时候，一般由生产行政负责人亲自到现场来，同调度员、技术员和工人一起，采用"三结合"的方法，共同讨论和研究生产中急需解决的关键问题，最后，由行政负责人做出决定，各部门分头执行。这种调度方法，可以密切领导干部、调度人员和工人的关系，可以有效地发挥各方面的智慧和力量，可以使问题得到比较及时和正确的解决。

开好班前、班中和班后会议，是小组或者工段进行生产调度工作的一种重要方法。通过班前会议，布置本班应当完成的生产任务和注意事项。通过班中会议，检查各个生产环节完成任务的进度和存在的问题，并且进一步提出后四个小时的要求和为下一班生产进行准备工作的任务。通过班后会议，检查计划的完成情况，总结本班生产的经验教训。采取这种调度工作方法，不仅可以使问题解决得比较迅速、及时和有效，而且可以不断地鼓舞群众的生产热情。

　　生产调度工作，还可以密切结合劳动竞赛，通过组织各个生产环节的互助协作来进行。这种调度工作方法，可以把调度工作建立在群众自觉行动的基础上，促进生产顺利地进行。

　　为了使生产调度工作能够取得主动，及早地发现问题和解决问题，在生产调度工作中，应当贯彻执行预防的原则，主要是：抓各项生产准备工作，抓在制品和半成品的变化情况，抓关键环节，抓头道工序。

　　除了上面说的这些一般的调度工作方法以外，不同的工业企业，由于生产特点不同，还可以采取其他许多具体的调度方法。例如，在机械制造企业里，为了保证产品成套地均衡出产，可以采取车间调度和产品调度相结合的方法，顺工序调度和反工序调度相结合的方法。在冶金企业中，可以采用以平炉炉前为"龙头"的生产调度工作方法，等等。

第 十 章
社会主义工业企业技术
管理的任务和内容

社会主义工业企业的生产，同现代的技术，有着十分密切的联系。要使工业企业的生产能够顺利地进行，并且不断地向前发展，就必须做好一系列的、复杂的技术工作，就必须做好技术的组织和管理工作。从这一章开始，准备分成四章来讨论工业企业技术管理工作的主要问题。在这一章里，先概括地说一说技术管理工作中一些综合性的问题。分以下五节来说：

一、技术管理的主要任务；

二、技术标准、技术规程的制定和执行；

三、技术革新、技术革命和科学实验研究工作；

四、技术后方的组织；

五、生产技术责任制。

第一节　技术管理的主要任务

在现代工业企业里，广泛地采用着现代化的技术装备，生产具有高度的科学性和技术性。要保证企业生产顺利的发展，就必须进行一系列的技术工作。这些技术工作组织得好不好，对于发展产品品种、改进产品质量，对于提高企业的经济效果，具有极大的作用。

首先，做好技术管理工作，是工业企业在增加产品产量的同时，不断地发展产品品种，改进产品质量的重要保证。

工业产品的品种、质量问题，是工业生产的一个最为重要的问题。工业产品的品种齐全不齐全、质量优良不优良，是衡量一个国家技术经济发展水平高低的一个重要标志，也是关系着能不能把国民经济的发展，建立在自力更生基础上的一个重要问题。有了品种齐全、质量优良的工业产品，才能够主要地依靠自己的力量，用新技术来装备国民经济各个部门，从而不断地满足社会主义建设和人民生活的需要。

发展工业产品品种、改进工业产品质量的任务，是要靠各个工业企业来实现的。工业企业要实现这个任务，就必须做好各个方面的工作，特别是要做好技术管理工作。这是因为，技术管理工作同品种、质量问题的关系最为直接、最为密切。例如，要发展品种、改进质量，就必须进行科学试验研究工作，必须做出先进的产品设计和工艺设计；必须保证设备正常运转；必须建立一套保证产品质量的检验制度和检验方法，等等。所有这些，如果离开了技术管理工作，都是不能很好地解决的。

其次，做好技术管理工作，也是工业企业全面地提高经济效果的重要保证。

前面说过，每个社会主义工业企业，都要努力增加产品产量，提高劳动生产率，节约物资消耗，降低生产成本，不断提高生产经营活动的经济效果。这些问题，同产品的品种、质量问题一样，都是关系着能不能多快好省地发展社会主义建设事业的重要问题。

工业企业要提高劳动生产率，增加生产，降低成本，就必须在生产过程中，节约活劳动和物化劳动的消耗。而要做到这一点，最重要的，是依靠群众不断地发展和运用先进的技术。特别是在现代化的工业企业里，要节省人力、物力，更离不开技术上的努力和改进。比如说，要有效地节省活劳动的消耗，就需要从提高生产和运输过程的机械化、自动化水平，改进产品设计，采用先进的工艺方法等方面采取措施；要有效地节省物化劳动的消耗，就需要从产品设计和工艺方面，以及从节约、代用和综合利用原料和材料等方面采取措施。所有这些，离开了技术管理工作，也是不能很好地实现的。

由此可见，工业企业的技术管理工作是非常重要的。要不断地提高企业管理工作水平，就必须不断地加强技术管理工作。

那么，在社会主义工业企业里，技术管理的任务是什么呢？

就主要的来说，有以下四个方面：

一　正确地处理人同技术的关系，充分利用企业现有物质技术条件

现代工业企业的生产，物质技术条件具有重要的作用。但是，我们知道，一切技术、一切技术设备，都是由人运用和掌握的。人同技术相比，人的因素是主要的。人的政治觉悟，是建设社会主义、共产主义的根本保证。那种片面地强调物质技术条件的作用，否定人的作用，否定人的社会主义、共产主义觉悟的作用的观点，是错误的。我们必须坚决地反对只见物不见人的机械唯物论。同时，我们也知道，具有高度政治觉悟的人，一旦掌握了先进技术，就如虎添翼，会在生产中发挥出不可估量的作用。所以，在工业企业管理工作中，特别是在技术管理工作中，既要见物，更要见人，在努力做好人的工作，充分发挥职工群众的积极性和创造性的基础上，正确解决人如何掌握技术的问题，把职工群众的积极性，引导到钻研技术、掌握技术、提高技术水平的方面来。只有这样，才能充分地利用企业现有的物质技术条件，更好地发展生产。

二　不断地采用新技术，提高企业的技术水平

工业企业的技术管理工作，必须根据可能的条件，积极地采用新技术，不断地提高企业的技术水平。具体来说，就是要经常开展群众性的技术革新、技术革命运动，充分地利用生产设备，并且对生产设备进行不断的改进；采用新技术、新工艺；充分发挥技术人员和技术工人的作用，不断地提高他们的技术水平，等等。实现这些方面的任务，可以使企业生产技术工作高效率地进行。

三　在工业企业里，建立起良好的生产技术工作秩序

良好的生产技术工作秩序，是保证企业生产有节奏地、正常地进行的重要条件。

良好的生产技术工作秩序，主要是指设备、工具必须保持良好的技术状况；要为生产提供先进合理的技术依据，及时地准备好设计图纸和各种规程；要有严格的质量检查制度和其他方面的技术工作制度；要保证工人能够严格地按照设计、工艺和质量标准进行生产，等等。这些，都是保证工业企业生产顺利进行的基本条件。为生产提供这些条件，是工业企业技术管理工作必须完成的重要任务。

四　保证安全生产

工人和设备的安全，是工业企业生产正常进行的前提，也是社会主义制度的一个重要要求。如果工业企业不能够保证生产的安全，工人的健康就会受到威胁，国家的财产就会遭受损失，企业的生产也不能顺利地进行。

企业生产的安全，是要靠企业工作的各个方面、各个部门共同来保证的。但是，改进生产技术工作，从技术上采取措施，是实现安全生产的最重要的保证。因此，这是技术管理工作的一项重要任务。

为了保证上述任务的实现，工业企业需要进行一系列的技术管理工作。例如，要保证设备、工具处于良好的技术状况，就必须进行设备和工具的管理工作；要为生产提供先进合理的技术依据，就必须做好技术准备；要提高企业的技术水平，就必须开展技术革新工作和科学实验研究工作；要保证生产安全，就必须做好安全技术工作，等等。由此可见，工业企业技术管理工作的内容是很丰富的。就主要的工作来说，有如下几个方面：（1）生产新产品和改进老产品的设计、试制的管理工作；（2）工艺设计和工艺管理工作；（3）产品质量的管理工作；（4）设备和工具的管理工作；（5）安全技术的组织工作；（6）技术文件的管理工作；（7）技术力量的培养工作；（8）技术革新、技术革命和科学实验研究的组织工作；（9）技术组织措施的管理工作，等等。

工业企业在进行上述各项技术管理工作的过程中，必须遵循党和国家的技术政策，把在战略上的"迎头赶上"和在战术上的"循序渐进"结合起来。这就是说，在战略上，必须迎头赶上世界先进技术水平，用最短的时间，走完其他国家几十年甚至上百年所走过的路程；在战术上，即在解决具体技术问题的时候，必须循序渐进，踏踏实实地进行工作。只有这样，我们才能够迅速地提高企业的技术水平。

党和国家制定的一系列的技术政策，是进行各项技术工作的指针，在工业企业中，许多技术问题和经济问题的解决，都离不开有关的技术政策。工业企业技术管理工作，只有正确地贯彻执行党和国家的技术政策，才能够有效地解决产品的品种和质量问题，才能够全面地提高企业的经济效果。

工业企业在进行技术管理工作的时候，还必须坚持尊重科学、破除迷信、解放思想的原则，坚决采用领导干部、技术人员和工人三结合的群众路线的工作方法，等等。关于这些问题，在本章以下几节和在其他有关章节里再做讨论。

第二节　技术标准、技术规程的制定和执行

技术标准和技术规程，是工业企业生产技术工作的准则。在现代化的工业企业里，无论生产哪一种产品，都是由许多工人参加，经过好多道工序，才能完成的。如果没有一整套科学的、统一的技术标准和技术规程，企业的生产、技术管理工作就没有必要的依据，也就不可能生产出质量合格的产品。俗语说："不以规矩，不成方圆"，就是这个道理。正确地制定和贯彻执行技术标准和技术规程，是企业技术管理的一项重要的基础工作。只有做好了这项工作，才能建立起正常的、健全的技术工作秩序，保证生产的顺利进行。

那么，什么是工业企业的技术标准和技术规程呢？应当怎样来制定和贯彻执行技术标准和技术规程呢？

一　技术标准的制定和执行

技术标准的种类很多，例如，有各种基础标准、原料和材料标准、产品标准、零件和部件标准，以及设备和工具标准，等等。这些技术标准，都是工业企业进行生产、技术管理工作的依据。现在，着重地说一说有关产品标准的问题，因为这是工业企业生产过程中最重要的一种技术标准。

工业产品的技术标准，是对产品的质量、规格及其检验方法所做的技

术规定，是从事工业生产，评定和检验产品质量的技术依据。任何一种工业产品，只有按照技术标准进行生产和检验，才能够保证质量，达到应有的技术水平，实现预期的经济效果。每个工业企业，只有按照技术标准进行生产和检验，才能够保证实现国家规定的标准化、系列化的要求。

工业产品的技术标准，包括的主要内容是：（1）产品名称、用途和适用范围；（2）产品的规格和技术条件；（3）产品的检验方法和验收规则；（4）产品的包装、储存和运输等方面的要求。

按照工业产品技术标准的适用范围，可以把它分为国家标准、部颁标准和企业标准三种。

国家标准，是在全国范围内，都必须贯彻执行的统一的技术标准，是对全国经济技术发展具有重大意义的技术标准。

部颁标准，是在有关工业部门范围内，必须贯彻执行的技术标准。

企业标准，是仅限于本工业企业范围内适用的技术标准，是对那些尚未颁布或者不需要颁布国家标准和部颁标准的产品，由企业自行规定的技术标准。有一些产品，虽然有国家标准或者部颁标准，但是需要对这些标准进行补充的时候，也可以规定企业标准。

各个工业企业在制定和修订企业技术标准的时候，应当注意些什么问题呢？

（1）技术标准的制定和修订，应当贯彻多快好省的精神，体现党和国家的技术政策和经济政策，密切结合我国的自然条件，合理利用国家资源，达到实用、经济、安全的要求。既要便于使用，又要便于生产；既要从现有基础出发，又要充分考虑科学技术的先进成就；既要照顾当前利益，又要照顾长远利益，做到宽严适度，繁简相宜。

（2）技术标准的制定和修订，必须贯彻不断革命论和革命发展阶段论相结合的精神。既要根据当前的经济、技术水平，及时制定相应的标准，坚持按标准办事；又要根据经济、技术发展的要求，不断集中群众的革新创造和科学研究成果，适时修订原有标准，或者制定新的标准。

（3）技术标准，是总结广大群众生产斗争和科学实验的经验的产物。因而，技术标准的制定和修订，必须走群众路线，采取"三结合"的办法，把有关的领导干部、科学技术人员和工人群众组织起来，共同进行。

（4）工业企业在制定和修订技术标准的时候，必须同有关方面协商，充分考虑各方面的要求，特别是使用部门的要求，使有关的各项技术标准，能够配合一致，以便共同执行，互相促进，互相提高。

只有很好地注意了以上这些要求，才能制定出先进合理的技术标准，依据这种标准来组织生产，就能使生产取得良好的效果。

当然，只有好的技术标准是不够的，还必须很好地贯彻执行这些技术标准。

标准是技术上的"法律"。凡是已经规定了的技术标准，各个工业企业都必须严肃认真地贯彻执行。一个工业企业，是不是严格地按照技术标准来组织产品的生产和检验产品的质量，这是对待生产有没有科学态度的问题，也是关系着工业企业能不能确实保证产品质量，对社会、对国家是否负责的重要问题。

为了保证各项技术标准的贯彻执行，工业企业应当做好以下几个方面的工作：

（一）组织全体职工认真学习各项技术标准，树立严格执行技术标准的科学态度

任何技术标准，都要通过职工群众来执行。如果技术标准不被广大群众所掌握，或者虽然掌握了，但是不能自觉地、认真地贯彻执行，那么，无论技术标准定得多么好，也是不能兑现的。因此，在全体职工中进行严格执行技术标准的宣传教育，组织职工学习和掌握技术标准，是贯彻执行技术标准的首要环节。

（二）对国家标准、部颁标准和企业标准，进行分解和具体化

工业企业必须根据产品的性质和企业生产过程的特点，把有关的产品技术标准，进一步分解为零件、部件标准，各种原料、材料、协作件标准，各道加工工序的质量标准，以及产品的包装、运输和储存标准，等等，把产品的技术标准具体化。这是因为：

（1）工业产品生产过程的各个环节，是相互联系、相互影响的。不同的原料、材料以及不同的设备，都会对生产的进程和生产的结果发生不

同的影响。因此，必须按照产品标准的统一要求，从原料、材料开始，直到成品的包装为止，规定出具体的标准。只有这样，才能做到用统一的标准来组织整个生产过程，有效地保证产品的质量。

（2）在现代化工业企业里，工人的分工是很精细的，每个工人，只负责生产产品的某一个部分或者某一道工序。因此，直接指导工人生产活动的技术依据，一般不是以产品为对象的技术标准，而是经过分解以后的具体的标准。只有把产品的技术标准分解成具体的标准，才能真正落实到每一个人，建立起明确的具体的责任制度，使贯彻执行技术标准，成为每一个工人的事情。

（三）加强质量检验，精确地进行化验和计量工作

每一种原料，每一件产品，是不是达到了技术标准，必须通过检验来判定。在质量检验工作中，是不是严格地掌握技术标准，对于技术标准的贯彻执行，有重要的作用。在检验工作中，一丝不苟地坚持按技术标准来验收，就会促进操作者认真地按技术标准来生产，保证产品的质量。

为了做好质量检验工作，企业必须加强化验分析工作和计量工作，经常保证化验分析和计量工具的准确性。如果放松了这方面的工作，就难以正确地贯彻执行技术标准。有的时候，产品经过检验，似乎达到了技术标准的要求，但是，由于化验分析有误差，或者由于量具本身不可靠，实际上产品的质量并不合格，这就等于没有贯彻执行技术标准。

最后，要贯彻执行技术标准，还必须根据技术标准的要求，正确地制定和执行各种技术规程。

二 技术规程的制定和执行

技术规程，是工业企业为了贯彻执行技术标准，保证企业生产有秩序地进行，而对产品的加工过程，工人的操作方法，机器设备和工具的使用、维修和技术安全等方面所做的技术规定。技术规程同技术标准不同。技术标准主要是对各项生产技术工作提出的技术要求；技术规程则主要是达到这种要求的一种手段，它规定着各方面的技术工作应当怎样进行，才能达到技术标准的要求。

技术规程的种类很多，就主要的来说，有以下几类：（1）指导加工

过程的规程；（2）指导工人操作的规程和守则；（3）保证安全生产和设备安全运行的规程和规定。

上述各种技术规程，适用于不同方面的技术工作，所以，它们的具体内容也是不同的。比如说，指导加工过程的工艺规程，是为产品或者零件规定的加工步骤和加工方法；指导工人操作的操作规程，是为工人使用每种设备规定的操作方法和注意事项；安全技术规程，则是为各个工种工人规定的安全注意事项，等等。

正确地制定和修订技术规程，对于保证技术标准的贯彻执行，对于组织企业的正常生产和改进各项技术经济指标，都有很重要的作用。工业企业在制定和修订技术规程的时候，应当注意些什么问题呢？

第一，严格地按照各项技术标准的要求，来制定各种技术规程。这样，才能够保证技术标准得到贯彻执行，保证和提高产品质量，保证生产的顺利进行。

第二，从实际出发，走群众路线。工业企业中有关部门和有关人员，应当深入实际、深入群众，听取工人群众的各种意见，从本企业的具体条件出发，考虑设备、工人以及其他方面的特点，来制定各种技术规程。这样的技术规程，才会有群众基础，才便于贯彻执行。

第三，注意在合理地利用企业现有生产技术条件的同时，尽可能地采用国内外先进的技术成就。要在本企业群众性技术革新、技术革命的基础上，把那些经过研究、实验和审查鉴定切实可行的方案，纳入技术规程。并且，要注意收集国内外的有关资料，把新技术和新工艺纳入有关的技术规程。

技术规程一经制定，就应当严格地贯彻执行。工业企业在贯彻执行技术规程的时候，同贯彻执行技术标准一样，也要组织全体职工学习和掌握技术规程的内容；经常对群众进行遵守技术规程的教育，严格劳动纪律；加强技术检查和监督，建立责任制度；为贯彻执行技术规程提供必要的物质技术条件，等等。

在贯彻执行技术规程的时候，工业企业必须进行深入细致的思想工作。我们知道，工业企业的技术规程，是在总结工人群众的生产操作经验的基础上，在一定的科学原理的指导下制定的，它同每一个工人已经养成的操作习惯，不可能完全一样。因此，在贯彻执行技术规程的时候，就要求每个工人改变那些不符合技术规程要求的操作习惯，严格按照技术规程办事。但是，要改变一个人长期养成的习惯，并不是一件容易的事情，常常会遇到这样或者那样的阻力。这就要求我们在贯彻执行技术规程的时候，必须进行深入细致的思想工作，并且以非常慎重的态度来对待新技术、新工艺的推行和采用。一定要经过实验鉴定，对那些确实成熟了的东西，才纳入技术规程，加以推行。在推行过程中，要循循善诱，使群众深切体验到它的好处。只有这样做，才能减少阻力，有利于技术规程的贯彻执行。

上面说的技术标准和技术规程的制定和执行，是工业企业技术管理的一项重要的基础工作。每一个工业企业，要加强技术管理，都必须认真地做好这项工作。

第三节　技术革新、技术革命和科学实验研究工作

在工业企业里开展技术革新、技术革命和科学实验研究工作，对于不断地提高工业企业的技术水平，具有重要的作用。

一　技术革新、技术革命

目前，我国技术和经济的发展水平，同世界上技术先进、经济发达的国家比较起来，还是落后的。我们必须逐步地实现技术革命，迎头赶上世界先进的科学技术水平，实现农业、工业、国防和科学技术的现代化。

逐步地实现技术革命，是我国社会主义建设的一项重大任务。只有在经济战线、政治战线和思想战线上实现社会主义革命的同时，努力实现技术革命的任务，才能使我国落后的经济面貌根本改变。毛泽东同志早在1965 年就曾经指出：我们现在不但正在进行关于社会制度方面的由私有制到公有制的革命，而且正在进行技术方面的由手工业生产到大规模现代化机器生产的革命，而这两种革命是结合在一起的[1]。中国只有在社会经

---

[1]　毛泽东：《关于农业合作化问题》，人民出版社 1955 年版，第 23 页。

济制度方面彻底地完成社会主义改造，又在技术方面，在一切能够使用机器操作的部门和地方，通通使用机器操作，才能使社会经济面貌全部改观①。

现在，在社会制度方面，由私有制到公有制的社会主义革命，已经取得了决定性的胜利。技术革命的任务，已经摆在全国人民的面前。技术革命，是国民经济各部门、各行业都要进行的。工业是发展国民经济的主导力量，要把我国包括农业在内的全部国民经济转移到现代化的技术基础上，工业部门具有特别重要的作用。这就要求每一个工业企业，都应当踏踏实实地进行工作，不断地进行技术革新、技术革命，为迎头赶上当代先进的科学技术水平，贡献最大的力量。

工业企业技术革新、技术革命的内容是多方面的，概括起来，主要有：（1）产品设计的改进；（2）工艺方法和操作技术的改进；（3）设备、工具的改进；（4）原料、材料、燃料利用方法的改进；（5）生产和运输设备的半机械化、机械化、半自动化、自动化的逐步实现；（6）其他方面的技术改进。

工业企业在实现技术革命的过程中，经常地、大量地进行的，是技术革新工作。大家知道，技术革命，是对原有物质技术基础的根本性的改造，是在技术发展上的质的飞跃。这种质的飞跃，是逐步实现的。工业企业的技术革新，是对企业现有技术的不断改进，这是工业企业经常要做的工作。通过不断的技术革新，日积月累，就可以使企业的技术面貌发生很大的变化。因此，下面我们要着重地说一说工业企业技术革新的组织工作。

在工业企业里，应当怎样来开展技术革新的工作呢？

（一）密切结合生产，解决生产关键问题

技术是发展生产的手段。工业企业的技术革新工作，一定要有的放矢，围绕着企业当前生产中的关键问题来进行。这样做，就能够把职工群众的智慧集中起来，把有限的人力、物力、财力集中起来，有效地促进生

---

① 毛泽东：《关于农业合作化问题》，人民出版社 1955 年版，第 33 页。

产的发展。这样做，就能够更好地调动职工群众的积极性，使他们在革新技术方面始终保持旺盛的斗志。

要使技术革新密切结合生产，关键在于广泛深入地发动群众，摸清生产情况，确切地了解生产的需要。生产是不断发展的，生产当中需要解决的问题也是会不断出现的。在进行技术革新的时候，应当远近结合，既要从当前迫切的需要出发，又要看到生产发展的需要。对这些不同的需要，应当全面地规划，有计划地、有步骤地加以解决。

（二）放手发动群众，一切经过试验，讲求实际效果

技术革新的工作，一定要放手发动广大群众来进行。工业企业的各级生产行政负责人，应当根据不同时期生产上的关键问题，向群众提出技术革新的方向和课题，引导和发动群众找窍门、提合理化建议，组织大家攻克难关。

组织职工群众提合理化建议，是集中群众智慧，发动群众参加技术革新工作的有效办法。工人群众在生产实践中积累的经验和知识是很多的，对生产中存在的问题和潜力也了解得比较深。经常注意吸取工人群众的意见，组织他们提合理化建议，并且认真地研究、采用和推广那些切实可行的合理的建议，就能够把群众的智慧和经验集中起来，推动企业技术不断革新，生产不断发展。

有些同志，在技术革新的工作中，不敢放手发动群众，怕群众发动起来会打乱生产秩序，这是不对的。实践证明，只要把放手发动群众同一切经过试验，同加强技术管理正确地结合起来，就能够集中群众智慧，并且使技术革新运动有秩序地进行。这不但不会打乱企业的正常生产秩序，相反，还会有力地推进生产的发展。

一切经过试验，是对待工作的一种科学的、郑重的态度。在技术革新运动中，坚持这种科学的、郑重的态度，才能够避免盲目性。我们知道，革新技术的过程，是一种对生产技术上的未知进行探索的过程。在探索的过程中，由于人们认识上的局限性，往往使自己提出来的设想、建议和方案，不可能一开始就十分完善和正确。一定要经过多次的实践、反复的试验，才能逐步完善和获得成功。

正因为这样，我们在技术革新工作中，就要坚持一切经过试验的原则，满腔热情地支持群众的发明创造。通过试验，肯定职工提出的技术革新建议中正确的东西，修正不正确的东西，补充和丰富职工群众的建议，使之更加完善，更加符合实际，这不仅能使技术革新取得良好的效果，而且是对职工群众的积极性和创造性的最好的支持和鼓励。

试验的最终目的，是为了得出肯定的结论，在生产中运用和推广。因此，在试验的时候，应当正确地选择试验的条件，使试验的条件具有代表性。这样，试验成功的东西，才能够在比较大的范围内推广。否则即使试验获得成功，也不能普遍地推广。

为了使技术革新成果能够普遍推广，最好是选择几种不同的条件进行反复的试验，取得不同条件下的不同经验，以便使技术革新成果在更大范围内发生作用。

经过反复试验，成功了的技术革新方案，还要经过鉴定，做出全面的评价，判断革新成果在技术上的成熟程度，在经济上的合理性，以及它的使用范围和使用条件。这样，就有助于正确地决定这项成果能否在生产中推广使用，在哪些范围中使用，以及需要为这项成果的运用创造一些什么条件，等等。在评价技术革新成果的时候，特别要做好经济效果的评价和比较。关于如何具体进行经济效果的分析问题，另外准备作讨论。

由于新技术从不完善到完善，总要有一个过程，而且，新技术当中的缺点和不完善的地方，又往往要经过一段时期的使用，才能逐渐地暴露出来。因而，鉴定也往往不能只进行一次，而要组织多次鉴定。一般有初步鉴定和使用后鉴定的区分。当一项技术革新建议试验成功以后，先进行初步鉴定。在实际使用一段时间以后，再进行使用后的鉴定。

鉴定做得及时，有利于发挥群众的创造性和积极性，也有利于将技术革新成果及时运用于生产。要做到及时鉴定，一方面可以采用分级鉴定的办法，即一般的技术革新成果由车间组织力量鉴定，将鉴定结果报厂部备案；重大的技术革新成果由厂部鉴定，有时还要由上级行政主管机关或者由国家派代表参加组织鉴定。另一方面，可以采用定期鉴定和不定期鉴定相结合的办法。做到"有革新、有鉴定、再革新、再鉴定"。革新一批，就鉴定一批，推广和提高一批。

（三）及时做好巩固，推广和提高的工作

革新技术，是为了推动生产迅速发展，经过鉴定，证明是行之有效的新技术和新经验，就要组织有关方面的力量，加以推广，使它们为广大职工群众所掌握，从而变个别的先进水平为普遍水平。一切新技术、新经验只有广泛地推广和使用，才能真正得到巩固和提高，才能真正促进生产的迅速发展。

怎样做好技术革新的巩固、推广和提高的工作呢？

（1）要把经过鉴定成功的技术革新成果，纳入有关的技术标准和技术规程。同时，要根据革新以后的技术要求，来组织原料、材料、半成品等供应工作。没有这些技术的、物质的保证，新技术是不可能推广的。

（2）任何新技术、新经验，只有当它真正为职工群众所掌握的时候，才能在生产中起到应有的作用。因此，工业企业要组织新技术、新经验的传授，适应新技术的要求，提高操作者的操作技术。

（3）要进行深入细致的思想工作，使广大职工群众对于新技术、新经验乐于接受，乐于使用。在推广新技术的过程中，应当耐心地采用典型示范、技术表演等生动、具体的形式，向职工群众宣传新技术、新经验的好处，而不可以简单地采用行政命令的办法。这样，才能使群众真正乐于使用这些新的技术。也只有采用这种方法，推广了的新技术、新经验才能巩固，才能在实践中更加丰富和提高。

（4）要注意把分散的、单项的新技术、新经验集中起来，系统地进行推广。一方面，要注意把职工群众创造的适用于同一工序的新技术、新经验集中起来；另一方面，也要注意把前前后后的许多工序的新技术、新经验集中起来，汇集成为一整套完善的操作经验。这样，才能够把点点滴滴的、分散的经验汇集成为系统的、完善的经验，更好地促进生产的发展。

（四）坚持实行尊重科学，破除迷信，解放思想的发挥群众创造性的原则

前边已经提到，在现代化的工业企业里，一切生产活动的进行，都同

科学技术有着密切的联系，要使这些活动取得预期的效果，就必须尊重科学技术发展的客观规律。特别是在工业企业开展技术革新的时候，更必须严格地按照科学技术发展的客观规律的要求办事。

按照科学技术发展的客观规律办事，同发挥群众的创造性，不是对立的，而是统一的。大家知道，现有的科学技术成就，既是前人生产斗争经验的科学总结，又是我们进一步探索和掌握新的科学技术原理的出发点。我们对于现有的科学技术上的结论，不能抱着迷信、守旧的态度，而应当采取尊重科学、破除迷信的态度，大胆地解放思想，充分地发挥主观能动作用，积极地探索和发现新的科学技术，推动技术不断进步。工业企业是经常进行生产斗争的场所，在广大职工的生产实践中，经常孕育着新的科学技术的萌芽。这是一种巨大的潜力，应当把它充分地发挥出来。

二　科学实验、研究工作

前面说过，科学实验是一项伟大的群众性的革命运动，是建设社会主义强大国家的三项伟大的革命运动之一。科学实验研究工作，是认识和掌握科学技术发展的客观规律，不断提高生产和技术水平的一项重要工作。在工业企业中，加强科学实验研究工作，对于解决企业生产中各种技术上的关键问题，对于推动技术革新、技术革命，不断地提高企业的技术水平，都起着重要的作用。

为了促进我国科学技术的发展，迎头赶上世界先进的科学技术水平，凡是有条件的工业企业，都要根据生产的需要，加强生产技术的实验和研究工作。工业企业的科学技术实验研究工作，不同于国家专设的科学研究机构的实验研究工作。企业的科学实验研究工作，必须面对本企业的生产实际，在总结实际经验的基础上，针对企业生产中当前迫切需要解决的各种技术问题，以及生产进一步发展所需要解决的技术问题，进行技术上和理论上的研究。

工业企业在组织科学实验研究工作的时候，要注意以下重要问题：

（一）科学技术实验研究工作，必须有计划地进行

工业企业在进行科学技术实验研究工作的时候，要根据企业发展产品品种、改善产品质量、增加产品产量等方面的任务，正确地制定科学实验

研究计划。在这个计划里，应当列出：科学实验研究的题目，完成的时间和进度，需要的经费和物资，以及需要占用的生产能力，等等。

在科学技术实验研究计划中，研究题目的确定，是一个最为重要的问题。在选择和确定研究题目的时候，要正确处理当前需要和长远需要之间的矛盾，从满足当前需要出发，用完成企业当前的生产任务的办法，来带动企业生产技术水平的不断提高，为满足长远需要，逐步地创造条件。同时，还要正确地处理需要和可能的矛盾，根据企业本身的人力、设备和原料、材料等可能的条件，努力解决科学实验研究工作方面提出的问题，以保证这一工作的顺利进行。

工业企业在制定科学技术实验研究计划的时候，要吸收有关科室、车间的负责人和先进的工人参加，进行充分的讨论，提出初步方案，经企业党委和上级行政主管机关批准后执行。在计划执行的过程中，企业的行政负责人，应当定期检查，以便发现问题，采取措施，保证计划的完成。

（二）科学技术实验研究工作，要有专门机构负责

为了开展科学技术实验研究工作，工业企业应当根据需要和可能，设立专门的科学技术实验研究机构。在一些新产品试制任务和提高产品质量的任务都比较重的大型厂矿中，科学技术实验研究机构必须同它所担负的任务相适应。为了使这些实验研究机构的工作取得良好的效果，工业企业特别要注意技术力量的合理配备。应当为科学技术实验研究机构配备具有比较高的技术理论水平和比较丰富的实际经验的人员，并且使他们的工作岗位有一定的稳定性。

给这些科学技术实验研究机构配备一些必要的研究、实验用的机器设备、仪器、仪表，等等，也是保证科学技术实验研究工作能够顺利地进行所必需的条件。

（三）科学技术实验研究工作，必须走群众路线，注意调动各方面的积极因素

工业企业的科学技术实验研究工作，是由专门机构和人员负责组织的。这些机构在进行工作的时候，要注意加强同各个生产车间的技术人员和生产工人的密切合作。工业企业的生产部门和生产工人，对于企业的科

学技术实验研究机构来说，不只是能够提出要求，提出研究课题，而且也能够提供解决问题的线索、提供进行科学研究实验所必需的技术力量，帮助科学技术实验研究机构解决问题。在进行科学技术实验研究工作的时候，除了要注意发挥企业内部上述各个方面的积极性以外，还要有计划地和其他有关的企业、专业的科学研究机关和高等院校进行合作，开展技术协作活动。这同样是加速科学技术实验研究工作的进度，提高工作的质量，迅速取得研究成果的一个重要途径。

第四节　技术后方的组织

工业生产也像打仗一样，既要有坚强有力的前方，又要有充实稳固的后方。

在工业企业中，一般是把直接生产产品的车间称为生产前方，把为生产产品服务的某些车间和技术部门称为技术后方。

一　技术后方的内容和任务

技术后方所包括的具体内容，需要根据不同企业的具体条件，因地制宜地加以确定。一般来说，在规模比较大的工业企业里，技术后方是由设计、工艺、科学技术实验研究、安全技术、机修、工具、动力、技术检验，以及计量室、中心试验室、技术资料室等部门组成的。在新产品试制任务比较重的企业里，还要根据需要和可能，设立试制车间或者试制工段。在规模比较小、产品结构比较简单、技术工作不太复杂的企业里，技术后方所包括的部门，就相对地少一些。

技术后方，是工业企业生产活动正常进行的重要保证之一，是任何企业都不可缺少的。它的这种重要作用，是由现代工业生产的特点决定的。

前面说过，现代工业的生产，同现代的技术是不可分割的。在现代工业企业里，没有设计图纸、设计资料和工艺规程，就无法进行生产；不进行质量检验和计量工作，就无法保证产品质量；不进行机器设备的检修，以及工艺装备的制造和修配工作，生产也无法顺利地进行。所有这些工作，都是由技术后方的有关部门去做的。因此，工业企业应当加强技术后方的工作。

技术后方的中心任务，是为生产前方服务。所谓为生产前方服务，并不是要直接地承担生产前方的生产任务，而是要按照生产前方的需要，为生产前方提供保证正常生产的必要条件。因此，技术后方的建设和发展，必须适应生产前方的需要，保证技术后方同生产前方在人力、物力上，具有适当的比例。既不能脱离生产的实际需要，盲目地发展技术后方；也不能只顾生产前方的需要，削弱技术后方，或者放松技术后方本身的工作。

为了使工业企业的技术后方能够更好地为生产前方服务，工业企业应当把技术后方的工作组织好。为此，需要注意下面几个问题：

（一）根据前方坚强、后方充实的要求，合理地分配技术力量

工业企业在分配技术力量的时候，要从全局出发，统筹兼顾生产前方和技术后方的需要。应当为技术后方配备必要的具有比较高的技术理论水平和实际经验的技术人员和技术工人，并且要尽量地固定他们的工作。同时，工业企业还要根据实际需要，为技术后方，特别是技术检验部门、机修车间、工具车间和各种试验室、化验室，装备比较精密的机器设备、工具和仪器。这对于提高技术后方的服务质量，具有重要的意义。

工业企业在分配技术力量的时候，如果只片面地注意加强生产前方，而忽视加强技术后方，使技术后方的力量过分薄弱，那就必然会影响技术后方许多工作的正常进行。技术后方的工作做不好，生产前方也必然要受影响，生产就不可能顺利地进行。

（二）选择合理的技术工作程序，建立正常的技术工作秩序

技术后方的工作，包括的方面是很多的。无论是哪一个方面的工作本身，或者是各个方面的工作之间，都要按照一定的工作程序进行。例如，产品设计、新产品试制、工艺工作、合理化建议的处理，等等，都有各自的工作程序。各项技术工作之间也是一样，例如，没有产品的设计，就不能进行工艺设计；没有工艺设计，就不能进行工艺装备的设计和制造，等等。

有了上述各种技术工作程序，并且严格地按照程序办事，才能够保证

技术后方的工作有秩序地进行。

（三）加强对技术后方的领导

工业企业的领导干部，不仅要重视生产前方的工作，而且也要重视技术后方的工作，注意加强对技术后方的领导。要注意随着生产发展的需要，不断地从人力、物力上充实技术后方。总工程师应当深入地、具体地组织技术后方的各项工作，经常注意帮助这些部门解决工作中的疑难问题，以便使技术后方更好地为生产前方服务。

二　技术文件的管理

关于技术后方各部门的各项具体工作，本书都有专门的章节叙述。在这里，只是着重地谈谈技术文件管理的问题。这个问题，看起来是一项具体的管理工作，但是，它对于保证整个技术后方工作的顺利进行，起着重要的作用。往往由于对这项工作的疏忽，而引起部分生产工作，甚至整个生产工作的混乱。

工业企业中的技术文件，包括各种产品的设计图纸（或配方）、各种技术标准和技术规程、有关的技术档案、技术资料，等等。

对于工业企业技术文件管理工作的总的要求是：做好各种技术文件的登记、保管、复制、收发、注销和保密等工作，有条有理地管好这些技术文件，保证它们的准确和统一，保证及时对生产的供应，保证节省技术文件管理费用的支出。为了达到这个总的要求，工业企业在技术文件管理方面，要进行以下几项工作：

（一）集中技术文件修改的权力，建立修改技术文件的会签制度

工业企业现行的技术文件，是企业内各个有关部门和人员进行生产活动的共同的技术依据。因此，必须把技术文件的修改权力集中起来，建立严格的修改审批和会签制度。只有这样，才能保持技术文件的完整和统一。一般来说，哪一级、哪一部门制定的技术文件，还要由哪一级、哪一部门统一负责修改，其他车间和部门的职工，对于不合理的或者已经落后了的技术文件，有权并且有责任提出修改建议，但是不能自行修改。

负责修改技术文件的部门，在修改技术文件之前，要提出修改理由，请有关领导人员审批；在修改过程中，还要经有关部门的会签，以便有关

单位为实现新的技术文件准备条件，并且对其他有关的技术文件做相应的修改。

（二）建立和健全技术文件的管理机构

工业企业应当根据实际需要，建立技术文件的管理机构。厂部应当建立技术档案资料室，负责组织全厂技术文件的管理工作。有关科室和车间，应当设立本部门的技术资料组（员），负责收发、保管本单位使用的技术文件。

工业企业内部各级技术文件管理机构，都应当经常对职工进行有关爱护技术文件的宣传教育工作，保证技术文件的完整和统一。

（三）建立和健全技术文件的科学分类、保管、复制和回收等制度

建立和健全技术文件的科学分类方法和保管方法，是有条理地管理技术文件的重要条件。工业企业的各级技术文件管理机构，必须按照规定，对各种技术文件进行分类、编号，以便于保管和使用。

工业企业的技术文件，必须集中复制。企业的各个车间、科室需要技术文件的时候，都应当向厂部的技术资料室申请领用或者借用，不能自行复制。

在一种产品生产结束以后，厂部的技术资料室就要向有关的车间、科室，收回生产这种产品所用的全部技术文件；当技术文件由于修改、污损，不能继续使用的时候，使用单位也应当把旧文件退回技术资料室，申请换发新文件。

第五节　生产技术责任制

前面说过，现代工业企业，生产与技术是紧密地结合在一起的。因此，工业企业的技术责任制，往往同生产责任制是不可分割的。这里所说的就是生产技术责任制。

生产技术责任制，是加强工业企业技术管理，做好技术工作，使技术工作更好地为生产服务的重要手段。

工业企业生产技术工作的内容，是非常丰富和复杂的。这些技术工

作，环环相扣，紧密地联系在一起，如果其中某一个环节脱了节，就会给企业的生产技术工作带来不利的影响。为了防止技术工作中无人负责的现象产生，避免工作的脱节，工业企业必须实行严格的生产技术责任制，使一切生产技术工作都有专人负责，并且有人负总责。

工业企业的生产技术责任制，主要包括各级生产技术领导的责任制、职能部门的责任制和工人的生产岗位责任制。下面分别说一说这些责任制的主要内容。

一　生产技术领导责任制

生产技术领导责任制，是指工业企业中以总工程师为首的，各级生产技术领导的责任制。

总工程师，是工业企业生产技术的总负责人，一般来说，他是企业的第一副厂长。他在厂长的领导下，对企业的生产技术工作负全部责任，实行生产技术的统一领导，在一些没有条件设置总工程师的小型工业企业里，也应有专人主管企业的生产技术工作，在厂长的领导下，实行对生产技术工作的统一领导，或者由厂长直接领导这项工作。

总工程师（生产技术副厂长）的基本职责是什么呢？

第一，对从原料、材料进厂到成品出厂的全部生产和技术准备过程进行领导，保证全面地完成生产计划和各项技术经济指标；

第二，领导产品设计和科学技术实验研究工作；

第三，领导设备维修和安全技术工作；

第四，领导技术革新和对职工的技术教育工作；

第五，领导技术管理的其他工作。

为了很好地履行上述职责，总工程师根据生产的需要，有权临时指挥本企业生产技术系统以外的各个职能部门，调动有关人员，处理和解决生产上的迫切问题，在工业企业内，对工程技术人员的提拔、晋级、奖惩和调动，应当征求总工程师的意见。

根据工作需要，在总工程师领导下，可以设置副总工程师作为助手。在某些大的工业企业，也可以根据需要，分别设立总工艺师、总设计师、总冶炼师、总地质师等，领导各有关生产技术方面的具体工作，或者兼任有关生产技术部门的行政领导职务。

在工业企业里，在总工程师的统一领导下，实行分级的生产技术责任制。

总工程师在生产技术方面，直接领导各个车间。在车间内部，则由车间主任实行行政与生产技术的统一领导。在某些大的车间，也可以根据需要，配备生产技术副主任，或者按照专业，配备专职工程师、技术员或者技师，作为车间主任在生产技术方面的助手。

在连续生产的车间，还要设立值班主任或者值班长，负责组织和管理当班的生产技术工作。值班主任有权指挥当班生产，有权调动工人，处理生产中发生的问题，并有责任给下一班创造良好的生产条件。

在设有工段的车间里，车间主任直接领导工段。工段长负责本工段行政和生产技术的全面领导。在不设工段的车间里，车间主任直接领导小组，由小组长负责领导和组织全组工人，严格按照技术操作规程进行生产，保证完成班组作业计划及各项指标，组织工人参加小组管理的工作。

二　生产技术职能部门责任制

工业企业应当根据生产的需要，设立主管生产、技术、科学技术实验研究、安全技术、设备动力和技术检查等方面工作的职能部门。除了技术检查部门由厂长直接领导以外，其余都由总工程师直接领导。

这些职能部门，是总工程师处理日常生产技术工作的助手。总工程师应当加强对职能部门的领导，给他们应有的权力，充分发挥他们的作用。

下面，分别说一说这些职能部门的主要责任。

生产调度部门的总负责人或者生产长，是总工程师在生产管理工作上的助手，负责协助总工程师统一指挥全厂日常的生产活动。

设计、工艺和综合技术部门，要协助总工程师掌握和处理日常技术行政工作。负责制定企业有关技术工作的计划和技术措施；负责产品的设计和试制工作；制定工艺方案和工艺文件；制定各种消耗定额；管理产品技术标准和各种技术规程；管理技术资料和技术档案，收集国内外技术情报和组织技术交流、技术协作；负责技术革新的日常工作；并且做好企业的技术分析工作。

科学技术实验研究部门，应当围绕扩大产品品种，提高产品质量，创造新的生产流程，采用新技术、新工艺，改进装备，节约原料、材料，以及生产中其他重大技术问题，开展科学技术实验研究工作。企业的科学技术实验研究部门，还对技术检验工作负有技术指导的责任。

安全技术部门，负责企业安全生产和劳动保护工作。负责制定和贯彻执行安全技术规程和安全技术措施计划；经常向职工进行安全教育，随时制止违章作业；经常注意劳动保护，不断地改善劳动条件。

设备动力管理部门，负责制定有关机械动力设备的使用、保养、维修的规章制度；做好设备的计划检修和指导日常维护保养工作；领导企业的机修、电修部门，组织备品配件的生产和供应，保证设备的安全和正常运转；负责企业水、电、风、气等的生产和供应，合理地使用各种动力资源。设备动力管理人员，有责任向有关生产行政负责人，提出制止设备超负荷运转或者违章作业的意见。

技术检查部门，负责对于产品质量，以及对于技术标准、操作规程的执行情况，进行检查和监督，经常征求用户意见，加强质量分析工作，帮助生产部门采取措施，提高产品质量。技术检查人员，有责任向有关生产行政负责人，提出纠正工人违反操作规程的建议。遇有严重违反操作规程，大量产生废品的时候，技术检查和监督部门，有权停止生产，并立即报告总工程师处理。

三　生产岗位责任制

现代工业企业的生产，是成百、成千以及上万的人在一起共同进行的。生产中需要解决的问题，也是千头万绪的。一方面，如果组织得不好，分工不明，责任不清，就会使职工群众感到有劲没处使；另一方面，又会有大量需要解决的问题，却没有人管，没有人去解决。这是一个很大的矛盾。不解决这个矛盾，就不但不能充分地调动职工群众的积极性，而且会造成企业管理工作的混乱，妨碍生产的正常进行。

怎样才能解决这个矛盾呢？

最有效的办法，就是建立生产岗位责任制。生产岗位责任制，是工业企业责任制度的基础。建立起明确、具体的生产岗位责任制，才能够使企业的生产技术责任制落实到每个人，才能够把工业企业中成千上万的职工、成千上万件工作高度地组织起来，使整个工业企业像一架大的机器一样，协调而有节奏地进行工作。

生产岗位责任制度的核心是：从厂部到生产小组，直到每一个人，都要有明确的分工，有明确的职责。每个人都要有固定的生产岗位和工作岗位。工厂的每一台设备、每一种工具、每一份材料、每一个产品、每一件事情，都要有专人负责。由谁管哪一种工作，都要有具体的要求，都要有具体的责任。

生产岗位责任制，主要是生产工人的岗位责任制，同时也包括管理人员和技术人员的岗位责任制。关于管理人员和技术人员的岗位责任制，实际上是和生产技术领导责任制、生产管理部门的责任制结合在一起的。这里，只是着重地说一说工人的岗位责任制。

工人的岗位责任制，就是要明确每个工人在自己生产岗位上的具体职责，使每个人都知道自己应当做什么事情和应当负什么责任。具体地说，就是要使每个人都有固定的岗位，要明确地规定每个工人的工作内容、工作数量和质量要求，以及规定他们在设备、工具和原料、材料的维护和使用方面的责任，等等。

工人岗位责任制的具体内容，对于不同工作岗位的工人来说，是不相同的。但是，实行这种责任制的目的和要求，是共同的，这些要求是：(1) 服从计划调度；(2) 遵守操作规程、工艺纪律；(3) 爱护设备和工具，保持设备和工具经常处于良好状态；(4) 生产使用的原料、材料和工具摆放整齐，保持工作地的整洁；(5) 保证安全生产；(6) 做好交接班工作。

这些要求，包括了通常所说的"文明生产"的基本要求。实现了这些要求，就能够保证生产的顺利进行，保证生产效率不断地提高。

生产岗位责任制的制定，必须依靠直接参加生产的职工群众，总结生产实践经验。只有依靠成天和机器打交道的工人、技术人员和基层干部，制定出来的责任制度才能反映出实际生产中的固有的规律，才能具有科学性。

　　职工群众的政治责任心，是岗位责任制的灵魂。因此，不断地提高群众的政治觉悟和主人翁责任感，不断地同不负责任的现象作斗争，是贯彻执行岗位责任制的根本保证。应当依靠工人自觉地遵守制度，做到在黑夜同在白天干活一样，生产条件不好同生产条件好的情况下干活一样，领导不在场同在场的时候干活一样，没人检查同有人检查的时候干活一样，都能自觉地坚守岗位，认真地尽到自己的责任。只有坚持这种"四个一样"的革命作风，岗位责任制才能持久地坚持执行。

　　熟练的技术，是执行岗位责任制的技术基础。如果工人的岗位基本功差，岗位技术不"过硬"，只会凑合着用机器设备，出了问题不知道怎么处理，那么，岗位责任制也就无法贯彻执行。因此，在执行岗位责任制的过程中，要不断地提高工人的技术水平，使大家都能掌握基本功。

　　上面说的各种生产技术责任制，都是同经济责任制分不开的，工业企业的生产技术干部和工人，对完成各项技术经济指标负有重要的责任。企业在进行一切技术工作的时候，都必须考虑经济效果。企业中的任何一项技术工作、技术措施，不但要有技术上的先进性，而且要有效地提高企业的经济效果。

第十一章
社会主义工业企业的技术准备工作

社会主义工业企业为了顺利地进行日常的生产活动，为了增加新产品、改进老产品、采用新技术，需要在技术方面，进行一系列的准备工作。这些准备工作的内容非常广泛，包括设备和工具的准备、技术工人的准备、原料和材料的准备、设计和工艺的准备，等等。不做好这些准备工作，生产就不能正常地进行。

在这一章里，要讨论的技术准备工作，主要是指同设计、工艺工作有关的一些技术准备的组织工作。分下面六节来说明：

一、技术准备工作的内容；

二、设计准备工作；

三、工艺准备工作；

四、新产品的试制工作；

五、日常工艺管理工作；

六、技术准备的计划工作。

第一节　技术准备工作的内容

技术准备工作，是每一个工业企业都必须做的。但是，由于不同行业的工业企业，生产技术特点各不相同，它们的技术准备工作的内容，也就不完全相同。

机械工业企业的技术准备工作，一般比较复杂，并且在加工工业中有比较广泛的代表性。所以，这里着重地说一说机械工业企业的技术准备工作。它的具体内容主要有以下几个方面：

一　产品设计

产品设计，是技术准备工作中很重要的一项工作。产品技术标准中规定的各项要求，都要通过产品设计反映出来。在产品的设计中，要规定产品的用途和性能；确定产品的结构、形式，以及零件的形状、尺寸、重量和加工要求；确定产品所需原料、材料和外购半成品的名称和规格，等等。这些内容，都要通过产品的图纸、技术条件说明书、各种明细表和其他技术文件表现出来。这些文件，是组织工业产品生产的技术依据。

二　工艺过程设计

工艺过程设计，是以产品设计为依据的。在工艺过程设计中，要拟订出产品及其组成部分的加工方法和操作方法；规定加工所用的机器设备和工艺装备；规定检验产品质量的方法和使用的检验工具；制定工时、材料、燃料、动力和工具的消耗定额，等等。工艺设计的这些内容，包括在工艺方案以及工艺规程、工艺守则、工艺装备明细表等工艺文件中。同产品设计文件一样，工艺文件也是组织工业产品生产的重要技术依据。

三　工艺装备的设计和制造

工艺装备，是刃具、量具、夹具、模具、模型和其他工具的总称。它们都是保证贯彻执行工艺规程，保证产品和零件制造质量和提高劳动生产率的物质条件。这些工艺装备，按照使用范围的不同，可以分为通用（标准）的和专用的两种。凡是通用的工艺装备，在一般的情况下，都从厂外购入；专用的工艺装备，则大都由企业自己组织设计和制造。

四　产品的试制鉴定，产品设计和工艺设计的调整和修改

产品的试制和鉴定，主要是为了验证产品设计和工艺设计工作的质量。通过试制和鉴定，能够考验所设计的图纸、工艺规程和工艺装备是否完备，是否经济合理，并且能够发现缺陷，及时进行修改和调整。

上面，通过机械行业，说明了技术准备工作的一般内容。一般来说，

其他加工工业企业的技术准备工作，也都包括上述四个方面的内容，不过它们的表现形式同机械工业有所不同。例如，冶金、化工等工业产品的设计，主要表现为产品的配方。对于这些差别，这里就不详细地说明了。

采掘工业，由于它的工艺过程同加工工业有很大的不同，因而技术准备工作的内容，同加工工业也有很大的区别。采掘工业企业的技术准备工作，一般是指为准备新的采区和准备新的采掘工作面而进行的一系列的技术准备工作。例如，地质和藏量的勘测、开拓方式的设计、采掘程序和开采方法的拟订，等等。

上述各项技术准备工作，是工业企业生产过程中不可缺少的生产技术活动，是工业企业进行劳动力准备、设备和其他物资准备工作的前提和依据。进行这些工作的目的，概括地说，主要有以下几个方面：

（一）保证按期完成出产新产品和改进老产品的计划任务，不断地增加产品品种，提高产品质量、增加产品产量

工业企业要实现增加产品品种、改进产品质量、增加产品产量的计划任务，必须进行许许多多的工作，首先是要做好设计和工艺方面的技术准备工作。不做好这些工作，就不能使试制的新产品和改进的老产品，按期投入正常生产。因此，保证按期完成出产新产品和改进老产品的计划任务，不断地增加产品品种，改进产品质量，增加产品产量，是技术准备工作的首要任务。

实现这个任务，需要在日常工作中，正确地处理新、老产品的关系，正确地处理生产同技术准备工作的关系。应当在抓好当前生产的同时，抓好技术准备工作。否则，就不能保证全面地完成发展产品品种，改进产品质量和增加产品产量的任务。

（二）保证不断地提高工业企业的技术水平

工业企业的技术准备工作，同充分地利用企业的现有技术基础和提高企业的技术水平，是密切相关的。在工业企业里，一切新技术的采用和推广，都必须从技术准备的环节开始，首先必须把新的技术成就纳入产品的设计和工艺规程，进而才能够贯彻到整个产品的生产过程中去。因此，保证不断地提高企业的技术水平，也是技术准备工作的一项重要任务。

　　为了实现这项任务，使技术准备工作成为利用工业企业现有技术潜力和推动企业提高技术水平的有力工具，在进行技术准备工作的时候，必须尽量地运用国内外先进的科学技术成就，总结群众的先进经验，注意吸取群众的合理化建议和革新创造的成果。在工作中，要坚持尊重科学、破除迷信、解放思想的原则，勤于学习，敢于独创。只有这样，才能促使企业技术水平迅速地提高。

　　（三）保证新、老产品的制造经济合理，使企业获得良好的经济效果

　　技术准备工作同改善企业经济效果的关系，是很直接的。产品设计中决定了的产品结构，直接关系着制造产品的原料、材料消耗和工时消耗；先进工艺方法的推广和高效率工艺装备的使用，也会使工时、原料、材料和其他动力资源的消耗量降低。因此，保证工业企业获得良好的经济效果，是技术准备工作的又一项重要的任务。

　　为了使技术准备工作成为改善企业经济效果的有效工具，就要求从事技术准备工作的所有人员都懂得，在工业生产活动中，技术同经济是不可分割的，技术要为经济服务。要求每个技术工作人员，都树立起经济核算的观点，注意在技术准备工作中进行经济上的分析和比较，讲求经济效果。

第二节　设计准备工作

　　生产任何一种新产品，或者改进任何一种老产品，都要进行产品设计。产品设计，是生产技术准备工作的第一步，是其他各项技术准备工作的依据，是决定产品质量，决定某种产品的生产是否经济的第一个重要环节。要生产一种质量好、成本低的新产品，首先要有一个好的产品设计。

一　对产品设计的要求

　　一个好的产品设计，应当符合多方面的要求。这些要求，有的是从使用角度提出来的，有的是从制造角度提出来的，有的是从经济角度提出来的，有的是从技术角度提出来的。主要的，有以下几个方面。

（一）要保证产品质量，使设计出的产品能够很好地满足使用者的要求

我们设计和生产任何一种工业产品，都是为了满足生产建设和城乡人民生活的需要。所以，产品设计，必须保证产品符合经济、实用、安全、美观等使用上的要求。其中，特别重要的是要保证产品具有良好的性能，在使用过程中，能够节省人力和物力的消耗，带来良好的经济效果，保证产品优质耐用。用做劳动手段的工业产品，还应当给使用者创造良好的劳动条件，保证安全，使用简单、方便，易于掌握。

（二）要保证所设计的产品，在制造上具有良好的经济效果

在设计一种产品的时候，不但要考虑使用时的经济效果，同时，还要考虑制造的方便和制造时的经济效果，保证能够以最少的消耗，以最短的试制周期，制造出新的产品。

我们知道，使用的经济效果同制造的经济效果之间，往往是有矛盾的。在进行产品设计的过程中，要正确地处理这两者的关系，兼顾制造和使用两个方面的要求，不能顾此失彼。如果不顾使用方便，不适当地简化产品结构，片面地追求制造的经济效果，以致使产品质量下降，造成使用中长期的浪费，这当然是错误的。反之，如果片面地强调使用的经济效果，不适当地提高产品加工精度的要求，以致使产品结构过于复杂，制造成本过于昂贵，那也是不对的。为了避免上述两种片面性，就需要在设计工作中，做细致的经济技术分析，把使用过程中的节约同制造过程中的节约进行比较，决定取舍，力求在保证产品质量的前提下，提高产品制造的经济效果。

要实现上述要求，设计人员必须有广博的知识，有比较高的技术水平和比较丰富的实际工作经验，有必要的经济知识，并且，要熟悉产品的使用要求。除此以外，还应当在设计工作中，特别注意下面几个问题：

第一，从实际出发，根据国民经济当前的和长远的需要，根据我国经济条件和自然条件的特点，来进行产品设计。

工业企业在设计和试制新产品的时候，首先要以国家规定的发展新品种的任务为依据。国家需要什么样的产品，企业就应当尽可能地设计和生

产什么样的产品。

同时，还要从我国自然资源情况和特点出发，从我国制造技术的状况出发，充分地利用我国的自然资源条件，充分地发挥我国制造技术的特长。只有从国家需要和可能的条件出发，把两者正确地结合起来，才能提出符合要求、切实可行的产品设计方案。

第二，实行产品系列化。产品系列化，是正确处理使用经济效果和制造经济效果的关系的重要途径之一。

产品系列化，是指在同一类产品中，根据使用的需要，考虑到一定的经济要求和制造力量，按照一定的规律，把产品安排为若干个不同的尺寸、形状、容量和成分的品种。例如，对容量在100千瓦以下的普通交流电机，安排为100千瓦、75千瓦、55千瓦等若干个品种，这就构成了这类产品的系列。

实行产品系列化，可以减少同类产品不同品种和规格的数目，既可以适应社会对同类产品多品种、多规格的需要，又便于产品的设计和制造，简化制造企业的生产和技术管理工作。

第三，进行深入细致的调查研究。

首先，必须对我国国民经济的需要和可能，做深入的、系统的调查研究，把社会对产品的使用要求和使用条件了解得清清楚楚，把我国的自然资源情况、技术情况了解得清清楚楚。只有把需要和可能都切实地了解清楚，才能设计出符合需要、经济实用的新产品。

其次，还应当加强对世界先进技术成就的调查研究，尽一切可能，吸取世界先进的技术成果，避免使用已经过了时的，或者即将过时的技术，保证新产品在相当长的时期内，具有比较先进的技术水平。

吸取世界先进技术成果，不能生搬硬套。必须把学习和独创结合起来，把仿制和自行设计结合起来。从仿制入手，可以使我们在设计力量不足的条件下，在比较短的时间内，掌握最新的技术成就和吸取别人已有的经验，加速设计工作，尽快地满足生产的需要。在需要仿制，并且可以仿制的时候，不去仿制，一切都想从头搞起，那是不对的。但是，别国的产品，同我国的自然条件、经济条件和技术条件，总不会是完全吻合的。所以，一成不变地照搬照抄，仅仅满足于仿制，也是不对的。应当在基本上掌握了产品的设计要求和必要的资料、数据以后，积极地对国外设计进行改进，或者自行设计，努力创制出符合我国自然条件和经济发展水平的新产品，以便迅速地迎头赶上世界先进的技术水平。

最后，实现上述各项要求，还必须坚持执行设计工作的程序，建立和健全设计机构和设计工作责任制度，等等。下面，分别说一说设计程序、设计机构和责任制度问题。

二　产品设计工作程序

按照正确的程序进行新产品的设计，对于保证和提高设计工作质量，合理地使用设计力量，具有重要的作用。

新产品的设计，一般应当按照怎样的程序进行呢？

新产品的设计工作，一般分为设计任务书（设计建议书）、技术设计和工作图设计三个阶段。特别复杂的和重要的产品，可以分为设计任务书（设计建议书）、初步设计、技术设计和工作图设计四个阶段。现在，以机械工业产品的设计为例，分别地说一说上述四个阶段的具体内容。

（一）设计任务书

设计任务书的主要内容是：

（1）确定新产品的用途和使用要求，提出设计和制造这种产品的理由和根据，并且同国内外同类型的产品进行比较。

（2）确定设计的基本原则，确定产品的尺寸、精度、工作条件、重量、生产能力等基本参数，确定产品传动部分和工作部分的形式和基本结构，并且说明产品的构造原理，附以必要的简图。

（3）列出新产品的概略的技术经济指标。

通用的新产品，由设计单位自行编制设计任务书。专用的新产品，由使用单位按照使用的要求，提出订货技术任务书，在此基础上，产品设计单位提出相应的设计建议书。

编制设计任务书的主要目的，是要明确设计和制造这种新产品的理由，正确地解决新产品的选型问题，并且要确定产品的基本结构，作为下一阶段设计工作的依据。

（二）初步设计

初步设计是根据设计任务书来编制的，是设计任务书中各项规定的具体化。进行初步设计的主要目的，是为实现设计任务书中所规定的要求，提供技术依据，分析技术上的可能性，并且寻求最先进合理的方案。因此，需要拟订几个在结构上有原则区别的方案，并从中选择一个最好的方案。

初步设计并不是所有的新产品都要编制的。一般只是那些需要量大并且特别复杂的产品，才编制初步设计。

初步设计包括的内容是：（1）初步总图，规定着产品的结构、轮廓尺寸和部件位置。（2）主要机构和部件草图，表明它的作用原理和主要尺寸。（3）产品的工作原理图解和说明。（4）产品中特殊配套零件、部件和外购件明细表，等等。

（三）技术设计

技术设计是在初步设计的基础上编制的，一般只编一个方案。这一设计阶段，是产品基本定型的阶段，是确定产品、主要部件和最重要的零件的结构的阶段。一般来说，它包括的内容是：（1）产品总图、部件装配图和主要零件图。（2）产品的详细技术规格。（3）传动系统、电气系统图。（4）设计说明书，包括各种计算数据和技术经济指标，等等。（5）产品制造、验收和交货的技术条件。（6）设计中采用的新结构、新原理的试验记录和结论。（7）产品的附件、备件、工具和所需特殊材料的明细表。

（四）工作图设计

工作图设计是在技术设计的基础上编制的。工作图设计的主要任务，是提供试制所需要的全套图纸、有关制造和使用所需要的技术文件和各种明细表。它包括的内容是：（1）总图、部件图和零件图。（2）各种零、部件明细表。（3）产品包装、安装图和说明，使用维护说明书，产品证明书和产品样本，等等。

上述四个阶段，是按顺序进行的。必须在基本上做好前一阶段的设计工作以后，再进行后一阶段的设计工作。这是设计工作逐步深入、逐步具体化的过程。只有按照这样的程序进行设计，才能保证设计工作顺利地进行，防止走弯路和返工浪费。

上面说的，是新产品设计工作必须遵守的一般程序，以及这个程序所包含的内容。虽然许多结构简单的产品，可以不做初步设计，但初步设计的基本内容，却不可以去掉，而应当分别地并入技术任务书和技术设计当中去。

三 设计工作的组织机构和责任制度

在工业企业里，必须有专业的设计人员和机构，才能有效地进行产品的设计工作。在大型企业里，一般设有设计科，在中小型企业里，可以在技术科（组）里设立设计组（员）。

设计人员必须有明确的分工，建立明确的责任制度。例如，可以按照不同产品（或部件）来建立专业设计组，按工作性质建立描图、技术资料等专业组。在具体设计任何一种产品的时候，都要指定主任设计师，具体负责组织有关人员进行这种产品的设计工作，并且对这种产品的设计质量全面负责。对老产品的改进，也要有专人负责。

设计人员在工作中，必须走群众路线，采用"三结合"的工作方法。除了应当实行一般所说的领导干部、技术人员和工人的"三结合"以外，对设计工作来说，还要注意实行设计部门、制造部门和使用部门的"三结合"，设计人员、工艺人员和生产人员的"三结合"，以及工厂、学校和研究单位的"三结合"。这些"三结合"的形式，各有不同的运用条件，例如，在着重解决制造经济效果问题的时候，需要特别注意同制造部门的结合；在着重解决使用经济效果问题的时候，需要特别注意同使用部门的结合，等等。通过这些"三结合"的形式，能够更好地集思广益，把各个方面的要求和意见集中起来，促进设计工作质量的提高。

第三节 工艺准备工作

工艺准备工作，是实现产品设计中所规定的各项要求，保证产品质量，决定产品制造经济效果的另一个重要环节。

工业产品的设计，主要是告诉人们打算生产一种什么样的产品。至于应当采用怎样的设备、工具，按照怎样的加工顺序和方法，来生产这种产品，是工业产品设计所不能解决的问题。这个问题，需要通过工业企业的工艺准备工作来正确地解决。

一　工艺准备工作的内容

工业企业的工艺准备工作，概括地说，包括下面一些内容：

（一）产品设计图纸的工艺性分析和审查

产品设计图纸的工艺性分析和审查，是在产品设计的过程中进行的一项工艺准备工作。这种分析和审查的目的，是根据工艺技术上的要求，来评定产品设计是否合理，是否能够保证企业在制造这种产品的时候，获得良好的经济效果。

工业企业生产活动的经济效果，是和生产每一件产品、每一个零件时的人力、物力消耗分不开的。因此，对于每一件产品或者零件、部件的图纸进行工艺上的分析和审查，是十分必要的。企业所有的设计图纸，都必须经过工艺分析和审查以后，才能作为工艺设计工作的依据，才能交付生产车间使用。

（二）工艺方案的拟订

工艺方案，是新产品试制工作中，进行工艺设计的纲，是进行工艺设计工作的指导性文件。

生产一种产品，往往可以采用几种不同的工艺方法，有几种不同的方案，对这些不同的方案，要经过比较和选择，确定一个最经济、最合理的方案。

工艺方案，是在设计出产品的总图以后，在具体进行工艺设计以前拟定的。在工艺方案中，要对新产品的关键问题，以及进行工艺准备时需要特别注意的原则问题，做出明确的规定，以便遵循这些原则，正确而有效地进行工艺设计工作。

（三）工艺技术文件的编制

工艺技术文件，主要是指工艺规程、工艺守则、劳动定额表、材料和工具定额表，以及其他表格卡片，等等。在这些工艺文件当中，最主要的和最基本的是工艺规程。

（四）工艺装备的设计和制造

前面说过，专用的工艺装备，一般需要工业企业自己制造。制造工艺装备，也需要进行设计。

工艺装备的设计，是按照工艺规程的要求进行的。在编制工艺规程的过程中，主任工艺师和负责制定各项工艺规程的工艺员，要会同生产车间，提出工艺装备的设计任务书。然后，再由工艺装备的设计人员，根据设计任务书进行设计。设计完以后，还要经过制造和使用车间的审查会签。

工艺装备的制造，主要是由工具车间负责的。在设计完毕以后，要开列清单，注明工艺装备的名称和使用这件工艺装备的产品、零件的名称，注明出图日期和工艺装备需要使用的日期，等等，交工具科，作为安排生产的依据。

上面说的是工业企业工艺准备工作的主要内容。工业企业在进行这些工作的时候，应当按照下面的要求去做：（1）保证和提高产品质量。（2）切合企业的实际情况，保证合理地使用机器设备，充分地利用生产能力。（3）节约工时、原料、材料、工具、动力和燃料的消耗，促进劳动生产率的提高。（4）促进和提高企业生产机械化、自动化水平，改善劳动条件，保证工人和设备的安全。

这里，对于上述工艺准备工作的各项内容，不准备做全面的讨论，只着重地说一说其中比较重要的一个问题——工艺规程的制定问题。

二 工艺规程的制定

工艺规程，是一项重要的工艺技术文件，它反映了产品工艺过程设计的主要内容。工艺规程是指导产品加工和工人操作的技术文件，是交流和总结制造和操作经验的一种重要手段。同时，它也是工业企业安排计划、生产调度、技术检查、劳动组织和材料供应等工作的重要技术依据。

工艺规程所采用的主要形式是：

（一）路线工艺

路线工艺，是规定加工对象在生产过程中的加工路线的工艺规程。路线工艺有两种形式：

1. 工艺过程卡片（或称工艺路线卡片）

工艺过程卡片，是按产品的每种零件编制的。在工艺过程卡片中，规定着加工对象在整个制造过程中所要经过的路线，列出这种零件经过的各个车间、各道工序的名称，所使用的设备和工艺装备，等等。这是一种最简单、最基本的工艺规程。

2. 工艺卡片

工艺卡片，是按加工对象的每一个工艺阶段编制的一种路线工艺。在工艺卡片中，规定着加工对象在制造过程中，在一个车间（工艺阶段）内要经过的各道工序，并且规定各道工序所用的设备、工艺装备和加工规范。它的作用是，用来指导有关车间的生产活动。

（二）工序工艺

工序工艺，是具体指导各道工序操作的工艺规程。它所采取的形式，一般是工序卡片（或称操作卡片）。

工序卡片，是按产品或者零件的每一道工序编制的。在工序卡片中，规定着这一道工序的详细操作。它的作用，是对生产工人的操作，进行具体的指导。

工艺过程卡片、工艺卡片和工序卡片，在内容的详细程度上，是有区别的。在运用的时候，应当根据不同产品的特点和要求来选择。例如，对于那些批量比较小的产品和零件，就不需要规定详细的工艺规程，在这种情形下，除了重要的零件和关键的工序，需要制定工序卡片以外，一般都只编制工艺过程卡片和工艺卡片；对于那些生产批量比较大的产品和零件，则需要比较详细地编制工艺卡片和工序卡片。除了批量的大小以外，产品的重要程度和复杂程度，工人的技术水平，工厂的技术状况，等等，也都会影响到制定工艺规程的详细程度。

工艺规程是根据工艺方案和其他一些技术资料编制的。这些技术资料主要是：（1）产品图纸（配方）和技术标准。（2）本企业的机器设备的明细表。（3）本企业的生产计划和投入批量计划。（4）工人技术等级。（5）原料、材料供应情况。（6）新技术、新工艺推广项目和试验鉴定的结果。（7）本企业已经达到的和计划达到的各项技术经济指标。（8）其他有关的技术文件。

对产品工艺规程的制定工作，也有一系列的要求。这些要求是：

1. 保证产品工艺的统一性

产品工艺的统一性，就是要求每一个产品，从投入原料、材料到加工完毕的整个过程，都由统一的工艺来保证，生产的各个阶段、各个工序采用的工艺方法，都必须符合统一的工艺要求。只有这样，才能保证产品的质量，降低产品的成本。

为了保证实现工艺统一性的要求，工艺工作的主要权利，应当集中在厂级，由厂级的工艺科（组）制订工艺方案，设计工艺路线，制定和修订关键零件和主要工序的工艺规程，以便避免各种工艺阶段之间、各道工序之间互不协调和互不衔接的现象产生。同时，在厂部的集中统一领导下，对于那些属于车间范围内的工艺工作，也要给车间一定的灵活性，以发挥车间管理的积极性。

2. 保证工艺先进合理，以便取得更好的经济效果

工业企业在制定工艺规程的时候，应当尽可能地采用先进的工艺。采用先进的工艺方法、机器设备和工艺装备，能够促进生产效率的提高。但是，先进工艺的采用是有条件的。同样一种工艺方法，同样先进的技术装备，在不同条件下运用，往往会带来不同的效果。例如，模锻和精密铸造，是先进的毛坯制造方法，生产效率一般比较高，可是，只有在生产产品的批量比较大的条件下，它的优点才能够充分地发挥出来，如果在生产产品批量比较小的条件下，采用这种工艺方法，就不如采用自由锻造和翻砂铸造更经济、更合理。因此，工业企业在制定工艺规程的时候，不仅要考虑工艺技术的先进，并且应当从本企业的实际出发，进行具体的分析和比较，制定先进、合理、切实可行的工艺规程。

要实现这个要求，必须采用"三结合"的方法，在充分发动群众和总结群众先进经验的基础上，把行之有效的、经过科学实验鉴定的先进经验和合理化建议纳入规程。与此同时，还必须具体地考虑到车间、小组的实际条件，特别是要考虑生产批量、工人的技术水平和操作习惯、设备条

件，等等。只有既从实际条件出发，又能及时地把先进技术纳入规程，才能保证工艺规程先进合理，具有现实性。

3. 保证不断地提高工艺设计工作的效率，降低工艺工作的费用支出

制定产品工艺规程，需要耗用许多人力和物力，特别是在新品种比较多的加工工业企业中，制定工艺的工作量就更大，使用的人力和物力也就更多。例如，一台机械产品，由成百成千个零件组成，如果一个企业生产几十个品种，需要制定工艺的零件，就数以万计，不采取适当的措施，企业的工艺人员，即使成天埋头编制工艺规程，也应付不过来。因此，工业企业应当努力提高工艺工作效率，降低工艺工作的开支。为了达到这个要求，工艺过程的典型化，具有重要的意义。

工艺过程典型化，就是在对零件进行分类的基础上，为同类型零件编制通用的工艺规程。

实现工艺过程的典型化，可以提高工艺设计的质量；可以减少工艺工作量，缩短工艺准备周期和降低工艺准备的费用；可以简化工艺文件。

工艺过程典型化，不仅局限于一个企业的范围之内，企业内行之有效的典型工艺，也可以在同类企业内推广。在社会主义条件下，工艺过程典型化，在推广先进经验和提高产品质量方面，有很大的作用。

工业企业的工艺工作，需要有专门的人员和机构进行。关于工业企业工艺工作的组织机构和责任制度问题，在本章第五节里，再做讨论。

第四节　新产品的试制工作

工业企业试制和生产新产品，必须按照一定的程序，这个程序一般是：（1）研究、试验；（2）设计；（3）试制、鉴定、定型；（4）小批生产、成批生产。

这是新产品试制和生产应当遵守的总的工作程序。在这一节里，着重地说一说试制、鉴定和定型方面的问题。

任何一种新产品，在完成产品设计和工艺准备工作以后，都必须经过试制和鉴定，鉴定定型以后，才能正式投入生产。

必须这样做是因为，产品设计和工艺设计，最初都只是停留在纸面上的一种设想，必须经过实践的考验，才能够判明它们是否正确。正像毛泽东同志在《实践论》一书中所教导的那样：判定认识或理论之是否真理，不是依主观上觉得如何而定，而是依客观上社会实践的结果如何而定。真理的标准只能是社会的实践①。新产品之所以要经过试验和鉴定的阶段，正是要通过实践来检验设计和工艺工作的质量，发现产品设计和工艺设计中存在的问题，及时加以解决，使设计和工艺的质量符合要求。如果不经过这个阶段，就贸然地投入生产，往往会由于设计和工艺中的缺陷没有被及时地消除，而保证不了产品的质量，造成人力、物力的浪费。

试制和鉴定工作，是分阶段进行的。生产批量比较大的产品，一般分为样品试制和小批试制两个阶段。

一　样品试制

样品试制的目的，是通过一件或者少数几件样品的试制，来检验和校正产品的设计。

为了便于通过试制来改进产品的设计，在试制过程中，应当加强原始记录工作，把设计中存在的问题、缺陷和处理经过，详细地记录下来，作为进一步改进设计的依据。

样品试制完毕以后，企业要组织有关单位和人员进行鉴定。某些由上级行政主管机关掌握的新产品，在企业鉴定以后，还要请上级行政主管机关进行鉴定。

鉴定工作必须走群众路线，运用"三结合"的方法组成鉴定委员会，负责对试制的产品进行鉴定。鉴定委员会的成员，应当包括制造、使用、科学研究等部门和上级行政主管机关的代表。就工业企业参加的人员来说，应当包括有关领导干部，设计、工艺、生产、检验等方面的人员和生产工人的代表。

在进行鉴定之前，应当预先做好准备工作。首先是要做好试车工作，通过一段时间的试车，才能透彻地掌握新产品的性能，发现质量方面存在

---

① 毛泽东：《实践论》，《毛泽东选集》第一卷，人民出版社1952年第2版，第273页。

的问题，为做出正确的鉴定打好基础。其次还要准备好有关的技术文件。例如，应当准备好：（1）产品技术标准；（2）各种设计文件、图纸和已有的工艺文件；（3）试制鉴定大纲，它的内容主要有：检验的程序、项目、方法和所用的检验工具，等等；（4）试制过程的原始记录。

经过鉴定，要对新产品从技术上、经济上做出全面评价，编写出样品鉴定书，提出是否可以转入小批试制的意见。

由于样品试制主要是考验产品设计的质量，所以在样品试制阶段，工艺准备应当力求简化，不要等到把全部工艺准备工作完成以后，再去试制，以免由于产品设计的修改，造成工艺工作的大量返工。

二　小批试制

小批试制，是在样品试制的基础上进行的。进行小批试制的目的，是通过投入小批产品，来试验和调整所设计的工艺规程和工艺装备，并且进一步对产品图纸进行工艺性审查和做必要的校正。

小批试制的过程，往往也是试生产的过程，是帮助生产工人熟悉图纸、工艺规程、工艺装备的过程。因此，它是正式进行成批生产的必要的准备阶段。正因为这样，小批试制必须在全部工艺准备工作结束以后进行，并且一般只能在担负该种产品生产任务的生产车间里进行，而不能像样品试制那样，在试制车间或者试制工段里进行。

小批试制以后，还要进行鉴定。由鉴定委员会编制鉴定书，提出是否可以转入正式生产的意见，并提出消除产品设计和工艺设计缺陷的措施，报上级行政主管机关批准。经批准后，由上级行政主管机关发给正式生产的许可证，然后再正式投入生产。

许多产品在经过小批试制以后，一般还不能最后定型，还要小批地生产一段时间，并且把小批生产出来的产品，组织试用，在使用中进行考验，进一步发现缺陷，并加以改进，最后再定型生产。

前面说过，小批试制必须在样品试制的基础上进行。但是，在某些情况下，两个阶段也可以合并。例如，在采用标准设计或者采用外来定型图纸的时候，可以将样品试制和小批试制合并在一个阶段里进行；在企业已经掌握了同系列的产品的基本制造工艺的时候，也可以不进行小批试制，在样品试制以后，直接投入生产。

新产品的试制工作，需要占用一定的设备和人力。所以，试制工作同日常生产任务往往会发生矛盾。为了正确地处理这种矛盾，使试制和生产任务都能顺利地完成，工业企业应当根据需要和可能，建立试制车间（工段），或者在生产计划的安排上，留出一定的能力。

在考虑是否需要建立试制车间或者试制工段的时候，应当从本企业的具体情况出发，充分地考虑企业产品和工艺上的特点、新产品的品种和数量、试制工作量的大小，等等。

一般来说，在那些生产的品种很多、批量很小的企业里，由于各个车间生产的品种变化比较多，在这样的车间里，进行一些新产品的试制工作，对于日常生产的影响不大，所以可以不设立专门的试制车间。在多品种的成批生产的企业里，由于新产品试制的任务比较重，老产品也是一批批地进行轮番生产，如果在那些生产老产品的车间里，插进去许多试制任务，就容易打乱原有产品的生产，所以在这样的企业里，应当尽可能地建立专门的试制车间或者试制工段。

第五节　日常工艺管理工作

在日常生产活动中，工业企业需要进行大量的工艺管理工作。如果不进行这些日常的工艺管理工作，产品的设计和工艺文件，就不能为工人群众所掌握，不能及时地总结和推广先进经验，不能对生产起到应有的指导作用。因此，在这一节里，需要进一步说一说工业企业日常工艺管理方面的有关问题。

一　日常工艺管理工作的内容

进行日常工艺管理工作的目的，是贯彻执行工艺文件，在实践过程中，使这些工艺文件不断地充实和完善。为此，必须注意做好下面几项工作。

（一）组织职工群众学习和掌握工艺规程，进行遵守工艺纪律的宣传教育工作组织生产工人学习工艺规程和掌握操作方法，使他们的生产技能适应工艺规程的要求，这是贯彻执行工艺规程的重要一环。

一切工艺规程，都是要工人群众去执行的。如果生产工人不了解工艺规程的要求，或者自己的操作技术同工艺规程的要求不相适应，那么，无论工艺规程定得多么好，也无法得到贯彻执行。

工人群众在掌握了工艺文件的各项要求以后，能不能认真地按照这些要求去做，能不能自觉地遵守工艺纪律，也是贯彻执行工艺规程的重要环节。因此，在贯彻执行工艺规程的过程中，必须认真地贯彻执行工艺纪律，就是说，要教育工人严格地依照规定的工艺规程和其他技术文件进行操作。

（二）对老产品的工艺进行整顿和改进

新产品的工艺，一般来说，应当是比较先进的。老产品的工艺，是过去制定的，随着科学技术的进步、职工群众操作经验的积累和技术革新创造的出现，对这些老产品的工艺，需要不断地补充和改进。

整顿和改进老产品的工艺，就是要把新技术、新经验纳入规程，不断地解决老产品工艺规程中存在的问题和执行中发生的问题。例如，对于没有工艺文件的老产品，可以从总结车间现用的工艺方法和工艺装备着手，汇集群众的操作经验，整理提高，编制成正式的工艺规程。如果所用的工艺方法不统一，可以采用取长补短、相互补充的办法，研究和订出一个比较合理、比较成熟的工艺方法。老产品的工艺装备，也需要定期整顿，对精度、质量不合要求的，要及时地进行修理，数量不足的，要进行补充。对于那些没有很好地贯彻执行的工艺规程，要从调查研究着手，分析不能很好执行的原因。如果是因为工艺规程本身有问题，就要重新研究和修订。

为了既能将先进的科学技术成就和群众的革新创造及时地纳入规程，又能保持工艺规程的稳定性，需要规定定期修改工艺规程的制度。例如，在轮番生产产品的机械厂中，可以结合某种产品投入生产和结束下场的时机，集中地进行整顿和修改。这就可以把总结经验同整顿工艺的工作结合起来，并且可以给生产组织工作带来不少方便。

除了应当定期地修改工艺规程以外，在遇到产品标准、设备、原料、材料有了重大变化的时候，或者出现了先进经验和重大的技术革新成果应予推广的时候，也应当根据需要，及时进行修改。

（三）进行工艺技术分析工作

工艺技术分析，就是要在工艺规程的贯彻执行过程中，对各项技术经济指标进行分析。通过这种分析，可以全面评价现行工艺的经济效果，以便有的放矢地对工艺规程进行修订和调整。

二　工艺工作的管理机构和责任制度

工业企业的各项工艺准备工作和日常工艺管理工作，都需要有专门的人员和机构经常地进行。在规模比较大的工业企业里，一般设有工艺科，负责全厂工艺准备的计划和组织工作，在中小型企业里，可以在技术科里设立工艺组（员）。

工业企业具体进行各项工艺准备工作的，除了工艺科以外，还有锻冶科、工具科、工具车间，等等。

大的车间一般设有工艺组（员）。车间工艺组（员）主要是进行日常的工艺管理工作，同时，负责一部分车间内部的工艺的制定工作。

工业企业工艺工作人员必须有明确的分工，建立明确的责任制度。工艺工作人员在进行工作的时候，要善于走群众路线，经常倾听老工人和生产小组工人管理员的意见，发现问题，及时加以研究和处理。这样，就能使工艺工作具有广泛的群众基础，从而便于工艺规程的贯彻执行。

第六节　技术准备的计划工作

工业企业的技术准备工作，是由许多科室和车间共同完成的。为了把这些科室和车间分担的技术准备工作统一地组织起来，挖掘技术准备工作的潜力，工业企业必须编制技术准备工作计划。

技术准备工作计划同生产计划是密切联系的。它要以生产计划为依据，同生产计划中有关生产新产品和改进老产品的任务紧密衔接，保证这些任务的完成。

同生产计划相比，技术准备工作的计划在内容上和编制方法上，都有某些特点，因此，需要在这里专门地谈一谈工业企业技术准备工作的计划问题。

一　技术准备工作计划的种类

工业企业的技术准备工作计划，一般有以下三种：

（一）工业企业技术准备工作的综合计划

工业企业技术准备的综合计划，是按年（分季、分月）编制的。在这个计划里，规定着工业企业在计划期内发展新品种、改进老产品技术准备工作的总的工作量、有关部门的分工配合关系，以及大致的工作进度。它的具体内容包括：企业在计划期内，需要进行准备工作的新、老产品的名称（包括上年结转部分）；分产品的技术准备工作的主要项目；执行单位和工作进度，等等。通过这个计划，可以全面安排企业新产品试制和老产品改进的技术准备工作，规定各有关科室、车间的生产技术准备工作任务。

工业企业技术准备工作综合计划表的格式，如表 11 - 1 所示。

（二）分产品的技术准备工作计划

分产品的技术准备工作计划，是在工业企业技术准备工作综合计划的基础上编制的。它的内容比综合计划更加细致和具体，是按年分产品、分月、分旬编制的。

在这个计划里，具体地规定着每种产品的全部技术准备工作项目、工作量、执行单位和工作进度，等等。通过这个计划，可以具体地落实每种产品的技术准备工作，保证按时完成新产品试制和老产品改进的计划任务。

分产品的技术准备工作计划表的格式，如表 11 - 2 所示。

（三）技术准备科室的工作计划

技术准备科室的工作计划，是在综合计划和分产品的技术准备工作计划的基础上，按年、按季和按月编制的。

在技术准备科室的工作计划里，分别规定着各个科室担负的全部技术准备工作项目、执行人，以及工作进度，等等。通过这个计划，可以把各项技术准备工作落实到人。

表 11－1

生产技术准备工作综合计划

××年度

产品名称	工作项目	执行单位	工作进度													
			10月	11月	12月	1月	2月	3月	4月	5月	6月	7月	8月	9月	10月	11月	12月
甲产品	制造工艺装备	工具车间															
	小批试制	加工、装配车间等															
	小批试制鉴定	鉴定委员会															
	成批生产准备	一															
乙产品	产品设计	设计科															
	样品试制准备	工艺科等															
	样品试制	试制车间（工段）															
	小批试制工艺准备	工艺科															
	制造工艺装备	工具车间															
	小批试制	加工、装配车间等															
	小批试制鉴定	鉴定委员会															
	成批生产准备	一															
丙产品	产品设计	设计科															
	样品试制准备	工艺科等															
	样品试制	试制车间（工段）															
	小批试制工艺准备	工艺科															

表 11 - 2

分产品生产技术准备工作计划

顺序号		工作项目	执行单位	工作量	工作进度（月份、旬）
1	产品设计	技术任务书	设计科		
2		技术设计			
3		铸件图		图纸 175 张	
4		其他零件图		325 张	
5		装配图			
6	工艺准备	制造模型	模型组	175 件	
7		编制工艺规程	工艺科	卡片 100 种	
8		工艺装备设计	工具车间	110	
9		工艺装备制造	工艺科		
10	样品试制	制定定额	生产科		
11		拟订任务书	供应科		
12	生产准备	物资准备	铸造车间		
13		铸造	锻造车间	3 台	
14	制备	下料、锻造	加工车间	3 台	
15		机械加工	装配车间	3 台	
16		装配		2 台	
17		鉴定	鉴定委员会		

（工作进度栏按月份 1～12 月，每月分上、中、下三旬列示各工作项目进度条。）

续表

顺序号	工作项目	执行单位	工作量	工作进度（月份、旬）1—12（上中下）
18	修改图纸	设计科		
19	修改和制造模型	模型组		
20	编制工艺规程	工艺科	卡片 500 种	
21	工艺装备设计	工艺科	450 种 250 种	
22	工艺装备制造	工具车间	450 种 250 种 500 种	
23	制定定额	工艺科		
24	拟订任务书	生产科		
25	物资准备	供应科		
26	铸造	铸造车间	7 台	
27	下料、锻造	锻造车间	7 台	
28	机械加工	加工车间	7 台	
29	装配	装配车间	5 台	
30	鉴定	鉴定委员会	—	
31	成批生产准备	—	—	

（左侧分类栏：工艺准备；小批试制；生产准备）

二 技术准备工作计划的编制

工业企业在总工程师的领导下，设有专门机构或者专职人员，负责组织技术准备工作计划的编制工作。有关的科室，也设有专职的或者兼职的技术准备工作计划人员，负责编制同本科室有关的技术准备工作计划。

工业企业的技术准备工作计划，是根据本企业发展新品种的长期计划、年度的生产计划、新产品试制计划和改进老产品的计划来编制的。技术准备工作计划中规定的各项准备工作的进度，必须符合上述长期计划和年度计划的要求，同产品的出产期和交货期衔接起来。

前面说的三种技术准备工作计划，在编制的时间上，各有不同的要求。

技术准备工作综合计划，应当按年定期地编制。

由于工业企业内各种新产品的投产时间不一定相同，所以分产品的生产技术准备工作计划，不一定一次编成，可以根据每种产品出产时间的要求，分批编制。

技术准备科室的工作计划，主要是年度计划和月度计划两种。年度计划是根据技术准备工作综合计划来编制的，月度计划则是根据分产品的技术准备工作计划和厂部下达的月度准备工作任务来编制的。

下面简单地说一说技术准备工作计划编制工作中的两个主要问题。

（一）技术准备工作的周期和劳动量定额的计算

在安排各项技术准备工作进度的时候，必须首先计算和确定各项准备工作的周期。如果不确定各个准备项目的周期长度，那么，整个产品的准备周期也就无法确定，工业企业的技术准备工作的计划进度，也就无法安排。

各个准备项目的周期，就是指从开始进行这项准备工作，到准备结束为止的全部延续时间。它的计算公式是：

$$\text{某项准备工作的周期（日）} = \frac{\text{该准备项目的劳动量（小时）}}{\text{同时参加该项准备工作的人数} \times \text{每天工作时数} \times \text{定额完成系数}} + \text{附加时间（日）}$$

上式中的附加时间，是指技术文件的会签时间，以及由于其他原因的影响而使工作停顿的时间，等等。

从上式可以看出，要计算和确定准备工作周期，必须先计算和确定准备工作劳动量定额。这里所说的劳动量定额，是指完成某一项准备工作的时间标准，是计算某一项准备工作劳动量的基础材料。

劳动量定额可以分为详细定额和概略定额两种。

详细的定额，一般用于制订短期计划。这种定额，是为不同复杂程度的零件分别制订的。例如，在制订某一种机械产品技术准备劳动量的详细定额的时候，要把这种产品的各种零件，按结构和工艺的复杂程度，分成几种类型，然后分别为这些不同类型的零件，规定产品设计、工艺设计、工艺装备设计等的劳动量定额。确定了这种定额以后，就可以按不同类型的零件数量，计算出这种产品的某一项技术准备工作的劳动量。

概略的定额，一般用于制订长期计划。这种定额不是分别按不同复杂程度的零件，而是按不同复杂程度的产品来制订的。例如，在制订某几种机械产品准备劳动量的概略定额的时候，要按照这几种产品复杂程度的不同，分成几种类型，然后分别为这些不同类型的产品制订单个零件的平均定额。确定了这种定额以后，就可以按不同产品的零件数量，计算出不同产品的某一项技术准备工作的劳动量。

（二）各项技术准备工作的平行交叉作业

为了缩短产品的技术准备周期，各项技术准备工作可以适当地交叉起来进行。特别是机械产品，由于它是许多零件组成的，在进行技术准备工作的时候，就不必要在所有的零件都设计完了以后，再进行工艺性分析和审查，也不必要在全部审查完毕以后，才开始进行工艺设计。这样做，会把产品的准备周期拉得很长，不能保证新产品及早投产。因此，应当合理地组织平行交叉作业，设计完一些零件以后，在设计其他零件的同时，就对已经设计好的图纸进行工艺性分析和审查，审查以后，就进行工艺设计和主要工艺装备的设计。这样做，就可以大大缩短准备周期。

在编制技术准备工作计划的时候，要根据实际的可能，做出平行交叉作业的具体安排。这种平行交叉作业的安排，不能违背某些准备阶段必须顺次进行的原则，例如，设计任务书不能和技术设计交叉进行，并且也不能违背同一零件的各项准备工作必须顺序进行的客观要求。如果违背了这些要求，就不但不能缩短准备周期，反而还会造成返工浪费。

在组织平行交叉作业的时候，除了合理地安排计划以外，还要注意在工作过程中，加强有关单位的联系和协作。

三 技术准备工作计划的执行和检查

工业企业在制订了技术准备工作计划以后，必须对计划的执行情况进行检查，及时地发现妨碍计划实现的问题，采取措施，加以解决，以保证计划顺利地完成。

怎样来检查技术准备工作计划的执行情况呢？

（一）通过技术准备工作会议进行检查

工业企业应当定期召开技术准备工作会议。会议由总工程师主持，有关科室、车间的领导人员和负责技术准备工作计划的人员参加，在会上由各个有关单位汇报技术准备工作进行的情况、存在的问题，以及对其他单位的要求，从而发现和解决在执行计划过程中存在的问题。

（二）负责技术准备工作的各级领导人员和计划人员深入现场，了解计划执行的情况

在执行技术准备工作计划的整个过程中，总工程师应当经常深入实际，了解工作进展情况，特别是主任设计师（或者设计员）、主任工艺师（或者工艺员），更应当经常地掌握自己负责的产品的技术准备工作进度，及时地发现问题，并且提出处理的意见。计划人员也要深入现场，全面了解技术准备工作进行的情况。

（三）通过书面报表来进行检查

有关的科室和车间，要按照企业规定的报表制度，按期填报技术准备工作的情况。负责技术准备工作的人员，应当按期把工作进度和实用工时，用书面形式交给计划员，计划员要按期把本单位的书面报表加以汇总和分析，及时报给厂部的技术准备工作计划机构。通过这种形式，也能帮助各级领导人员掌握情况，发现问题，及时加以解决。

第十二章
社会主义工业企业的机器
设备管理和工具管理

社会主义工业企业进行生产活动，除了要有劳动力和原料、材料以外，还必须有一定的机器设备、工具。管好和用好机器设备和工具，是工业企业顺利地进行生产和不断地提高劳动生产率的重要条件。在这一章里，将讨论机器设备和工具管理中的一些主要问题。分以下七节来说明：

一、机器设备管理的内容；

二、机器设备的合理使用；

三、机器设备的维护和修理；

四、机器设备的修理计划；

五、机器设备的改进和更新；

六、机器设备管理的组织机构和责任制度；

七、工具的管理。

第一节　机器设备管理的内容

工业企业使用的机器设备，是多种多样的。不仅在不同部门、不同性质的工业企业里，使用的机器设备有很大的区别，就是在同一部门、同一性质的工业企业里，使用的机器设备，也不完全一样。概括地说，工业企业的机器设备主要有：各种工作机、动力机、起重运输机、工作炉窑、管道线路、各种容器以及仪表，等等。

工业企业对于各种机器设备，需要进行科学的管理。这是为了：

一 保证机器设备经常地处于良好状态

机器设备，是现代工业企业生产的物质技术基础，是构成生产力的要素之一。现代工业企业的生产能不能够正常地进行，在很大程度上，取决于机器设备的完善程度。随着社会主义建设的不断发展，随着工业生产的机械化、自动化水平的日益提高，机器设备的完善程度，对于生产的影响，越来越大。这就要求每个工业企业，都要保证机器设备经常地处于良好状态；否则，就会导致企业生产的中断。

要保证机器设备经常地处于良好状态，就应当保证设备的零件、部件完整、齐全，设备性能良好，设备出力达到铭牌规定，做好设备的清洁、润滑、紧固、调整和防腐蚀等工作，并且使设备的技术资料和设备使用记录资料齐全、准确。为了达到这些要求，就需要加强工业企业的设备管理工作。我们知道，机器设备在使用的过程中，由于物理的或者化学的作用，它的零件、部件，总会逐渐地磨损和腐蚀，使它的工作能力、精度和生产效率逐渐降低。虽然这种磨损和腐蚀，一般是不可避免的，但是，如果对于机器设备管得好、用得好，也可以把这种磨损和腐蚀降到最低限度。相反，如果对于机器设备管得不好、用得不好，不但不能减少正常的磨损，并且还会造成不应有的磨损和腐蚀，甚至造成意外的损坏。只有加强对机器设备的管理，经常注意机器设备的正确操作和维护保养，按时进行检修，才能避免各种不正常的磨损和腐蚀，才能及时地、迅速地更换已经磨损的零件和部件，恢复机器设备的工作能力、精度和生产效率，从而保证企业生产正常进行。

二 提高机器设备的效能，提高工业企业的技术装备程度

工业企业要顺利而有效地进行生产活动，不仅需要保证机器设备经常处于良好的状态，同时，还要保证机器设备的效能不断地提高，保证企业技术装备程度不断地提高。

工业企业机器设备效能的高低和技术装备程度的高低，是企业技术水平高低的一个重要的标志。要提高机器设备的效能和提高企业的技术装备程度，就必须加强设备的管理。一方面，要对陈旧了的设备及时地进行更新，用更先进的、效率更高的设备来替换。另一方面，要在群众性技术革新的基础上，对那些技术水平比较低，但是还可以使用的机器设备，进行改进，实现现代化。这样做，才能够提高工业企业的技术水平，充分地发挥企业的生产潜力。

在资本主义企业里，机器设备是资本家的固定资本，是剥削工人的手段，因此，它和工人是对立的，广大工人群众不但不会去精心地爱护机器设备，而且，还经常会有意地损坏机器设备。与资本主义根本相反，在社会主义国营工业企业里，机器设备是全民所有制的财产，是为劳动人民谋幸福的手段，因此，广大职工群众对机器设备是亲切爱护的。对待机器设备是否爱护，是是否爱护国家财产的一个重要表现，它反映了一个职工劳动态度和觉悟程度的高低。

工业企业机器设备管理工作的内容，是非常广泛的，具体说来，主要是：

（1）根据机器设备的性能和使用要求，合理地使用机器设备。防止不按使用范围或者超负荷地使用设备，防止不按操作规程进行操作。

（2）经常地、及时地做好机器设备的维护和保养工作，防止和减少机器设备的磨损和腐蚀，避免设备性能和效率的降低。

（3）有计划、有准备地进行机器设备的检查和修理，如发现隐患，及时对已经损坏的部件，加以修复。

（4）根据需要和可能的条件，有计划、有步骤、有重点、积极地进行机器设备的更新和改进。

（5）切实地做好机器设备的验收、登记、保管、报废、调拨等日常管理工作，建立和执行设备的管理制度和责任制度。

总之，工业企业的机器设备管理工作，包括从设备的进厂验收、安装、使用到维护检修，以及日常的登记、保管、调拨、报废、更新、改进等一系列的具体工作。这些工作，都是相互联系的。工业企业只有全面地做好这些工作，才能使机器设备经常处于良好状态，为企业全面地完成生产任务，提供良好的物质技术基础。

第二节　机器设备的合理使用

保证机器设备的合理使用，是工业企业设备管理工作的一个重要方面。

机器设备耐用期限的长短、生产效率和工作精度的高低，固然决定于机器设备本身的结构和性能的好坏，但是，在很大程度上，也要取决于机器设备的使用情况。同样一台机器设备，如果使用得合理，操作得正确，就能够减轻磨损，延长寿命和保持应有的精度，发挥应有的工作效率。反之，就会加速磨损，使机器设备"未老先衰"，过早地失去它应有的工作效率和工作精度。

那么，怎样才能够使机器设备得到合理的使用呢？

一　要根据工业企业的生产过程和工艺特点，正确地配备各种类型的机器设备

前面说过，工业企业拥有的机器设备是很多的。这些机器设备，必须根据企业生产的需要，根据企业的工艺技术特点，配备起来。无论在全厂范围内，还是在车间范围内，都要保证各种主要设备和各种辅助设备、动力设备、起重运输设备等具有适当的比例，使它们有机地结合起来；各种主要设备，在性能上和生产效率上，也应当相互协调。只有这样，才能够使所有的机器设备各得其所，充分发挥它们的作用。

工业企业的生产，是不断发展的；产品的品种和数量，是不断变化的。因此，各种机器设备之间的比例关系，应当根据不同时期的生产任务，进行及时的调整。如果不能及时地采取措施，使设备能力同生产任务相适应，那么，机器设备的能力就不能充分地发挥，机器设备就不能得到合理的使用。

二　要根据机器设备的性能、结构和其他技术特征，恰当地安排加工任务和工作负荷

我们知道，机器设备的应用，是科学技术发展的结果。因此，如何去使用机器设备，不能光凭人们的主观愿望，而必须依据一定的科学技术原理。不同的机器设备，是依据不同的科学技术原理设计制造的。它们的性能、结构、精度、使用范围、工作条件和能力，以及其他技术条件，是各不相同的。工业企业在使用机器设备的时候，应当按照每台机器设备的技术条件，安排相应的工作任务。同时，每台机器设备，都有一定的负荷极限，工业企业应当根据各种设备的合理负荷来安排工作，不要使机器设备超负荷运转。只有这样，才能保证机器设备正常运转，避免意外的损坏，保证生产安全。

三　为机器设备配备相应工种的、熟练的操作者

操作者的技术水平和熟练程度的高低，对于能否正确地使用机器设备，影响很大。如果操作者的工种同机器设备的要求不相适应，或者，操作者的技术熟练程度太低，就不仅不能充分地发挥机器设备的效能，而且往往会使机器设备受到不应有的损坏。

工业企业在为机器设备配备操作者的时候，应当考虑每个工人的工种、文化技术水平、技术特长和实际操作的经验。要求操作者熟悉和掌握机器设备的性能、结构和维护保养技术，能够按照机器设备的使用规程进行操作，并且知道发生了故障或者事故以后，应当怎样处理，等等。

新工人一定要经过考试合格以后，才允许独立操作机器设备。对于精密的、复杂的和其他关键性的机器设备，应当指定具备专门技术知识和操作经验的技术人员或者高级技工去掌握。

工业企业的每一台机器设备，应当有设备卡片，载明这台设备的性能、结构、维护保养的基本知识，以及使用和检修中的基本情况，以便加强对设备的管理，并且帮助工人正确地操作和使用设备。

为了便于操作者提高技术和积累经验，工业企业还应当注意尽量固定各种机器设备的操作者，不要轻易地调换他们的工作。

四　正确地制定和严格地贯彻执行有关设备使用和维护方面的规程和制度

有关设备使用和维护方面的规程和制度，是指导工人操作、维护和检修机器设备的技术法规。在这些规程和制度里，规定着机器设备的使用方法、操作和维护检修的要求，以及其他的注意事项。正确地制定和执行这

些规程和制度,是使机器设备得到合理使用的重要保证。

设备使用和维护方面的规程和制度,是根据机器设备说明书中注明的各项技术条件制定的。这些规程和制度一经确定,就要教育工人自觉地贯彻执行,并且相互督促和帮助。对于严格遵守规程和制度有显著成绩的,应当给予适当的表扬和奖励,对于不遵守规程的,要给予批评,情节严重的,应当酌情给予纪律处分。

五 在生产过程中,为机器设备创造良好的工作条件

良好的工作条件,是保证机器设备正常运转,延长耐用期限,保证安全生产的重要条件。

不同的机器设备所要求的工作条件,是不相同的。一般来说,机器设备都要求保持设备本身和工作环境的整洁和正常的秩序;安装必要的防护、保安、防潮、防腐、保暖、降温装置;配备必要的测量、控制和保险用的仪器装备,等等。对于那些复杂、精密的机器设备来说,它们要求的条件,就更加严格了。例如,在精密机器设备的工作室里,对于温度、湿度、防尘、防震等工作条件,就有更严格的要求。工业企业在使用机器设备的过程中,一定要保证这些必要的条件。否则,就会破坏机器设备的精度,妨碍机器设备的正常运转。

六 建立和健全机器设备使用的责任制度

工业企业的厂长、总工程师、设备管理部门、车间主任、生产小组长,直到生产工人,都应当在保证机器设备合理使用方面,负相应的责任。对此,每个企业,应当根据本企业机器设备的特点,做出明确的规定。

七 要经常地对职工进行爱护机器设备的宣传教育

职工对机器设备爱护的程度,对于机器设备的使用和保养,对于机器设备效能的充分发挥,关系极大。企业的各级生产行政负责人和设备管理部门,都要把爱护机器设备的宣传教育,当做一项经常的工作。应当运用各种典型事例,通过总结各种正面和反面的经验,对职工进行宣传教育,使每一个职工都能像人民解放军的战士爱护武器一样来爱护自己所使用的机器设备。

第三节　机器设备的维护和修理

工业企业的机器设备，能不能经常地保持良好的状态，除了合理地使用以外，还要做好日常的维护和修理。

设备的维护，是一项经常要进行的工作。对于机器设备进行维护，就是要严格地按照操作规程精心地使用设备，经常观察设备的使用和运转情况，经常洗擦灰尘和油垢，按照规定加注润滑油脂，及时地调整和清除机器设备的小缺陷，紧固松脱的部位，等等。通过这些维护保养工作，来避免机器设备过早的磨损和遭受不应有的损坏。

设备的修理，是修复由于正常的或者不正常的原因而引起的机器设备的损坏，通过修理和更换已经磨损的零件、部件，使机器设备的效能得到恢复。

对机器设备进行良好的维护，能够大大减轻机器设备磨损的程度，防止意外的损坏。但是，它不能够完全消除设备正常的磨损，不能够恢复已经损坏了的机器设备。因此，维护不能代替修理。如果只有维护而没有修理，就不能使已经损坏了的机器设备恢复应有的效能，甚至还会使小毛病变成大毛病。同样，机器设备的修理，也不能代替经常的维护。如果只有修理而没有维护，就不能防止和减轻机器设备的磨损，并且会加剧机器设备的损坏，增加修理的工作量和修理费用。由此可见，机器设备的维护和修理都很重要，必须把两者很好地结合起来。工业企业首先要动员职工群众，大力做好机器设备日常的维护保养，同时，也要有计划地进行检修。这样，才能使机器设备经常保持良好状态。

在工业企业里，把机器设备的维护和修理结合起来的有效措施，是实行机器设备的计划预防修理制度。

机器设备的计划预防修理制度，是维护和修理并重，以预防为主的方针的具体体现。它是通过对机器设备进行日常的维护，通过有计划的检查和修理，来预防机器设备损坏，保证机器设备经常处于良好状态的一种有效的工作制度，是目前我国工业企业比较普遍采用的一种制度。这一制度的主要内容包括：（1）机器设备的日常维护；（2）机器设备的定期检查；（3）机器设备的计划修理。

一 机器设备的日常维护

经常地精心维护保养机器设备，是贯彻执行机器设备计划预防修理制度的一项重要内容。做好日常维护保养工作，能够有效地贯彻执行以预防为主的方针。

怎样才能做好机器设备的日常维护保养工作呢？

除了上一节所说的正确地使用机器设备以外，还应当注意下面的问题：

（1）建立机器设备日常维护保养的责任制度。所有机器设备，都要有保养制度。哪些保养工作由专业的队伍负责，哪些由生产工人负责，应当有明确的规定。各种保养，必须根据设备的特点，制定出保养的周期、作业项目和质量要求，并且严格执行。建立机器设备的维护保养制度和明确规定维护保养机器设备的责任，也是做好机器设备的日常维护工作的重要条件。

（2）要做好机器设备的日常维护保养工作，必须加强专业的检修工人同生产工人的配合协作。专业检修工人，除做好本身的检修工作以外，还应当督促和帮助生产工人进行机器设备的日常维护工作。

（3）准备好维护机器设备所必需的材料和工具。例如，润滑油、冷却液、注油器、棉纱头、抹布、板刷，以及各种工作炉用的补炉材料、补炉工具，等等。

（4）及时总结机器设备日常维护保养工作的经验，进行竞赛评比，进行表扬和批评，加强宣传教育，教育工人自觉地做好机器设备的日常维护保养工作。

二 机器设备的定期检查

机器设备的定期检查，是定期对机器设备的运行情况、工作精度、磨损程度进行的检查和校验。

实行机器设备的定期检查，能够深入掌握机器设备的运转和磨损情况，及时查明和消除机器设备的隐患；根据检查情况，提出加强和改进机器设备维护保养工作的措施，有目的地做好下次计划修理前的各项准备工作，提高修理质量。

怎样才能做好机器设备的定期检查工作呢？

（1）检查工作必须按计划定期进行。不能拖期检查，更不能长期不进行检查。

（2）检查的时候，要按照计划规定的检查项目，逐项地、全面地进行检查。

（3）要把定期检查同操作者和维修工人的经常检查结合起来。操作者和维修工人的经常检查，是对定期检查的补充，通过经常检查，可以更及时地消除机器设备的隐患，预防机器设备发生突然事故。

三　机器设备的计划修理

机器设备的计划修理，就是按照计划规定的时间，有计划地、有准备地进行修理工作。在修理计划中，根据机器设备的性能、质量和使用情况，规定连续运转多长时间，就要进行小修、中修和大修。到了计划规定的修理期限，不管机器设备的运转情况怎样，都要按期进行检修，一般不得延期修理或者不进行修理。

实行计划修理，一方面可以及时地恢复设备的工作能力，预防可能发生的设备事故；另一方面，也可以事先安排好生产和检修时间，准备好修理所需要的人力、工具、材料和备品配件，使生产和检修工作都能主动，以便缩短修理时间，更好地提高修理质量，保证生产顺利进行。

但是，对于机器设备计划修理的重要性，并不是所有的人都认识得很清楚。有的人，不注意机器设备的计划修理，认为"随坏随修"是个好办法；有的人认为，计划修理要占用一定时间，怕妨碍生产。这些想法，都是不对的。因为，不按计划规定的时间进行修理，对机器设备来说，零件、部件磨损了不及时更换和修理，使它带病运转，就会把小毛病拖成大毛病；对生产来说，由于小的毛病得不到及时修理，不仅不能保证产品的质量，而且等机器设备损坏严重了再去修理，还会增加修理停工的时间，如果由于不及时检修造成了机器设备事故，将会给生产带来更大的损失。因此，实行计划检修，虽然要占用一定的时间，但这是合理的、必要的，从长远看，比起"随坏随修"和非计划修理来说，更能保证企业生产有计划地进行，保证生产的安全。

在不同行业的工业企业里，由于机器设备的性质不同，所以修理种类的区分方法，也不完全相同。一般来说，机器设备的计划修理，可分为小修理、中修理和大修理三种。

小修理是对机器设备进行的局部修理。它的工作量较小，通常只是更换和修复少量的磨损零件，调整机器设备的机构，以保证机器设备能够使用到下一次计划修理。

中修理要更换和修复机器设备的主要零件和数量较多的其他磨损零件，并校正机器设备的基准；中修理必须保证机器设备能够恢复和达到应有的标准和技术要求，并保证使用到下一次计划修理。

大修理是对机器设备进行的全面修理。它的工作量最大，需要把机器设备全部拆卸，更换和修复全部的磨损零件，恢复设备原有的精度、性能和生产率。

设备的小修理和中修理所需的费用，直接计入企业的生产费用；大修理的费用，则由企业大修理基金开支。

无论是机器设备的小修理、中修理或者大修理，都应当有相应的修复标准。设备修理以后，应当按标准进行验收，以保证修理的质量。

机器设备计划修理的方法，一般可分为以下三种：

（一）标准修理法

采用这种方法的时候，对机器设备修理的日期、内容和修理工作量等，都要事先规定，并且严格地按计划进行。这种方法的优点，是便于在修理前充分做好准备，并且能够最有效地保证设备的正常运转。这种方法，一般用于那些必须严格保证安全运转和特别重要、复杂的机器设备，如重要的动力设备，自动流水线上的设备，等等。

（二）定期修理法

这种方法要根据机器设备的零件、部件的使用期限和磨损情况，事先只规定出修理工作的计划日期和大致的修理工作量。具体的修理日期和修理工作内容，则在每次修理前的检查中再详细规定。采用这种方法，要求具备有比较完整的技术资料和比较高的修理业务组织水平。在维修工作基础较好的企业，一般都采用这种方法。这种方法的优点，是有利于做好修理前的准备，缩短修理占用的时间和提高修理工作质量，也便于修理部门更好地安排和组织自己的工作。

（三）检查后修理法

采用这种方法，事先只制定机器设备的检查计划，规定出检查的日期；然后，根据检查的结果和以前修理的资料，确定修理的性质、日期和内容。检查周期的长短，是根据机器设备零件、部件的磨损资料确定的。这种方法，比较简单，但同前两种方法相比，它不便于做好修理前的准备，不便于安排检修工作。因此，采用这种方法的企业，应当努力创造条件，争取实行定期修理法。

第四节　机器设备的修理计划

机器设备修理计划，是工业企业生产技术财务计划的一个组成部分。

机器设备修理计划，一般分为年度、季度计划和月度作业计划。年度修理计划又分为分车间按各台设备编制的年度计划，主要设备的大、中、小修理计划和高精度的、大型的生产设备大修理计划。

年度修理计划，一般只在修理种类和修理时间上做大致安排，季度（分月）修理计划，则将年度计划中规定的修理项目进一步具体化，月度修理作业计划，是更为具体的执行计划。

现在分别地说一说机器设备修理计划的编制和执行的问题。

一　机器设备修理计划的编制

在设备修理计划中，要规定企业在计划期内，有哪些机器设备需要修理，以及修理的内容、时间、工时、修理停工天数，等等。

编制机器设备修理计划，也和编制其他计划一样，必须以大量的资料为根据。

编制机器设备修理计划，通常所依据的资料有：企业的年度生产任务和完成生产任务所需要的机器设备的种类和数量；企业现有机器设备的种类和数量；上年度修理计划的完成情况，以及目前机器设备的技术状况；经过修订的各种定额资料，如修理周期、修理间隔期、修理周期结构、修理复杂系数、劳动量定额等。

在编制季度、月度修理计划的时候，还要考虑最近一次机器设备检查所获得的资料和设备的实际使用情况；当季、当月的生产任务；上季、上月修理计划的完成情况；修理前的准备工作情况和修理力量平衡的情况，等等。

编制机器设备修理计划，要计算修理时所需要的设备和人力，对修理任务和修理力量进行平衡。进行这些计算和平衡的主要依据，是修理周期定额和修理工作定额。

（一）修理周期定额

修理周期定额，包括修理周期、修理间隔期和修理周期结构。它们是编制机器设备修理计划的重要依据。

修理周期，是指相邻两次大修理之间，机器设备的工作时间。对新机器设备来说，就是从开始使用到第一次大修理之间的工作时间。

修理间隔期，是指相邻两次修理（不论是大修、中修或者小修）之间，机器设备的工作时间。

修理周期结构，是指在一个修理周期内，大修、中修、小修的次数和排列的次序。

例如，一般金属切削机床的修理周期结构如图 12 - 1 所示。

图 12 - 1 一般金属切削机床的修理周期结构

图中"大"表示大修理，"中"表示中修理，"小"表示小修理。

修理周期、修理间隔期和修理周期结构，对于不同种类的机器设备是不相同的。这取决于以下一些因素：机器设备的性能、结构、制造方法和制造时所用的材料；机器设备使用时的工作条件和工作班次；加工对象的性质、操作者的技术水平、维护保养和修理工作的质量，等等。

有了修理周期定额，再参照企业上期机器设备修理计划的完成情况，以及本期的生产任务和当前机器设备的完好程度，就可以计算出企业在计划期内，究竟有多少机器设备需要修理，以及修理的内容和日期。

（二）修理工作定额

修理工作定额，是确定修理工作量大小，计算修理工人人数，确定机器设备修理停工时间的依据。它包括修理复杂系数、修理工作劳动量定额、设备修理停歇时间三项内容。

修理复杂系数，是用来表现不同机器设备的修理复杂程度，计算不同机器设备的修理工作量的假定单位。这一假定单位所消耗的修理劳动量，通常是以 C620 机床修理劳动量的 1/10 来代表的。也就是说，C620 机床的修理复杂系数被规定为 10。其他机器设备的修理复杂系数，都是用这个统一的假定单位比较和度量的。例如，某一机器设备修理工作的劳动量要比 C620 机床多一倍，那么，它的修理劳动量就是 20 个假定单位，修理复杂系数就是 20。

修理复杂系数有以下的用途：

（1）用来表示整个企业机器设备修理工作量的大小；

（2）用来计算修理时所需要的材料、设备和劳动力；

（3）通过各个企业不同的平均修理复杂系数，可以看出各个企业机器设备的复杂程度。通常的情况是：机器设备越复杂，技术水平越高，修理复杂系数也越高；反之则越低。

修理工作劳动量定额，是工业企业为完成机器设备的各种修理工作所需要的劳动时间。它通常用一个修理复杂系数所需要的劳动时间来表示。表 12－1 就是对各种检修工作规定的劳动量定额的例子：

工业企业有了各种机器设备的修理复杂系数，和上述一个修理复杂系数的劳动量定额等资料，就可以计算出企业在计划期内为完成全部修理工作所需要的劳动力。

表 12 - 1   一个修理复杂系数的劳动量定额

单位：小时

修理工作名称	钳工工作		机工工作		其他工作		总计	
设备出产年份	1945 年以前	1945 年以后	1945 年以前	1945 年以后	1945 年以前	1945 年以后	1945 年以前	1945 年以后
清洗	0.75	0.75	—	—	—	—	0.75	0.75
精度检验	0.60	0.60	—	—	—	—	0.60	0.60
检查	1.00	1.00	0.50	0.50	—	—	1.50	1.50
小修	7.00	6.00	4.00	4.00	1.00	—	12.00	10.00
中修	33.00	28.00	10.00	10.00	2.00	2.00	45.00	40.00
大修	56.00	40.00	20.00	20.00	4.00	4.00	80.00	64.00

同样，修理机器设备所需要的材料和其他费用等，也可以用一个修理复杂系数为单位，制定定额。

机器设备修理停歇时间，是机器设备进行修理的时间长度。即从机器设备正式停止工作到修理工作结束，经质量检查合格验收，并重新投入生产为止，所经过的时间。

修理一台机器设备所需要的时间，一般按下列公式计算：

$$
\begin{array}{l}
\text{修理一台机器} \\
\text{设备所需要的} \\
\text{时间（工作日）}
\end{array} = \frac{\text{一台机器设备修理一次的定额工时}}{\begin{array}{c}\text{在一个轮班内修理}\\\text{该设备的工人数}\end{array} \times \begin{array}{c}\text{每个轮班}\\\text{工作时间}\end{array} \times \begin{array}{c}\text{轮班}\\\text{次数}\end{array} \times \begin{array}{c}\text{定额完}\\\text{成系数}\end{array}}
$$

工业企业应当尽量提高修理工作效率，缩短机器设备修理的停歇时间。停歇时间越短，机器设备实际工作的时间就越长。缩短停歇时间的基本方法是：加强修理工作的计划性，合理地组织修理力量，运用各种先进的修理方法和不断地提高修理工人的技术水平，等等。

除了以上各项修理工作的定额以外，工业企业还有设备修理的材料消耗定额和备品定额等。这些定额资料，是编制企业物资供应计划的依据之一。

有了修理周期定额和修理工作定额以后，工业企业就可以进行编制年度、季度和月度修理计划的工作。

二　机器设备修理计划的组织执行

工业企业的机器设备修理计划确定以后，应当坚决地贯彻执行。在执行的时候，要做好修理前的技术准备，及时地组织备品、配件的制造和供应，合理地组织维修力量，做好修理后的鉴定和验收工作，制定和执行修理工作的责任制度，开展劳动竞赛，等等。这里只着重地说以下几点：

（一）充分做好修理前的技术准备

主要是设计和工艺方面的准备。在设计方面，要为不同类型的机器设备收集和编制更换易损零件、部件的明细表；绘制更换零件、部件的图纸、结构装配图、传动系统图及其他技术文件，等等。在工艺方面，要制定零件的修理、制造以及机器设备检修的工艺规程；设计和制造必要的工艺装备，等等。除此以外，企业还应当配备足够的修理技术力量。

（二）做好修理前的物质准备，配备修理用的机器设备和工具，特别是要合理地确定备品配件储备定额，组织备品配件的制造和供应

工业企业机器设备的备品配件的种类很多。有机械备品配件，有电气备品配件；有标准件，有专用件；有本厂自制的，有靠国家计划分配、市场采购和请外厂协作制造的。企业应当全面地安排不同类型的备品配件的储备、制造、采购和供应等工作。

储备的备品配件包括：使用期限较短、耗用量大的易损件；稀有的备品配件；特殊和关键设备经过一定时期需要更换的零件、部件；制造复杂、制造时间长、需要量大或者需要外厂协作制造的备品配件。

合理的备品配件储备定额，应当是既能满足修理工作的需要，又不过多地占用流动资金。在确定储备定额的时候，应当全面考虑设备和有关零件、部件的使用期限，上年度的实际消耗量，以及本年度设备的工作情况等因素。

在安排备品配件的制造和供应的时候，对于本厂自制的，要制定生产计划，提前安排制造时间；由厂外协作制造的，要通过国家计划或者经济合同的形式，提前与外厂联系；需要从市场采购的，也要及早进行采购。对于关键性的备品配件，还需要详细地列出品种、规格、制造或者采购完成的日期，以确保及时供应。

（三）广泛采用各种先进的修理方法，不断提高修理工作效率，保证修理质量

一般来说，比较先进的修理方法，主要有以下几种：

1. 部件修理法

这种方法，是事先准备好质量良好的各种部件，修理时，只需将设备上已经损坏的部件拆掉，换上准备好的同类部件，然后，将换下来的部件，送到修理车间进行修复，以备下次再用。这种方法的优点是，可以节省部件拆卸、装配的时间，使修理停工时间大为缩短。但是，由于采用这种方法需要一定数量的部件做周转，需要占用一定的流动资金，所以，这种方法，适用于那些具有大量同样类型的机器设备的工业企业和不能停工修理的关键机器设备。

2. 分部修理法

这种方法，是按照设备各个独立的部分，按顺序进行修理，每次只修理它的一部分。这种方法的优点是，可以利用假日或者非生产时间进行修理，以增加机器设备的生产时间，提高设备利用率。这种方法，适用于那些担负生产任务比较重的关键设备和修理时间比较长的机器设备。

3. 修理站修理

这种方法，是将损坏的机器设备移至修理站去进行修理。这种方法的优点，是修理的工作效率比较高，同时能保证修理质量。但是，它仅适用于那些体积不大、易于搬动的机器设备，对于大型设备就比较困难。

另外，为了做好机器设备的修理工作，还要正确地选择设备维修工作的组织形式，并且要在企业上级行政主管机关的领导下，在企业之间组织修理工作中的协作，建立区域性的修理站，组织精密、稀有、关键设备的专门的维修队伍，等等。这些，都是保证企业机器设备修理计划顺利实现的有效措施。

第五节　机器设备的改进和更新

机器设备的改进和更新，是社会主义生产不断发展，技术不断进步，

劳动生产率不断提高的客观要求和保证。

机器设备的改进，主要是指对工业企业的机器设备进行技术改革，在原有的基础上，对机器设备的结构做局部改变，改善它的性能和提高它的生产率。工业企业随时注意各个方面的先进技术经验，吸取职工群众在改进设备方面的合理化建议，结合机器设备的检修，特别是结合机器设备的大修理，有计划地进行设备改进，就可以有效地提高现有生产能力，用比较少的资金，比较快的产生效果。因此，工业企业生产能力的提高，首先应当通过对现有设备的改进来实现。这是最经济、最有实效的一种办法。

机器设备的更新，主要是指工业企业用新的、效率更高的机器设备，去更换已经陈旧了的、不能继续使用，或者继续使用，在技术上不能保证产品的质量，在经济上极不合理的机器设备。我们知道，机器设备的使用期限，总是有一定的限度的。机器设备在使用过程中，不可避免地要逐渐地磨损，使用了一定时期以后，就不能再用，或者不适于再用。如果不加以更新，企业的生产就难以继续进行，或者生产虽然可以勉强地进行，但是，不能保证产品的质量，不能保证生产的安全，并且严重地浪费工时和原料、材料、燃料。在这种情况下，就需要用新的机器设备来替换旧的机器设备，这是保证工业企业生产正常发展的一个必要条件。

机器设备的改进和更新，是提高工业企业劳动生产率的一个重要途径。机器设备的改进，总是要越改越先进；机器设备的更新，也总是要用技术先进的设备来代替技术落后的设备。工业企业机器设备的技术越先进，它的工作效率就越高，生产的产品就可能越多，产品的质量就可能越好，消耗的人力、物力就可能越少，这样，企业的劳动生产率就可能越高。

工业企业机器设备的改进和更新，不但关系到企业本身生产的正常发展，而且关系到整个社会扩大再生产的进行和技术的进步。社会主义生产是在不断扩大的基础上进行的。社会主义的扩大再生产，从长远来说，当然靠建设新的企业，而就每一个年度来说，主要的而且首先是要靠现有的企业来实现。现有的工业企业，要在扩大再生产的过程中充分地发挥作用，就必须使机器设备经常保持良好的状态，而且，要注意通过机器设备的改进和更新，使现有机器设备的生产能力得到逐步提高。这就是说，要加强现有企业，扩大它的生产能力，而不是去削弱它，"吃老本"。如果我们不注意这一点，那么，社会主义扩大再生产就难以顺利地进行，甚至使社会简单再生产的进行，也会受到影响。

所以，不注意工业企业机器设备的改进和更新，对于那些应当而且可以改进的机器设备，不去积极地进行改进，对于那些应当而且可以更新的机器设备，不去有步骤地进行更新，那是不对的。至于"吃老本"，那更是不对的。当然，如果不根据国家的统一计划，不根据生产发展的实际需要和可能条件，盲目地去进行设备改进和更新，那也是不对的。我们的工业企业，必须在国家统一计划下，根据可能的条件，认真地做好机器设备改进和更新的工作。

为了做好机器设备的改进和更新工作，工业企业应当特别注意哪些问题呢？

在进行机器设备改进的时候，工业企业要特别注意以下几个问题：

（一）要采取慎重的态度，要经过反复的试验

对于职工提出的改进设备的各种建议和方案，应当认真加以研究、审查，特别是对于那些需要对现有机器设备做较大改动的建议和方案，一定要经过反复试验，在确有把握的时候，才能采纳，进行设备改装，以保证机器设备越改越好，取得良好的效果。如果在进行设备改进的时候，不是采取这种科学的、慎重的态度，对各种设备改革的建议和方案，不做仔细的研究，在技术上没有可靠的依据的时候，就贸然去改装机器设备，那么，就不可能保证设备改进工作正确地进行，甚至还可能把设备改坏，造成不必要的损失。

（二）要注意各种机器设备能力之间的平衡

工业企业的各种机器设备，都是相互联系、相互制约的。在对某一种机器设备进行改进的时候，一定要考虑到和它有关的各种机器设备之间的平衡关系，只有这样，这种设备改进的预期效果，才能真正在生产中得到发挥。否则，如果一种机器设备经过改进，大大地提高了生产效率，而和它有关的机器设备，不可能同它相适应，那么，这种设备的改进，就不可

能达到预期的效果，就会造成人力、物力的浪费。

（三）要考虑到材料、部件供应的可能性，考虑到设备改进的经费来源

机器设备的改装，总需要用一些部件和材料，这些部件和材料，有的企业自己能够制造，有的需要别的单位供应，企业在进行设备改装以前，必须正确地计算对各种部件、材料的需要量和供应的可能性，以保证设备改进顺利地进行。进行设备改进，也需要花一些费用，这种费用，有时可以从大修理基金中开支（如结合大修理进行的设备改装），有时可以从技术组织措施费中开支。对于改进机器设备所需要的费用，企业也要事先加以平衡计算。在这个方面，企业既应当考虑某一种机器设备改进所必需的费用，又应当照顾全面，不要因为把大修理基金和技术组织措施费过多地用于某一种机器设备的改进，而影响了其他设备的大修理和其他技术措施项目的进行。

在进行机器设备更新的时候，工业企业要特别注意以下几个问题：

（一）必须在国家的统一计划下，根据可能的条件，实事求是、有步骤、有重点地进行

机器设备的更新是一件好事情，每个工业企业，都想多更新一些旧设备，多换一些新设备。但是，在一定时期内，国家能够提供的先进的技术装备是有一定的限度的，而且这些先进的技术装备，有相当大的部分还要用来建设新的工业企业，这里是存在着一定的矛盾的。因此，工业企业在进行机器设备更新的时候，一定要严格执行国家的统一计划，一定要根据可能的条件，量力而行，一定要有步骤、有重点，不能一下子换得很多。

（二）要注意克服薄弱环节，提高工业企业的综合生产能力

这就是说，要尽可能首先更新薄弱环节的陈旧设备，保证企业扩大再生产的顺利进行。

（三）要注意减轻工人笨重、费力的劳动

这就是说，要尽快更新那些费力多的机器设备，保证不断减轻工人的劳动强度，提高劳动生产率。

最后，对于国家已经批准，决定进行更新的机器设备，在更新以前，

企业应当继续认真地做好维护保养工作，合理地使用，充分发挥它的效能；在更新的时候，要根据国家的可能和企业生产发展的需要，尽可能地采用技术上最先进的机器设备；对于更换下来的旧设备，企业也应当妥善保管，根据国家的规定，妥善处理。

工业企业无论是进行机器设备的改进还是更新，都应当注意经济效果，讲究经济核算，力求做到少花钱，多办事，取得最大的实效。在进行机器设备的改进和更新的时候，要进行经济效果的分析和比较，凡是不需要进行改装的设备，就不必进行改装；凡是通过改装可以提高功率的设备，就不要过早地更新，以便充分利用现有的生产能力和节约资金。但是，有些设备，如果继续使用，消耗的人力、物力过多，进行改装和大修理的费用同更新的费用相等，甚至比更新的费用还多，那么，就应当根据可能的条件，及早地更新。

第六节　机器设备管理的组织机构和责任制度

要做好工业企业的设备管理工作，企业必须正确地选择设备维修工作的组织形式，建立相应的设备管理机构，并且制定和贯彻执行设备管理的责任制度。

一　设备维修的组织形式和设备管理机构

设备管理的组织机构的建立，同设备维修工作的组织形式有一定的联系。

在工业企业里，采用得比较多的，一般有下面三种维修工作组织形式。

（一）维修工作的集中的组织形式

这种组织形式，是把工业企业供修理用的主要的机器设备、工具、备品配件和修理工人集中起来，由厂部统一组织和领导。企业的设备修理工作，由厂部的设备动力部门和所属的修理车间负责进行。

这种组织形式的好处是：有利于集中地、合理地使用维修力量；便于有计划地组织备品配件的制造和供应；便于在修理工作中采用先进的修理方法和高效率的机器设备；便于集中地使用技术水平比较高的工人，有利于精密的、稀有的和大型的关键设备的维修，等等。

工业企业在采用修理工作的集中的组织形式的时候，应当注意防止各个生产车间，在维修工作中产生依赖思想。专业的维修人员，应当深入车间，主动地同生产车间配合，共同搞好维修工作。

（二）维修工作的分散的组织形式

这种组织形式，是把设备的修理和维护工作，交给各个基本生产车间分别负责进行；修理工人修理用的机器设备、工具等，大都分别配置在各基本生产车间。

这种形式的好处是：把设备的使用、维护和修理统一起来，交由车间管理，使维修工作的进行比较方便和灵活，并且有利于发挥各个基本生产车间的积极性和主动性。但是，这种组织形式不利于集中使用维修力量。同时，由于各基本生产车间的修理工作量，往往是不平衡的，所以，在修理工作比较小的车间里，专业的修理人员，常常要停工或者从事其他工作，劳动力得不到充分利用。因此，这种形式，一般适用于那些规模比较大，车间比较分散，进行集中修理比较困难的企业。

（三）维修工作的混合组织形式

这种形式，是介于集中和分散两种组织形式之间的一种组织形式。它具有上述两种组织形式的优点，既有集中，又有分散。这种组织形式，在我国工业企业中，运用得比较广泛。

究竟采用哪一种组织形式，工业企业可以根据自己的实际情况来决定。但是，无论采用哪一种组织形式，都要在厂部设立设备动力管理机构（处、科、组），在总工程师领导下，统一组织全厂的设备管理工作。

在采用集中的组织形式的企业里，要设立机修车间，在厂部设备动力处（科、组）的领导下，负责配件的制造和设备的大修理工作。

在采用分散的组织形式的企业里，一般在各个基本生产车间里设立机修组，负责车间设备的检查和大、中、小修理工作。

在采用混合的组织形式的企业里，要设立机修车间，负责机器设备的大、中修理工作，并且要在基本生产车间里设立修理站，负责设备的日常维护和小修理工作。

二 机器设备管理的责任制度

机器设备管理的责任制度，是保证工业企业机器设备管理工作正常进行，提高设备利用率的重要条件。

工业企业机器设备管理的责任制度，种类很多，概括地说，有以下几种：

（一）工业企业的各级生产行政负责人员，在设备管理方面的责任制度

工业企业各级生产行政负责人员，在设备管理方面的责任，应当有明确的、具体的规定。他们对本单位的机器设备的使用、维护和检修工作，要负领导责任；要把设备维修计划纳入各级的生产计划，结合生产的情况和需要，妥善地安排维修工作和维修时间；要经常地检查设备的维护保养情况，保证维修质量；要负责领导建立和贯彻执行机器设备日常的管理制度，等等。

（二）设备维修工人的责任制度

工业企业的设备维修人员，应当在企业各级设备管理机构的领导下，把主要力量放在机器设备的维护检修和制造备品配件上。每个维修队、班、组和个人，都要对自己负责维护和检修的机器设备切实负责。在维修工人当中，可以实行设备维护检修的分区、分片或分机包干负责制。维修工人在进行工作的过程中，要帮助生产工人熟悉机器设备的性能，指导他们维护保养设备，提高设备的生产效能。

（三）生产工人的责任制度

生产工人是机器设备的操作者，对机器设备的维护保养负有直接的责任。只有每一个生产工人，都切实对自己所使用的机器设备的维护保养负责，才能使机器设备的维护保养工作，建立在可靠的基础上，取得实际的成效。

工业企业在确定机器设备使用、维护的责任制度的时候，应当使企业的每一台机器设备的使用都有人负责，应当尽量做到定人、定机、定活。凡是能够按人分工，专人专用专管的机器设备，都应当按人分工；对于集

体共同使用而不能按人分工的机器设备，也应当建立集体使用和维护保养的责任制度。这种集体责任制度，也应当有总负责人（如机长）和个人的分工负责制。应当做到机器设备归谁使用，就由谁负责维护保养，实行包使用、包维护、包寿命的"包机制"。对于不能实行"包机制"的机器设备，也应当由专职的保养工负责保养。对于精密设备、关键设备，还应当制定特殊的维护保养办法。

工业企业只有建立和健全生产工人的责任制度，才能使生产工人熟悉设备的性能和及时发现设备隐患，才能加强他们的责任心，认真学习机器设备维护保养的技能，提高维护的质量。

合理地组织交接班工作，贯彻交接班制度，也是建立和健全设备管理责任制度的重要方面。在交接班制度中，要明确地规定交接双方应负的责任和交接手续。例如，在机床的交接班工作中，交班的人，要负责清扫机床，整理常用的工具、夹具等；接班人要检查机床导轨和油孔的加油工作，设备的运转情况等。这样，通过班与班、组与组、个人与个人之间相互交代设备情况，就可以起到互相检查督促、互相帮助、严格责任的作用，为共同维护好机器设备创造条件。关于交接班制度的问题，我们将另外讨论。

机器设备的管理工作，是一项专业性、技术性的工作，也是一项群众性的工作。工业企业在建立统一的设备管理机构，建立和健全责任制度的同时，必须发动群众，教育群众，使他们注意加强对机器设备的使用和维修。在机器设备的维护工作中，要教育生产工人很好地爱护设备、使用设备。必要时还要吸收生产工人参加一定的修理工作，使维修工人和生产工人密切配合。

在工业企业中开展群众性的设备"大检查"、设备"升级"运动，等等，是依靠和发动群众做好设备维修工作的良好形式。通过这些群众性的活动，不仅可以及时地查清设备隐患，迅速地改善设备状况；而且可以通过竞赛评比，提高大家爱护机器设备的责任感，可以使生产工人和维修工人、专业管理人员和工人群众更紧密地结合起来，互相取长补短，交流经验，从而使企业机器设备的管理工作，建立在更加广泛的群众基础上。

第七节　工具的管理

在现代化工业企业里，一般都使用着大量的、各种各样的工具。管理好工具，也是搞好工业企业生产必不可少的一项重要工作。

正确地组织工具的管理，对于保证企业生产的正常进行，改善产品质量，提高劳动生产率，降低产品成本和加速流动资金周转，都有重大的意义。

工业企业工具管理的任务是：及时地、不断地以品质优良的成套的工具，供应给各个车间和工作地；努力节约工具消耗，并且努力节约工具在制造、运输、保管和使用等方面的费用；在保证工具正常供应的条件下，尽量压缩工具的占用量，节约流动资金。

为了实现上述任务，工业企业的工具管理部门，应当做好以下工作：

一　正确地确定企业年度、季度和月度的工具需要量，编制工具的需要量计划

工业企业工具的需要量，是由工具消耗量和工具周转量的变动额组成的。工具消耗量，是工业企业为了完成生产任务，而消耗的工具数量。工具周转量，是为了使工业企业的生产不间断而用做流转的工具数量。

工业企业计划期的工具消耗量，是根据企业的生产计划和工具消耗定额确定的。工具消耗定额，是生产一定数量的产品，需要消耗的工具的数量。它是决定工具消耗量和工具周转量的必要数据。

工具消耗定额的制定方法，主要有两种。一是技术计算法；二是经验统计法（有时也分为经验估计法和统计分析法）。

技术计算法，是根据工具的耐用期限和使用这种工具的时间长短，来制定消耗定额的方法。利用这种方法制定消耗定额，比较准确。它的计算公式是：

$$\text{某种工具的消耗定额} = \frac{\text{制造一定数量产品时某种工具的使用时间}}{\text{某种工具的耐用期限}}$$

上式中的单位产品数量，通常是以 100—1000 个零件或者 100—1000个产品来表示的。

经验统计法，是根据实际经验或者通过对工具消耗的统计资料进行分析，来制定工具消耗定额的方法。采用这种方法制定的消耗定额，工作量比较小，因而便于采用。

工业企业无论采用哪一种方法来制定工具消耗定额，都需要运用"三结合"的形式，吸取先进生产工人的操作经验，听取他们的意见。

有了工具消耗定额，按照企业计划期生产产品的数量，就可以计算出计划期的工具消耗量。

工业企业工具的周转量，是存在于使用和储备过程中的一定的工具数量。为了加速流动资金的周转，工具的周转量不能过大，应当在保证工具供应不间断的条件下，尽量使工具的周转量缩小。

工业企业工具的总周转量的构成，可用图 12－2 来表示。

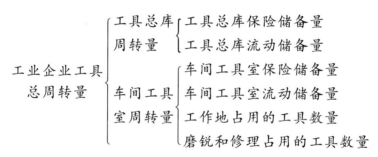

图 12－2　工业企业工具的总周转量的构成

同样，工具周转量的确定，也有技术计算法和经验统计法两种。目前，在我国工业企业里，应用得比较多的是经验统计法。

二　组织工具的供应和管理

工业企业为了保证生产的正常进行，要组织工具的供应工作和管理工作，防止工具丢失和损坏。

首先，工业企业要有计划地、合理地组织工具的生产和采购。工业企业使用的各种工具，基本上有两种类型。一种是标准工具，是由工具厂制造的；一种是专用工具，通常是由企业自己组织设计和制造的。对于需要外购的工具，应当事先提出计划，由企业供应部门负责购进；对于企业自行生产的专用工具，则应当纳入企业的技术准备计划，编制具体的工具生产计划，并组织工具车间，按时生产出工具，供应生产的需要。

其次，要合理地组织工具的保管和发放工作。为了便于生产，可以根据工作地的性质，为各工作地配备成套的常用工具，由生产工人负责保管。至于那些不常用的工具，则宜于集中保管，各工作地与生产小组需用时，可以通过一定的手续，向工具保管部门借用。负责工具经常保管和发放的主要部门，是企业的工具总库和各车间的工具室（员）。

工具总库（或称中央工具库），由工业企业的工具科（组）领导。全部自制和外购的工具，都由工具总库进行统一登记和管理，并负责向各车间工具室（员）发放。发放工具的数量，是按照工具消耗定额和消耗量计划来进行的。工具总库要经常进行库存工具数量的统计，按时把库存情况报告工具科，以便进行采购和制造，避免供应中断。

车间工具室（员）要定期从工具总库领取本车间所需要的工具，妥善地组织保管和按照一定手续办理发放和借出的工作；定期从工作地收回用钝和损坏了的工具，送往工具车间进行磨锐、修理和翻新；组织工具消耗的统计工作，并且进行合理使用工具的指导与检查等工作。

最后，在工具的管理方面，应当建立必要的责任制度。例如，工具的收、发、领、借都应当规定明确的手续和制度；对于工具的使用、磨锐和维修，也应当有明确的规定；工具总库和各车间工具室（员），还应当建立工具账目，并且建立定期检查、核对和定期盘点的制度，等等。

三　要不断地降低工具消耗，节约使用工具

工具费用，是构成工业企业产品成本的要素之一。并且，很多工具又是用比较贵重、稀缺的金属材料制成的。因此，节约工具消耗，不仅可以降低企业产品成本，而且还可以节约金属材料，特别是稀缺、贵重的合金。这对于企业，对于国家，都有很大的好处。

那么，怎样才能够有效地降低工具的消耗呢？

第一，要发动工人参加工具管理，教育和提高工人爱护工具的主人翁责任感。例如，在生产小组设置工人工具管理员，负责收发、保管小组内的工具；将工具消耗指标下达到小组和个人，作为实行班组经济核算的一个指标，作为组织劳动竞赛评比的内容之一；吸收工人参加消耗定额的制定工作，等等。这样做，对于进一步提高工人当家做主的责任感和爱护工具、节约工具消耗的积极性，都有重要的作用。

第二，要加强对工具使用的指导和技术监督，保证工具的合理使用。工具的合理使用，是降低工具消耗的关键。工具的合理使用，是指对工具的使用应当适合于工具的用途；工人使用工具的各种操作应当正确；在操作过程中，严格遵守工艺规程，防止工具的过度磨损和损坏，等等。与此同时，要加强技术监督，经常分析造成工具磨损过多或者不正常消耗的原因，并且提出合理使用工具的措施，以便有效地减少工具的消耗量。

第三，要做好工具的维护、保管、回收和翻新等工作。做好工具的维护和保管，可以防止工具过早的磨损和遭受不应有的损坏，防止丢失和差错。工具的回收和翻新，可以使变钝和受损的工具，经过修理后仍能按其原来的用途继续使用，或者改制成其他工具。这些都是降低工具消耗所不可缺少的工作。

第四，要不断地提高自制工具的质量，延长工具耐用期限。工具的质量好、耐磨、耐用，使用的时间就长，就可以降低消耗，达到节约的目的。

第十三章
社会主义工业企业产品质量的管理

社会主义工业企业出产的产品，都要用来满足国民经济的需要。国民经济对工业产品的需要，在任何时候，都必须从质和量两个方面来满足。这就要求，每个工业企业出产的产品，不仅要有一定的数量，更重要的是，必须具备一定的质量。加强产品质量的管理工作，保证产品质量的优良，是每个社会主义工业企业的一项重要任务。

这一章，讨论工业企业产品质量管理的问题，分下面四节来说明：

一、工业企业产品质量管理的内容；

二、提高产品质量的途径和有关的组织工作；

三、工业企业产品质量的检验工作；

四、工业企业产品质量检验机构和质量责任制度。

第一节　工业企业产品质量管理的内容

工业产品的质量，是指工业产品适合一定用途、满足国民经济一定需要的特性。这些特性，通常表现为产品的机械的、物理的或者化学的性能，以及它的尺寸、形状和重量，等等。

工业产品如果没有一定的质量，如果不具备上述特定的属性，就不能是有用的，不能用来满足社会的需要。马克思在分析商品的时候，曾经说过：每一种有用物，都是有许多属性的一个全体，从而可以在种种不同的方面有效用①。

工业产品质量水平的高低，是国家的技术和经济发展水平高低的一个重要的标志。我们知道，无论哪一个国家，要想出产优质的工业产品，都必须具有一定的技术经济条件，如果没有这些条件，就不可能生产出优质的工业产品。比如说，要制造精度高、质量好的新式机床，就必须有精湛的制造技术，有先进的技术装备和品种齐全、质量优良的金属材料；同样，要为人民提供精致耐用的生活消费品，也不能脱离一定的物质技术条件。所以，看一个国家技术经济是否先进和发达，工业力量是否强大，根基是否牢固，一方面要看工业产量发展的水平；另一方面，也是更重要的，是要看产品的品种齐不齐，质量好不好。

为了满足社会主义建设和人民生活的需要，每个工业企业，都要保证出产质量优良的产品。

工业企业不断地提高工业产品的质量，出产质量优良的产品，对于国民经济的发展，有着重要的意义。具体来说，主要是：

一　提高工业产品质量，是促进国民经济进一步发展的重要条件

工业产品质量的提高，可以为国民经济的进一步发展创造条件。这是因为，国民经济各个部门的发展，需要大量的质量更好、效率更高的生产资料，而这些生产资料，特别是技术装备，是由工业部门提供的。因此，工业产品的质量好不好、品种齐不齐，直接关系着国民经济的发展。工业部门和工业企业，只有不断地提高工业产品的质量、不断地增加工业产品的品种，才能够经常地为国民经济各部门，提供优质的原料、材料和技术装备，用现代技术把国民经济各个部门装备起来，从而使国民经济的发展建立在先进的技术基础之上。

二　提高工业产品质量，对于改善人民生活，巩固工农联盟，有重要作用

我们的许多工业产品，要用于改善城乡人民的生活。这些产品质量的

---

① 马克思：《资本论》第一卷，人民出版社 1953 年版，第 6 页。

好坏，涉及的面很广，关系着全国每个人的切身利益。不断地提高工业产品的质量，才能为城乡人民提供优质的工业品，促进城乡人民生活的改善，促进工农联盟的巩固。

三　提高工业产品质量，是极大的增产节约

大家知道，工业产品质量的提高，一方面表现为生产过程中废品率的降低，原料、材料和工时损失的减少。这样，就能够保证用比较少的劳动和原料、材料，生产出更多、更好的工业产品。

另一方面，工业产品质量的提高，还表现为产品性能好、效率高、坚固耐用。这样的工业产品，如果用于生产，就能够带来更高的生产效率；如果用于人民生活，也能更好地满足需要，带来很大的节约。拿生产资料来说，例如，一台精度高、效率高、消耗少、寿命长的优质机床，在使用过程中，要比质量差的同种机床能够为国家生产更多的产品，并且能够大量地节省人力和物力的消耗。拿人民的生活消费品来说，也是这样。例如，一只电灯泡，如果提高质量，使它的耐用期限延长一倍，那不仅对消费者有利，而且对整个社会说来，也是很有利的。因为这意味着用同样多的工时和原料、材料所生产的产品，它的实际效用提高了一倍。

工业产品质量的提高，除了具有上述几方面的意义以外，由于我们的工业产品，有许多要用于国防，有些要支援兄弟国家、支援其他友好国家，有些要在国际市场上销售，所以产品质量的好坏，对于我国国防力量的增强，对于支援兄弟国家和其他友好国家，以及对于我国的国际信誉的提高，也都有重要的关系。

正是因为这样，我们党在领导经济建设事业的过程中，对于产品的质量一贯是非常重视的。早在 1945 年 1 月，毛泽东同志就说过：一切产品，不但求数量多，而且求质量好①。在社会主义建设时期，当我国的工业有了相当大的发展以后，毛泽东同志在 1960 年 6 月又及时地提出了要着重搞规格、品种、质量。把品种、质量放在第一位。我们按照毛泽东同志的指示去做，使我国工业产品的生产，不但在数量上有了很大的发展，而且

---

① 毛泽东：《必须学会做经济工作》，《毛泽东选集》第三卷，人民出版社 1952 年第 2 版，第 1019 页。

在品种上有了很大的增加，在质量上有了很大的提高。

但是，也应当看到，在我们的企业里，还有一些同志，对于提高工业产品质量的重要意义缺乏正确的认识。他们只强调数量而忽视质量。认为要满足需要，最要紧的是增加产量，即使质量稍差一些也无关紧要；认为"慢工才能出细活"，重视了质量，势必会减少数量，等等。这些看法，是对数量同质量的关系，做了片面的理解。只有纠正这种片面观点，才能更有效地促进生产多快好省地发展。

工业产品的质和量，是不可分割的。无数的事实告诉我们，任何不具备一定质量的产品，即使有了一定的数量，也不能够起到它应起的作用，甚至根本没有用处。当然，任何产品的质量，又都要通过数量表现出来，没有数量，产品就不存在，质量也无从谈起。

因此，质和量的这种关系，是对立物的统一。它们之间，是相互依存、相互促进的，又是相互制约、相互矛盾的。在一定的人力、物力条件下，如果过分地追求数量，就会影响工作的细致程度，不利于保证和提高质量；同样，如果不切实际地要求提高质量，也会影响工作的速度，不利于增加数量。那种认为质和量之间没有制约关系，认为可以无限制地要求一个方面，而不致妨碍另一个方面的观点，是一种脱离实际的片面观点。

既然质量和数量是统一的、不可分割的，同时又是相互制约、相互矛盾的，因此，各个工业企业在组织产品生产的时候，就不能片面地强调一个方面，忽视另一个方面，而应当既抓数量，又抓质量，在保证产品质量的基础上，力争增加产品数量，就是说，要在"好中求快"、"好中求多"。

在保证质量的基础上，力争增加数量，这是正确处理质量和数量矛盾的唯一正确和有效的办法。只有正确地强调质量，才能对数量的增加起到促进的作用，实现优质高产的要求。这是因为，在产品生产过程中，只有保证了质量，才能减少各道工序加工中的废品和返工，这样，不但不会妨碍数量的增长，反而会加快生产进度、增加产量；同时，我们所要求的质量，是靠提高技术、改进工作来保证的，只要提高了技术、改进了工作，就不仅能够提高产品质量，同时也会增加产品的数量。

在实践中，提高产品质量，有时还会同企业降低产品成本的要求发生矛盾。在质量和成本发生矛盾的时候，我们同样要在保证质量的基础上，力求降低成本。就是说，要在"好中求省"。

工业企业必须保证完成降低产品成本的任务。但是，这也只能从改进技术、改善经营管理等方面挖掘潜力，而不应当从降低产品质量方面寻找出路。在实际工作中，有时会出现这样的情况，即产品质量的提高，暂时甚至会增加产品的成本，但却给使用这些产品的单位，也就是说，给社会带来更大的节约。在这种情况下，企业应当从整个社会的利益出发，从节约社会物质财富，提高整个社会的经济效果着眼来处理问题，而不应当片面地强调企业本身的利益。

总之，工业企业在增加产品数量、降低产品成本的时候，必须切实保证产品的质量。按照产品的技术标准进行生产，保证产品质量符合技术标准的各项要求，是工业企业的一项重要任务。因此，每个工业企业都必须加强产品质量的管理工作。

工业企业产品质量管理工作的基本任务，是组织企业全体职工正确地贯彻执行产品技术标准，从各个方面采取积极的措施，保证和提高产品质量。实现这一任务，必须做好一系列具体的管理工作，这些管理工作的主要内容有：（1）对本企业全体职工进行"质量第一"的思想教育；（2）对本企业产品的质量情况进行分析；（3）制定改善产品质量的措施计划；（4）组织和检查改善产品质量措施计划的执行；（5）根据有关的技术标准，进行产品质量的检验工作。

第二节　提高产品质量的途径和有关的组织工作

工业产品，都是由各个工业企业生产出来的。虽然决定产品质量的因素，并不完全存在于企业内部，因为每个企业的生产，都需要有关的企业提供一定的物质技术条件，这些条件，有时甚至是决定产品质量的关键。但是，应当看到，在工业企业内部，有许多更为直接的因素，决定着产品的质量。因此，从工业企业内部来改进工作，对于保证和提高产品的质量，有很重要的作用。只有每个工业企业都尽一切努力，生产质量优良的产品，才能相互提供有利的条件，保证所有的产品质量优良。

一　提高产品质量的途径

在工业企业内部，应当怎样来保证和提高产品的质量呢？

从根本上说，是要做好思想政治工作，提高职工群众的政治觉悟。只有使广大群众不断地提高政治觉悟，树立起正确的劳动态度，树立起质量第一的思想，才能促进他们技术和业务能力的充分发挥，有效地保证和提高产品的质量。与此同时，还应当通过加强技术管理工作，来提高产品的质量，在这方面，主要的途径如下所列：

（一）改进产品的设计（配方）

产品的设计或者配方，是决定产品质量的重要环节。提高产品设计（配方）的质量、消除产品设计（配方）中的缺陷，可以有效地改善产品的质量。

（二）改进产品制造的工艺方法和工艺装备，严格地执行工艺纪律

要生产优质的工业产品，不但要有正确的设计和配方，并且还必须有正确、先进的工艺。采用先进的工艺方法和工艺装备，严格地按照图纸和工艺规程进行生产，才能提高生产效率，保证产品的质量。

（三）加强原料、材料的管理工作，改善原料、材料的质量

原料和材料构成产品的实体，是加工工业企业保证产品质量的重要物质前提之一。通过一定的措施，使原料、材料的品种、规格和性能更加稳定和更加符合产品制造的要求，就能为保证和提高产品质量提供有利的条件。

（四）改善机器设备的状况

机器设备，是工业企业主要的生产手段，这些生产手段，如果不能保证正常运转，或者不能保持一定的精度，就难以保证产品质量。消除机器设备的缺陷，保证它们经常处于良好状态，对于减少废品和保证产品质量，有显著的效果。

（五）改进生产组织和劳动组织

良好的生产组织和劳动组织，可以保证生产有节奏地进行，保证生产

的良好秩序，有助于工艺规程和劳动纪律的贯彻执行。这样，就可以减少生产过程中的混乱现象，防止突击赶工，以保证产品质量。

（六）提高工人的技术水平和熟练程度

虽然在现代工业生产中，由于机器和机器体系的广泛采用，产品质量不完全取决于工人的手工技巧，但是，机器和机器体系本身，总是需要人来掌握。因此，工人的技术水平和技术熟练程度的高低，对于保证和提高产品的质量，仍然起着决定性的作用。

（七）加强质量检验工作和计量工具的鉴定工作

（八）改进产品的包装

改进产品的包装是保证产品质量的一个重要措施。如果包装不好，就会破坏原有的质量，不能把合格的产品，运送到使用部门和消费者的手里。因此，工业企业必须重视产品的包装工作，应当为产品制定包装标准，并且严格按标准的规定进行包装。

（九）改善产品的保管、运输工作

产品的保管、运输工作，虽然不能直接提高产品的质量，但是，这些工作中的缺陷，对于产品的质量却具有一定的破坏作用。比如，在制品和半成品的保管和运输不好，很容易引起磨损、碰伤，影响原有的精度和质量；产品在销售和储存过程中，管理不善，也很容易引起变质和损坏。因此，针对这些方面的缺陷，采取必要的措施，也会对保证产品质量，起到积极的作用。

二　产品质量的分析工作

上面所说的，是保证和提高产品质量的一般途径。至于每个工业企业，应当怎样来保证和提高产品质量，这就需要从本企业的具体情况出发，进行具体分析，特别是要对本企业产品质量的情况，进行具体分析。

对产品质量进行分析，才能够深入地了解和掌握本企业产品质量的情况和关键，为制订提高产品质量的计划和相应的措施计划提供依据。

产品质量的分析，应当是经常的和全面的。厂部、车间和小组，都要进行。在进行分析的时候，既要经常分析产品的各个生产阶段产生的废品，又要分析成品的质量。现在，就来分别说一说这两个方面的分析工作。

（一）废品分析

废品，是指工业企业或者车间出产的，不符合技术标准，不能按原来用途使用的产品。

分析废品，是为了掌握产品质量情况，找出造成废品的原因和责任者，发现废品产生和变化的规律，以便有计划地采取减少废品的技术组织措施。

废品分析工作，要进行得及时，并且对造成废品的原因和责任者，要提得准确、具体。这是对于废品分析工作最重要的要求。我们知道，一件废品的产生，可能是一种原因、一个人造成的，也可能是几种原因、几个人造成的。在几个原因同时起作用，或者几个方面的人员都有责任的情况下，应当分出主次。凡是能够划分到人的责任，一定要具体到人，不能归结为某某单位。这样，才能避免无人负责现象，才便于总结经验，改正缺点，防止废品的继续发生。

怎样才能够实现上述要求呢？

要实现上述要求，就需要：

1. 依靠群众，采用专职检验人员和工人群众相结合的方法

废品分析方面的经常工作，主要是由专职检验人员系统地进行的。但是，废品分析是一项很复杂、很细致的工作，光靠少数专职检验人员是难以做好的。必须依靠群众，采用专职检验人员和工人群众相结合的方法。这就要求，厂部和车间的专职质量检验人员，要经常深入工作地和废品库，同工人一起，直接对废品进行分析，判明导致废品的原因和责任者。这样做，才能够把废品产生的原因和责任者，分析得准确、具体。

2. 开好废品分析会议

废品分析会议，是发动工人群众参加废品分析工作的一种有效的组织形式。工业企业的厂级、车间和班组，都要定期召开废品分析会议。

班组的废品分析会议，可以和班前、班后会结合，也可以定期做专题分析。通过对实物的分析，具体地查明造成废品的原因和提出改进措施。在班组分析的基础上，确定车间分析会议的对象和内容。在遇到重大的质

量事故，或者对废品的处理发生了重大分歧意见的时候，则由厂部召开扩大的废品分析会议。

班组废品分析会议，由全组工人参加。车间和厂级的废品分析会议，则采用"三结合"的形式，由厂部或者车间有关行政领导人员主持，吸收技术人员、检验人员、生产小组长、老工人和造成废品的有关人员参加，共同分析造成废品的原因和研究改进措施。

开好废品分析会，能够及时地发现问题，深入地掌握质量情况，更好地集中群众的意见，把废品分析工作做好。

3. 做好废品的统计分析工作

对于废品，要进行分类统计和分析。

首先，要按废品产生的原因和责任者，对废品进行分类排队，并对分类排队的统计资料进行综合分析。通过这种分析，就可以掌握不同时期废品的产生和变化的规律。比如，通过分类和排队，可以看出由于哪些原因和哪些责任者造成的废品增多了，或者减少了，从而为编制提高产品质量的措施计划，明确主攻的目标。

其次，要按废品不同的处理情况，进行分类统计和考核。

废品按照不同的处理情况，分为可修废品和不可修废品两类。可修废品，是指在技术上可能、经济上合理的条件下，经过一般修理以后，可以使用的废品；不可修废品，是指不能采用一般修理方法修复使用，或者修理起来不经济的废品。

在不可修废品当中，有些成品或者半成品，降低某些次要指标的要求，而又不影响它的主要性能，经过一定手续，可以按原来的用途或者改变用途使用的，叫做回用废品。

工业企业应当对上述可修的、不可修的和可以回用的废品，分别进行统计，并且分别计算和考核废品率、返修率和回用率。这三个指标，是考核工业企业、车间和个人在保证产品质量方面，工作做得好坏的主要指标。它们的计算公式是：

$$废品率 = \frac{废品 - （返修后合格品 + 回用废品）}{总产量} \times 100$$

$$返修率 = \frac{返修后合格品}{总产量} \times 100$$

$$回用率 = \frac{回用废品}{总产量} \times 100$$

上述三个指标，可以按人、按车间或者按企业分产品和工序计算，也可以不分产品和工序计算。在分产品和分工序计算的时候，可以按产品的重量、件数计算，也可以按工时和产值计算；在不分产品和工序计算的时候，只能综合地按产值或者工时计算。

4. 加强小组（班）质量管理员的工作

小组（班）质量管理员，应当在本单位做好提高产品质量的宣传教育工作，经常掌握本组产品质量的情况，系统地分析本单位废品产生的原因和变化的情况，组织班组废品分析会议，经常向车间行政领导人员和专职质量检验人员提供情况。

班组质量管理员是直接的生产者，他们对本组生产情况和质量问题了解得最深刻。加强班组质量管理员的工作，依靠他们进行废品分析，就能够更准确地找出造成废品的原因和责任者，把废品分析工作搞好。

5. 做好废品管理和隔离工作

管好废品，把废品同合格品划分清楚、隔离开来，不使它们混在一起，是做好废品分析的基本条件。如果废品同合格品混淆不清，连到底哪些是废品，一共有多少废品，都搞不清楚，哪还谈得上什么对造成废品的原因和责任者进行全面、系统的分析呢？因此，在企业日常生产活动中，对于废品，要注意及时做出标记，同合格品隔离，及时把它送入废品库。

（二）成品质量分析

这里说的成品，是指那些经过检验确定合格的产品。分析成品质量，是为了全面掌握产品达到技术标准的各项要求的情况，以及产品符合消费者需要的程度，以便进一步改善产品的质量。

工业企业对成品质量的分析，应当从企业内部和企业外部两个方面来进行。

在企业内部，除了对日常质量检验的统计资料进行分析以外，还应当通过各种形式，对成品的质量情况进行全面的复查。例如，在机械工业企业里，可以广泛地发动群众，对逐个零件进行分析，把每个零件的每个项目，都同图纸的要求做比较，深入细致地查明提高质量的关键和薄弱环节；也可以进行产品解剖，通过对一些成品的拆卸和重新检验，来发现零件加工和产品装配等环节上的缺陷，以验证日常质量检验工作的质量，从而对产品做出全面的评价。

在工业企业内部，对成品质量的复查，可以定期地进行，也可以根据实际需要不定期地进行。虽然进行复查需要占用一定的时间和人力，但是，为了更好地掌握产品质量情况，这种复查还是不可缺少的。特别是在产品质量不够稳定，而企业的检验部门对产品质量的某些情况掌握得又不很具体的时候，或者在人们对产品质量中存在的问题，以及造成这些问题的原因，认识不很一致的时候，通过对成品的复查，可以更好地了解情况、明辨是非、统一认识，这对进一步改善产品质量，是有益处的。

在工业企业外部，主要是向用户调查，从销售部门、使用部门和消费者方面，搜集反映，从中发现产品的缺陷，掌握质量情况。企业经过出厂检验后售出的产品，应当是完全合格的。那么，这是不是说，对售出的合格品，就不需要再做质量情况的调查访问了呢？

不，仍然需要。这是因为，有些质量上的缺陷，只有在实际使用中，才能暴露出来，因此，产品是否达到了标准，有的时候，在出厂检验中不如在实际使用中看得更清楚、更准确，通过对用户的调查访问，才可以更好地发现产品在质量方面的缺陷。并且，向用户调查还可以更加具体地了解到使用者的要求，了解到产品技术标准的各项要求同消费者的需要相适应的程度，为进一步改善产品质量提供资料。

为了精益求精，在进行产品质量分析的时候，还应当同国内外生产同类产品的先进工业企业进行比较，这样做，可以帮助本企业发现问题，找出差距，以便组织全体职工学先进、赶先进，力争产品质量达到第一流。

上述这些产品质量的分析工作，是工业企业编制提高产品质量计划的基础工作。每个企业，都要在掌握和分析产品质量情况的基础上，制订提高产品质量的计划和相应的措施计划。

三　提高产品质量的计划工作

工业企业除了在编制年度生产计划的时候，必须根据上级行政主管机关的指示和有关的订货合同的规定，在生产计划中确定提高产品质量的计划任务以外，还应当具体地按产品编制提高质量的计划，根据这个计划，来组织企业中有关提高产品质量的工作。

提高产品质量的计划，是企业在一定时期内，提高产品质量的目标。对于不同的工业企业和不同的工业产品来说，提高质量的计划指标是不相同的。一般来说，可以分为两类。一类是把产品分成几个等级，规定等级品率；另一类是把产品分为合格的和不合格的，规定合格品率。

在纺织、造纸、食品以及其他制造消费品的轻工业企业，采用等级品率指标的比较多。

产品的等级，是根据产品符合有关质量标准的程度来区分的。等级品率，就是不同等级的产品，在总产量中所占的比重。

在产品等级分得比较多的条件下，不便于从各级产品所占比重的变化中，直接看出总的动态，这就需要采用品级系数指标。

所谓品级系数，是一种反映每种产品中，不同等级产品数量构成情况的综合指标，它是通过不同等级产品产值的加权平均来计算的，具体的计算方法是：

$$品级系数 = \frac{各级产品的产值合计}{全部产品按一级品单价计算的产值合计}$$

例如，某种产品共 100 件，其中一级品 80 件，二、三级品各 10 件，假定一级品单价是 100 元，二级品单价是 90 元，三级品单价是 85 元，那么，这种产品的品级系数就是：

$$\frac{(80 \times 100) + (10 \times 90) + (10 \times 85)}{100 \times 100} = 0.975$$

下面是采用品级系数编制的提高产品质量计划的一个例子（见表13－1）：

表 13-1　　　　　　　　　采用品级系数编制提高产品质量计划

产品名称	计量单位	产量						单价			计划期的品级系数	上期的品级系数	品级系数提高%
		总计	一级品		二级品		三级品		一级品	二级品	三级品			
			数量	%	数量	%	数量	%						
甲	件	800	640	80	80	10	80	10	90	70	50	0.933	0.90	3.6
乙	件	60	42	70	12	20	6	10	40	30	20	0.90	0.80	12.5

在生产生产资料的工业企业里，一般采用合格率指标。在这种企业，提高产品质量的计划，则表现为提高合格品率的计划。在计划中规定着降低废品的任务。这种计划比较简单，可以直接从合格率或者废品率的变化中，看出企业产品质量变化的某些情况。

上面说的提高产品质量的计划，是企业全体职工在提高产品质量方面的奋斗目标。实现这个计划，需要有具体的措施来保证。因此，工业企业还应当编制相应的提高产品质量的措施计划。

提高产品质量的措施计划，是工业企业技术组织措施计划的一个组成部分。

它的内容一般应当包括：有关提高产品质量的措施名称、执行措施的单位、执行期限、执行人、效果，以及所需费用，等等。关于这个问题，我们将另外讨论。

工业企业提高产品质量的措施计划，是为实现提高产品质量计划服务的。只有制订出好的措施计划，并且切实地贯彻执行，才能保证提高产品质量计划的实现。

第三节　工业企业产品质量的检验工作

工业产品的生产，是一个相当复杂的过程。在工业企业里，成千上万的工人相互配合，共同为完成某种产品进行着许多道工序的操作，常常会有很多复杂的因素，影响着产品的质量。这就使得每个工业企业，在它的生产活动中，都有出现次品甚至废品的可能性，因而必须进行产品质量的检验工作。

一　产品质量检验工作的任务

质量检验工作的基本任务，是对产品生产过程各环节进行检查，发现和捡出废品，并且查明原因，采取减少废品、预防废品的技术组织措施，保证产品质量符合标准，符合用户的要求。

要保证产品质量符合标准，符合用户的要求，就必须把不合格的产品挑出来。但是，质量检验工作仅仅做到这一点还不够，更重要的是做到预防废品的产生。

怎样才能预防废品的产生呢？

第一，把好各道工序的检验"关"。任何工业产品的生产，都是一道道工序相继进行的，某一道工序出了废品，不仅使已经完成的各道工序前功尽弃，而且如果不把它挑出来，还会影响以下的工序。把好各道工序的检验"关"，就可以避免废品流入下道工序，造成更大的损失。可见，把"关"，并不是消极地剔除废品，它本身也具有积极的预防作用。

第二，运用一些预防性比较强的检验形式和方法，例如，首件检查、统计检查，等等。关于检验形式和方法的问题，我们留在后面再来详细地讨论。

第三，加强技术管理和技术教育工作。生产每一种产品，都要事先对工人进行技术交底，组织工人学习图纸和工艺规程，进行遵守工艺纪律的教育，等等。这样做，能使工人明确产品生产的技术要求，准确和熟练地进行生产操作，避免技术操作上的错误，防止废品的发生。

第四，在产品生产过程中，对于同产品质量有关的因素，做全面的检查和监督，把那些可能造成废品的因素，消除在发生作用之前。这也就是说，质量检验工作的对象和内容必须是全面的。

二　产品质量检验的对象和内容

为了有效地预防废品的产生，工业企业应当对以下各个方面做全面的检查：

（一）原料、材料、外购半成品的检验

包括入库前的检验、库存材料和半成品的定期抽验、保管情况的检查，以及车间领料或退料时的检验。

工业企业的检验部门，应当派出检验组或者检验员驻在仓库，按照订货合同规定的技术条件，负责检验原料、材料、半成品的外观、尺寸等一般项目。凡需要做物理或者化学分析的项目，要按照规定的方法取样，委托理化试验室做出鉴定。

（二）生产设备的检验

分为新购进的生产设备的验收，修理过的设备的验收，以及使用中的设备运转情况的检查。工业企业购进的生产设备，先由机械动力科对数量、零部件和备品配件的完整性等进行验收；在安装以后，投入生产以前，还要经机修车间的检验组，按照技术条件做全面检验。修理完毕的设备，以及使用中的设备，也要由机修车间的检验组负责验收和进行定期检查。

（三）工具、夹具、模具和模型等工艺装备的检验

外购的工艺装备，在进厂入库以前，要经检验人员验收；自制的工艺装备，在工具车间加工过程中，要经工具车间检验站逐序检验，入库前再经验收。使用中的工艺装备，也要定期检查和验证。这一工作，由车间检验人员负责进行。

（四）各种量具的检验

外购的和自制的量具，都要经过计量室的验证才能使用。全厂各个检验站使用的各种量具，都要定期由计量室鉴定和校正，操作工人使用的主要量具，也应当定期由计量室鉴定和校正。

（五）生产环境的检查

在一些工业企业里，生产的环境和卫生条件，对产品的质量影响很大。例如，在纺织企业，特别是精纺车间，温湿度对产品质量有很大的影响，车间内空气条件如果不正常，就会增加断头率、降低质量和劳动生产率。在制造精密仪表的企业里，车间的温湿度、灰尘、震动，以及照明等生产条件，对产品质量也有影响。制造医药、食品的企业，对于车间卫生更有严格的要求。在这样一些企业里，应当按照一定间隔期，对有关的生产条件进行检查。

（六）工艺过程的监督和检查

生产任何产品，都要经过一系列相互紧密联系着的加工程序，在整个加工过程中，生产车间必须严格执行工艺文件中规定的合理的加工方法和加工顺序，才能保证加工质量的稳定。因此，检验人员要对生产中工艺规程和工艺纪律的贯彻执行情况，进行监督和检查。尤其在冶金、化工等企业，在冶炼和化学反应过程中，无法对产品直接检验，因此，在这类企业中，加强对工艺操作过程的监督和检查，对预防废品的产生就有更加重要的意义。

（七）在生产过程中直接对产品本身进行检验

产品的质量好坏，最终还是要靠对产品本身做直接的检验才能鉴别出来；影响产品质量的各种生产、物质条件的作用，最终也要由产品本身的质量反映出来。因此，在生产过程中，要对在制品、半成品和成品的质量进行检查，同时，还要对产品的包装、容器的质量，等等，进行检查。

通过对上述各个环节的检查，就能够有效地预防和减少废品的产生，即使产生了废品，也能够及时地挑出来，以保证出厂的产品符合质量标准。

三　产品质量检验的方式

对产品生产过程各环节进行检验的方式，是多种多样的。按照各种检验方式的不同特点和不同作用，可以做如下分类（见表13－2）。

上述几种检验方式，各有不同的适用条件。每个工业企业在运用这些检验方式的时候，要进行认真的选择。在选择的时候，要从便于为生产服务出发，既要保证质量，又要节约检验人员的劳动。下面说一说这些检验方式的主要特点和适用条件。

（一）按工艺阶段划分的检验方式

预先检查，主要是检查供本车间加工用的原料、材料的性能与牌号，是否符合标准；毛坯和半成品的形状、尺寸是否正确；对于那些需要装配的产品，还要检验待装配零件的加工质量和成套性，等等。这些原料、材料、半成品和待装配的零件，在材料库或者有关车间都已经做过检验，但转入本车间以后，在进行加工以前，还需要经过本车间的检验。

表 13 - 2　　　　　　　　　　　产品质量检验方式按特点和作用的分类

分类标志	检验方式	特　征
按工艺 阶段分	预先检查	加工车间在加工开始之前对拨来的原料、材料、半成品进行的检查
	中间检查	产品加工过程中，完成每道工序后或完成数道工序后的检查
	最后检查	车间完成本单位全部加工或装配程序后，对半成品的检查，以及企业对产品的完工检查
按检查 地点分	固定检查	在固定的检查地点进行的检查
	流动检查	在产品加工或装配地点进行的检查
按检查 数量分	普遍检查	对检查对象进行逐件检查
	抽样检查	在检查对象中按一定百分率抽查
预防性 检查	首件检查	对改变加工对象或改变生产条件后生产出的头几件产品进行的检查
	统计检查	运用数理统计和概率论原理进行的一种检查

中间检查，是在本车间内，对半成品加工过程的检查。中间检查分为逐道工序检查和几道工序集中检查两种。逐道工序检查的工作量比较大，但对保证加工质量比较有效，在制造重要的和精密的零件的时候，以及在每道工序的加工精度都决定着下道工序的质量的情况下，应当采用这种检验方式。有些产品的加工过程不能逐道工序检查，或者几道次要工序相继进行，不需要逐道工序检查的时候，可以在数道工序结束以后，集中检查。

最后检查，是每个车间在完成本单位负担的全部工序以后，在送出车间之前，对半成品进行的检查，以及企业的成品在出厂前进行的检查。这是保证不合格的半成品不出车间和不合格的产品不出厂的必要的检查方式。

（二）按检查地点划分的检验方式

固定检查，是在固定的地点设立检查站，操作工人把产品送来检验的一种方式。在一些场合，这是必须采用的一种方式。例如，在使用不易移动的技术检验装备或者使用比较多的检验仪器的时候，只能采用固定检查的方式。

流动检查，是检验人员定时到各个工作地去检验的一种方式。采用这种方式，可以节省操作工人的辅助时间，有助于检验人员深入实际、掌握情况，也便于检验人员对操作工人进行技术指导，密切生产工人和检验人员的关系。因此，只要条件允许，都应当尽可能地采用流动检查。采用流动检查的时候，应当安排好检验员的巡回路线，合理确定每班巡回次数。

（三）按检查数量划分的检验方式

普遍检查，是对每一件产品都进行检查的一种方式。这样做，能够比较可靠地保证产品的质量。但是，检验的工作量比较大。这种方式，通常适于在下列情况下采用：精度要求比较高或者对下道工序影响比较大的工序；手工操作的工序或者所用设备、工具、原料、材料的质量不够可靠，不能保证加工质量稳定的产品和工序；在进行精加工或者成本较高的加工之前的工序；以及一些批量不太大的产品的出厂检验，等等。

抽样检查，是按一定比例，对一批产品当中的一部分产品进行检验，用来判断这一批产品的质量的方法。抽样检查，可以减少检验工作量，它比普遍检查的可靠程度要差一些，但是，正确运用这种方法，也可以有效地检验产品的质量。例如，对批量比较大，自动化程度比较高，并且所用设备、原料、材料的质量，能够保证加工质量稳定的工序，采用抽查的方法，就能够获得良好的效果。

为了保证抽样检查的准确性，首先应当正确地确定抽验率。在确定抽验率的时候，需要注意下面几个问题：

（1）抽验率应当高于一定时期的实际废品率；

（2）精度要求越高、加工质量越不稳定，抽验率应当越高；

（3）批量越大、检验费用和检验工序的工作量越大，抽验率应当相对低一些。

为了保证抽样检查的准确，还应当规定抽样中允许存在的废（次）品率，检查结果如果超过了规定限度，就应当扩大抽查比例，做重抽检查或者对这一批产品做普遍检查。

上面说的这些检验方式，经过选择确定以后，应当载入工艺技术文件中。例如，在工艺规程中，应当规定加工工序和检验工序的顺序；应当注明固定检查或者流动检查；在采用抽查法的时候，还要注明抽验率和允许的废品率，等等。

除了上面一些检验方式以外，还有一些预防性的检查方法，这里只说一说以下两种方法：

第一，首件检查。这是对变换操作者、变换设备和改变加工对象以后的第一件或者前几件产品进行的检查。通过这种检查，查明生产条件是否处于正常状态，避免由于生产设备、工艺装备没有调整好而造成的成批报废。在对头几件产品进行检查的时候，如果发现有不合格品，就应当立即查明原因，并且在积极地设法消除这些不正常的因素以后，再继续生产。

第二，统计检查。这是用数理统计和概率论的原理，通过对一定数量样品的检查和分析，来判明产品质量的一种检验方法。在大量、大批地生产某种产品或者零件的条件下，运用这种方法可以减少检验工作量，节省检验时间，并且可以通过对抽样的分析，发现生产中开始出现的不正常因素，从而及时调整设备，预防废品产生。目前，在我国工业企业中，这种方法还采用得比较少。

第四节　工业企业产品质量检验机构和质量责任制度

工业企业产品质量检验工作，必须有专人经常地进行。每个工业企业，都要设立专门机构，全面负责企业产品质量的检验工作。

检验机构要按照统一领导、分级管理的原则设置。厂部设立检验科，在厂长直接领导下，统管全厂的质量检验工作；车间设立检验站（组），直属检验科领导。

检验科的主要工作，是进行提高产品质量的宣传教育工作；组织对产品生产的各个环节的检验；进行产品质量分析；制定保证和提高产品质量的措施计划；协助生产部门改进产品质量，等等。这些工作，大都要通过车间检验站来进行，因此，也是车间检验站的主要工作。

工业企业要根据本企业的具体条件，设立理化试验室和计量室。理化试验室根据检验科的委托单对全厂需要进行物理或者化学性能鉴定的原料、材料、半成品和成品进行试验。计量室负责全厂工具、量具精度的检验和校正工作，保持量度、衡度的统一和准确。所有这些，对保证产品质量都有重要意义。

工业企业检验产品质量的权利，应当集中在厂级。检验权利的集中，主要是指以下的内容：

（1）车间检验站直属检验科领导，检验科直属厂长领导；

（2）车间检验站人员的工作，由检验科负责安排，车间行政有责任帮助和监督他们的工作，但不能随便调动他们的工作；

（3）车间出产的产品是否合格，由检验站根据统一的标准判定，车间如有不同意见，可以提请检验科复查，但是无权改变检验站的结论。

这样做的好处是：能够保证全厂统一技术标准的贯彻执行；保证从厂部到车间都有专人经常研究和掌握产品的质量情况；促进生产部门认真执行各种规程、制度，从而有效地保证和提高产品的质量。

各个车间的专职检验员，要按照产品和零件的工艺文件中规定的检验项目和检验方式，对产品进行检查，并且对工艺过程进行监督。

在现代化的工业企业里，一个大的车间，就有上千的工人，一种产品的生产，就要包括几十道甚至上百、上千道工序。要监督每个工人的生产操作，严格检验每道工序的质量，仅仅依靠专职检验机构和少数专职检验人员，显然是不够的。一定要广泛地发动职工群众参加，实行专职人员检验和生产工人自检、互检相结合的制度，才能把质量检验工作做好。在社会主义制度下，职工群众不仅关心自己生产的数量，而且把提高产品质量，看做自己光荣的职责。因此，在社会主义工业企业里，依靠职工群众，实行专业人员同工人群众相结合的检验制度，不仅是十分必要的，而且是完全可能的。

什么是自检和互检呢？

自检，是生产工人对自己生产的产品进行的初步检验。实行自检的制度，要求生产工人在生产过程中，经常检查加工情况，并且在生产出一批产品以后，在送交专职检验人员检验之前，自己先查看一遍，该修的及时修理，不合格的主动挑出来，分别放置，分别送验。

互检，是生产工人之间相互进行的检验。互检的形式是多种多样的，例如，班组质量管理员对本组工人的抽验；下道工序的工人对上道工序的检验；同工序工人的互检；下一班的工人对上一班的工人的检验，等等。

专职人员的检验和生产工人自检、互检相结合的制度，这是群众路线的工作方法在质量检验工作中的具体运用。实行这种制度，具有重要的意义。

首先，这种制度体现了社会主义工业企业中，生产工人和专职检验人员之间同志式的分工合作的关系。在社会主义工业企业里，专职检验人员同生产工人之间，只是分工的不同，他们进行的生产和工作，都是为了多快好省地发展生产，总的目标是一致的。在这里，不是专职检验人员把"关"，生产工人闯"关"，而是共同把"关"。因此，产品的质量更能够得到有效的保证。

其次，通过生产工人自检和互检，能够减轻专职检验人员的工作量，有助于他们集中力量抓好关键，对加强专业管理起到积极的促进作用。

最后，通过自检和互检，也可以使工人及时明了自己所生产的产品质量情况，及时改进操作，并且便于互相监督、交流经验，避免一个人检验时容易发生差错，这对保证产品质量有积极作用。

怎样才能更好地贯彻执行这种检验制度呢？主要应当注意下面三个问题：

第一，在实行专职人员检验同生产工人自检、互检相结合的制度的时候，应当把三者的地位摆对。检验工作，应当以专职的检验人员为主。生产工人的自检和互检，应当作为工人的技术互助，作为检验工作的辅助手段。这是因为：

（1）在现代工业企业中，随着科学技术的广泛运用和分工的日益发展，检验工作已经成为独立的工序，它同加工工序通常是不能同时进行的，如果生产工人每生产出一件产品以后，就停止操作，进行检验，那对于设备的充分利用和劳动生产率的提高，是很不利的，所以，必须有专职人员完成检验工序。

（2）工业企业的检验工作很繁重，往往要使用复杂的专用的技术装备，必须有专人从事这些工作，才便于掌握检验技术，提高检验工作的质量和效率。

（3）生产工人分别担负产品生产的一个部分，他们对自己负担的加工部分的质量要求了解得比较多，对产品的其他各道工序的质量要求了解得比较少；专职检验人员则没有这种局限性，他们往往要负责许多道工序的检验，经常进行产品质量的分析，对产品的全面要求了解得更清楚，对质量问题看得也更敏锐。

（4）生产工人在进行生产的过程中，容易受到自己的操作习惯和经验的限制，往往对自己操作中的毛病和产品中的缺陷看不清楚，这也需要别人来检查。俗语说："旁观者清。"通过专职人员的检验，就能够更客观地发现质量问题和有助于广泛传播和交流操作技术经验。

第二，在实行专职人员检验同生产工人自检、互检相结合的制度的时候，应当把三者的责任分清。

生产工人，在任何时候，都应当对自己生产的产品负责。因此，对生产工人来说，自检的责任制，同生产岗位责任制是密切结合在一起的。例如，有些工业企业在实行自检制度的时候，规定：凡是生产工人自检发现的废品，只要经过自己返修合格的，都算为合格品；如果不认真进行自检，而由专职检验人员发现的废品，经返修合格后，算为返修后的合格品，计算返修率。这样，就有助于提高生产工人自检的责任心。

生产工人之间的互检，通常是一种技术互助。互检中漏检的废品，一般应当由造成废品的工人自己负责，不能算做互检者的责任。但是，在有些情况下，应当由被检查者和检查者共同负责。例如，在实行上下道工序之间互检的时候，下道工序的工人由于对上道工序转来的不合格的半成品，没有做认真的检查就继续加工，这时造成的废品，不能仅仅算为"料废"，而应当同时算为本工序的"工废"，计算废品率。

专职检验人员，要对检验工作的质量负主要责任。车间检验人员，对送出本车间的漏检废品负责；检验科对出厂的漏检废品负责。在检验工作中，应当对检验人员考核漏检率。为了便于查找漏检的责任，每个检验员都应当在自己检验过的产品上加盖特定的标记。

第三，在实行专职检验人员同生产工人自检、互检相结合的制度的时候，还应当处理好检验人员同生产工人的关系。

我们知道，保证生产出合乎质量要求的产品，是生产工人和检验人员双方共同的责任。但是，由于他们所处地位的不同，在处理质量问题的时候，往往会有不同的意见。对于生产工人和检验人员之间客观存在着的一些矛盾，应当积极地去处理。如果不是积极地处理这种矛盾，而是为了掩盖这种矛盾，把质量检验的权力分散到车间，要检验人员服从生产车间的意见，就会使产品质量下降，结果，从表面上看，分歧减少了，但是，却给国家造成很大的浪费。这种做法是不正确的。

在解决检验人员同生产人员关于产品质量的不同意见的时候，不应当片面地削弱专职检验工作，而应当在充分依靠群众的基础上，加强专职检验工作，使专业管理和群众管理结合起来。只有这样，才既可以保证产品质量，又可以减少废品和返工浪费，从而加快生产的发展。

为了解决检验人员同生产人员的矛盾，还要做深入细致的思想工作，教育生产工人把检验人员作为自己的耳目，借以发现问题，改进产品质量；教育检验人员，既要坚持原则，又要帮助生产工人解决问题。要做到这些，就要求生产工人尊重检验人员的意见，支持检验工作，尽量为他们创造良好的工作条件；同时，也要求检验人员提高思想水平和技术水平，树立良好的工作作风，不仅把好质量"关"，还要做好技术指导工作，做好提高质量的宣传工作。